노무현 이후
새 시대
플랫폼은
무엇인가

노무현 이후
새 시대 플랫폼은 무엇인가

2009년 8월 5일 초판 1쇄 발행
2009년 8월 28일 초판 2쇄 발행

지은이 김대호
펴낸이 오영교
펴낸곳 도서출판 한걸음·더

신고번호 제2-4748호(301-2007-187)
신고일자 2007년 11월 15일
주 소 100-715 서울시 중구 필동 3가 26번지
전 화 02)2260-3482~3
팩 스 02)2268-7851
Homepage http://www.dgpress.co.kr
E-mail book@dongguk.edu

ISBN 978-89-93814-10-1 93340

- 저자와의 협의에 의해 인지는 생략합니다.
- 책값은 뒤표지에 있습니다.
- 잘못된 책은 바꾸어 드립니다.
- 도서출판 한걸음·더는 동국대학교출판부의 자매브랜드입니다.

노무현 이후

새 시대 플랫폼은 무엇인가

김대호 지음 (사회디자인연구소 소장)

| 추천사 |

　가슴이 뛰었다. 이런 문제를 가지고 이렇게까지 고민하는 사람이 있었다니……. 짧지 않은 세월, 노무현 대통령과 머리를 맞대고 고민하고, 또 고민하던 그 시절이 생각났다. '보수도 아닌 보수'와 '진보하지 않는 진보', 그리고 저자의 표현을 빌리자면 '우리의 현실에 눈감은 얼치기 전문가와 논객들'에 힘들어 하던 그 시절이 다시 생각났다. 내용에 100% 동의하는 것은 물론 아니다. 밤을 새워 논쟁하고 싶은 부분도 있다. 그러나 읽고 또 읽었다. 노무현 대통령과 참여정부에 대한 평가가, 또 제대로 된 나라를 만들기 위한 우리의 이야기가 어디서 시작되어야 하는지를 때 묻지 않은 386 젊음의 열정으로 말하고 있기 때문이다.

(김병준, 전 청와대 정책실장)

　평소 외경하는 김대호 소장이 이번에 『노무현 이후』를 펴낸 것을 진심으로 축하드립니다. 김 소장이 젊은 날의 열정을 잃지 않고 시대정신을 추구하면서도, 독선적인 가치관이나 추상적 사고에 빠지지 않고 현장 경험을 바탕으로 한 객관적인 현실 인식 위에서 한국 사회를 근본적으로 변화시킬 새로운 패러다임을 추구해 온 것을 저는 높이 평가하고 있습니다. 특히 김 소장이 이번 저서에서 양극화, 신자유주의, 평등 같은 종래 진보 진영의 패러다임을 과감히 버리고, 과잉시장과 과소시장의 이중구조로 한국 사회를 파악하면서 가치생산 생태계, 공평과 같은 새로운 개념을 제시하고 있는 점에 주목하고 싶습니다.

　아무쪼록 이번에 발간되는 역저가 우리 국가 사회의 선진 도약을 위해 유연한 진보와 합리적인 보수가 머리를 맞대고 진지한 논의를 펼칠 수 있는 풍요롭고 생산적인 공론의 장을 제공할 것으로 믿어 의심치 않으며 뜻있는 많은 분들의 일독을 권합니다. (윤여준, 한국지방발전연구원 이사장, 전 환경부 장관)

내가 서울대 교수로 임용된 1983년의 관악 캠퍼스는 그야말로 혁명적 열정이 들끓었다. 이 거친 열정은 지난 수십 년간 한국 사회에 엄청난 변화를 가져왔다. 그때 캠퍼스를 뛰어다니던, 김대호 소장을 포함한 열혈 대학생들은 어느덧 오십을 바라보는 장년이 되어 사회의 중추가 되었다. 하지만 지금 한국은 그들이 꿈꾸던 나라 같지가 않다. 당장 그 자식 세대들은 부모 세대가 누린 만큼의 기회와 활력을 누릴 것 같지가 않다. 이 답답한 현실을 타개하는 비전과 전략과 행동을 그때 그 뜨거웠던 세대들에게 기대했지만 좀체 찾을 수가 없어서 아쉬웠다. 그런데 이 책에서 과거의 뜨거운 열정과 책임의식을 온전히 간직한 한 사람이 수십 년에 걸쳐 진화·발전시킨 꽤 괜찮은 생각과 행동을 발견했다. 노무현 이후, 이명박 이후 우리 사회가 나아갈 길을 고민하는 사람이라면 일독을 권한다. (임현진, 서울대 사회과학대학장)

여야를 막론하고 정당을 지지하는 국민보다 아무 정당도 지지하지 않는 국민이 압도적으로 많다고 한다. 그만큼 정치는 총체적인 불신을 받고 있는 셈이다. 그것은 무엇보다도 현실 정치 세력이 21세기의 비전과 국민의 소망을 제대로 담아내지 못하고 있기 때문이다. 이 책은 '통계의 힘, 실사구시의 힘, 통섭의 힘'을 강조하면서 대한민국호가 나아가야 할 비전과 방향을 제시하고 있다. 이 절망의 시대에 의식 있는 리더라면, 새로운 세상을 바라는 국민이라면 읽어보아야 할 책이다. (박원순, 희망제작소 상임이사)

| 책머리에 |

　대한민국이 길을 잃었습니다. 대한민국의 진보와 보수를 대표하는 주류 정치 사회 세력의 혼미와 무능으로 인해, 대한민국은 조숙(早熟)한 만큼 조로(早老)하고 있습니다. 압축적으로 성장·발전한 만큼 압축적으로 퇴보하고 있습니다. 권력, 재력, 매체, 지식, 인·허가증, 조직 등을 거머쥔 유능한 개인과 집단은 마치 화전민처럼 공동체와 미래를 불살라 찰나의 이익을 취하고 있습니다.
　지난 참여정부 집권기는 시대정신의 대전환이라고 할 만한 큰 변화가 일어난 시기였습니다. 국민들은 반칙과 특권이 더 이상 용납되지 않고, 기회주의, 지역주의, 권위주의도 쇠퇴하여 원칙과 상식이 통하는 사회가 실현된 것으로 믿고, 한국 사회의 시대정신은 새로운 발전 패러다임에 입각한 총체적인 구조 개혁이라고 생각했습니다. 그런데 변화의 터를 닦은 참여정부와 범진보는 이 거대한 전환을 제대로 인식하지도 못했습니다. 그 결과가 지난 대선과 총선의 이명박과 한나라당 압승이었습니다. 하지만 엄청난 반사이익을 챙긴 범보수 세력도 시대정신을 제대로 인식하지 못했습니다. 변화를 주도하기는커녕 오히려 과거로 회귀하고 있습니다. 그래서 대한민국은 길을 잃고 헤매면서 민족적 위기가 심화되고 있습니다.

노무현 전 대통령의 비극적인 서거는 이러한 위기의 증거이자 전광석화처럼 국민 대중을 각성케 한 역사적 사건입니다. 노무현의 성공과 좌절 과정, 그리고 비극적 죽음으로 인해 국민들은 한국 사회의 현주소와 감춰진 맨 얼굴을 바로 볼 수 있게 되었습니다. 이것은 거대한 도약이자 전환입니다.

이 책은 이런 거대한 변화에 대한 성찰의 결과입니다. 그러나 이 책의 핵심 내용은 오랜 숙성 과정을 거쳤습니다. '사회디자인연구소'는 지난 1년 동안 보다 나은 한국 사회와 정치를 위해 필요한 철학, 가치, 비전, 정책을 연구하면서 상당한 시간과 정력을 투여하여 참여정부에 대한 평가 작업을 해왔습니다. 특히 김대호 소장은 연구를 주도하면서 한국 사회에 대한 매우 새롭고도 논쟁적인 글들을 연구소 웹사이트(www.goodpol.net/ www.socialdesign.kr)에 발표해 왔습니다. 이 책의 많은 글들은 온라인과 오프라인에서 연구소 회원들과 논객들의 열띤 토론을 거친 내용들을 새롭게 다듬고 체계적으로 정리한 것입니다. 따라서 이 책은 김대호 소장과 '사회디자인연구소' 네트워크의 집단적 성찰과 모색의 결과라고 할 수 있습니다.

대한민국의 길을 찾는 데 가장 우선해야 할 것은 천의 얼굴을 가진 한국 사회에 대한 바른 통찰입니다. 현재 펼쳐져 있는 소모적인 대립과 갈등은 상당 부분 정치계와 지식사회의 한국 사회에 대한 피상적이고 분절적인 이해에서 비롯되었습니다.

지금 대한민국에 새로운 발전 패러다임이 절실합니다. 한국 사회의 성장과 통합을 가로막는 대부분의 문제들은 새로운 발전 패러다임 없이는, 자전거 프레임에 자동차 타이어를 끼우는 식의 졸속 개혁의 대상이 되기 십상입니다. 이제 거시담론과 미시담론이 유기적으로 결합된 새로운 이념이 필요합니다. 수많은 정책들 간의 모순이 없고, 현실과도 모순이 없고, 그러면서도 그 우선순위가 시대정신에 부합하는 철학, 가치, 비전, 정책의 총체가 준비되어야 합니다. 대한민국이 새롭게 타고 갈 정책 플랫폼이 제시되어야 합니다.

지금 한국에서는 이 사회의 물질적·문화적 생산력을 선도하는 벤처·중소기업가, 화이트칼라(관리기술직), 건강한 전문직 및 자영업자의 이해와 요구가 제대로 반영되지 못하고 있습니다. 그들과 함께 비기득권 세력을 대표하는 청년 세대의 이해와 요구를 앞세우는 정치 세력이 없습니다. 우리는 청년 세대로 대표되는 건강한 도전 세력이 새로운 정치 사회의 주역으로 등장해야 한다고 생각합니다. 청년 세대에게 좋은 것이 노인 세대와 거대한 실업자, 반실업자를 포함한 모든 소외 계층에게도 좋다고 생각합니다. 정신과 문화가 건강한 복지국가를 건설하는 첩경은 이 시대, 한국이 요구하는 정의를 바로 세워 창의와 열정이 넘쳐나게 하는 것이라고 생각합니다.

이 책이 그리는 국가 비전은 정치·경제·사회·문화 등 모든 부문에서 도전이 장려되는 나라, 공정한 경쟁과 공평한 보상이 합리적으로 이루어지는 역동적인 나라입니다. 영남과 호남을 뛰어넘고, 진보와 보수를 뛰어넘고, 성장과 통합을 상생 결합하고, 임박한 기후·환경·에너지·자원 위기와 북한 위기를 효과적으로 타개해 나가는 중도의 길이 진정한 진보라고 생각합니다.

이 책은 완벽하게 구워진 도자기가 아니라, 투박한 질그릇과도 같습니다. 이 책에는 우리 국민들이 가지고 있는 인간 노무현에 대한 미안함과 그리움을 넘어, 대통령 노무현에 대한 본격적인 평가를 시작하고 싶은 질박한 진정성이 담겨 있습니다. 우리는 이 책이 한국의 진보 지식사회, 더 나아가 한국 지식사회의 키를 한 뼘 정도는 더 키울 수 있는 생산적 논쟁의 실마리가 되기를 기대합니다.

끝으로 이 책의 기획과 출판을 제안해 주신 도서출판 한걸음·더에 깊은 감사를 드립니다. 아울러 '사회디자인연구소'를 소리 없이 질기게 후원해 주시고 있는 이사님들과 회원님들, 그리고 짧은 기간임에도 불철주야 집필에 힘쓴 김대호 소장에게도 뜨거운 격려의 말씀을 전합니다.

2009년 7월 20일

사회디자인연구소 상임이사 김두수, 김영철, 이범재, 홍용표, 권태홍, 김철
책임연구원 김태현

차례

추천사 4
책머리에 6
서언 12

제1부 노무현도 잘 몰랐던 나라, 대한민국 바로 보기

제1장 대한민국을 바로 알고 있는가 29

제2장 대한민국을 보는 방법 – 격차를 보라 37

제3장 노동의 격차 58

제4장 자본의 격차 80

제5장 이중구조 사회 – 대한민국의 속살 89

제6장 새로운 계급사회 – 21세기 애절양(哀絕陽) 노래 112

제2부 노무현과 참여정부

제1장 참여정부 평가의 양지와 음지 133

제2장 참여정부의 핵심 가치와 국정과제 139

제3장 비전 2030 – 참여정부 정책의 정수 151

제4장 참여정부의 수수께끼 ········· 167

제5장 참여정부의 오류 ············ 191

제3부 노무현의 숙제에 답하다

제1장 노무현이 남긴 숙제 ········· 207

제2장 대한민국이 타고 갈 정책 플랫폼 ········· 212

제3장 사회민주주의는 대안이 아니다 ········· 225

제4장 새로운 정책 플랫폼의 기본 구상 ········· 241

제5장 한국 정치의 5대 과제 ········· 270

제4부 새로운 진보의 길

제1장 진보 100년의 성찰 ········· 289

제2장 새로운 진보의 문제의식 – 복지가 아니라 정의가 먼저다 ········· 295

제3장 새로운 진보의 눈 – 양극화, 신자유주의, 평등을 바로 보라 ········· 304

글 마무리에 ············ 326

서언 – 노무현의 죽음과 유산

시대의 어둠을 보는 자에게만 노무현이 보인다

밤하늘의 별이 빛나는 것은 어둠이 짙게 드리웠기 때문이다. 별빛을 가리는 구름이 걷히고, 비도 멈춰 혼탁한 대기가 깨끗해졌기 때문이다. 노무현이 별처럼 빛나는 것도 시대의 짙은 어둠이 다시 밀려왔기 때문이다. 이 시대의 짙은 어둠을 모르는 사람들에게 노무현은 뜬금없는 자살자일 뿐이다. 어려운 처지에 있는 사람들의 자살 충동을 부추기고, 국가의 품격과 위신을 실추시킨, 대통령이 되어서는 안 될 사람일 뿐이다.

시대의 어둠을 모르는 사람들에게 안중근은 살인자고, 4·19 학생들과 5월 광주 시민들은 폭도고, 6월의 광장 시민들은 교통 방해나 일삼는 불법 폭력 시위자다. 그들에게 전두환 장군은 구국의 영웅이며, 이명박은 CEO 대통령이며, 검찰은 정의의 사도고, 『조선일보』는 시대를 이끌어가는 정론지다.

주권자 국민이 노무현을 대통령으로 뽑았던 것은 앞으로 가는 대한민국을 기대했기 때문이다. 그를 통해서 원칙과 상식이 통하는 정의로운 세상을 만들고 싶었기 때문이다. 반칙과 특권을, 기회주의와 권위주의를, 위선과 유착을 후미진 뒷골목으로 쫓아내고 싶었기 때문이다.

주권자 국민이 이명박을 대통령으로 뽑았던 것은 앞으로 가는 대한민국을 기대했기 때문이다. 그를 통해서 활력과 박진감 넘치는 세상을 만들고 싶었기 때문이다. 그의 추진력과 일솜씨를 통해 747에 가까이 가고 싶었기 때문이다. 주권자 국민이 노무현의 죽음을 애도하고, 분노하고, 미안해 하는 것도 앞으로 가는 대한민국을 기대하기 때문이다.

국민들은 솔직히 왼쪽 주머니에는 노무현의 가치를 담고, 오른쪽 주머니에는 이명박의 가치를 담고 싶어 한다. 그런데 이명박은 '잃어버린 10년' 운운하면서, 노무현의 가치를 야비한 방식으로 짓뭉개려고만 할 뿐, 자신의 사명을 조금도 이행하지 않았다.

우리가 노무현의 죽음을 특별히 애통해 하는 것은 그가 지닌 인간적 결점과 정치인으로서의 오류가 우리에게 그대로 있고, 원칙과 상식을 지키면서 그가 겪은 좌절과 고통도 우리에게 그대로 있기 때문이다. 서민 중의 서민, 비주류 중의 비주류로 태어나 주류에 굽실거리지도 빌붙지도 않고, 오로지 원칙과 소신에 입각하여 성공을 거둔, 생전에 다시 보기 힘든 도전과 희망의 상징이기 때문이다.

우리가 노무현을 특별히 숭모하는 것은 시대의 어둠을 깨칠 위대한 정신의 한 자락을 그에게서 보았기 때문이다. 그는 우리의 눈을 가리고, 입을 막고, 목을 조르는 시대의 어둠을 증거하기 위해, 또 우리 눈과 마음에 낀 혼탁한 무언가를 씻어내기 위해 가진 모든 것을 태워 가슴과 영혼을 파고드는 거대한 섬광을 만들었다. 그는 역사와 씨름하는 모든 사람들의 영혼을 비춰보는 위대한 거울이 되었다. 그는 한국 사회에 너무나 결여된 책임정신, 희생정신의 상징으로서 초저녁 샛별처럼 빛날 민족의 별이 되었다.

내가 특별히 그를 아쉬워하는 것은, 시대의 어둠을 깨치는 위대한 방법을 찾기 위해 같이 머리를 맞대고 밤을 새울 기회가 코앞에 닥쳤는데 그가 홀연히 떠나버렸기 때문이다. 나는 그가 5년의 재임 기간 동안보다 퇴임 이후에, 수십 년에 걸쳐 더 많은 일을 할 수 있는 민족적 자산이라고 생각했다.

나는 시대의 어둠을 직시하면서 대한민국의 새벽길을 찾고 싶다.
노무현이 정치 생애를 걸고 싸운 어둠, 끝내 죽음으로써 보여준 그 어둠뿐만 아니라
노무현, 그도 미처 몰랐고, 지금 이명박은 더욱 모르는 짙은 어둠을 보여주려고 한다.

시대의 어둠을 보아야 노무현의 가치가 보인다.
시대의 보다 더 짙은 어둠을 보아야 노무현의 한계와 오류가 보인다.
그래야 더 나은 대한민국으로 가는 길이 보인다.

거꾸로 도는 역사의 수레바퀴를 멈추다

고문치사 사건

노무현 전 대통령 서거 사건의 전말을 보노라면 도둑이 몽둥이를 들고 주인을 때린다는, 적반하장(賊反荷杖)이라는 고사성어가 생각난다. 노무현

전 대통령의 자결로 종결된 노무현 죽이기 수사는 적반하장의 전형이다. 그동안 비리 혐의가 드러난 유명 인사의 자살은 드물지 않았다. 그러나 이번 노무현 전 대통령의 자살은 그것과는 차원이 다르다. 노 전 대통령의 경우에는 정치적·도덕적 책임을 질 일은 있었지만, 법적 책임을 질 일은 없었다. 포괄적 뇌물죄 구성의 핵심 요건이 되는 금전 수수를 인지한 증거도 정황도 없기 때문이다. 사실 상식을 가진 사람이라면 노무현의 인생 역정과 성품상 그가 그것을 결코 용납할 수 없다는 것을 안다. 당연히 노무현은 "참 구차하고 민망스러운 일이지만 몰랐던 일은 몰랐다고 말하기로 했다"면서 "어떤 노력을 해도 제가 당당해질 수는 없을 것이지만 일단 사실이라도 지키기 위해 최선을 다하겠다"고 해명했다. 검찰은 이를 뒤집는 증거를 찾으려고 정말 샅샅이 뒤졌다. 그러나 찾지 못했다. 그럼에도 불구하고 검찰과 언론은 모든 것을 건 전직 대통령의 해명을 짓이겼다. 무죄 추정의 원칙, 피의사실 공표 금지의 원칙, 전직 국가원수에 대한 예우, 국가의 품격, 그런 것은 검찰과 보수 언론의 사전에 없었다. 검찰은 언론에 실시간 중계방송하듯이 노무현과 그 주변 사람들에 대한 혐오감 조성에 도움이 되는 정보들을 흘렸다. 이 중 상당수는 피의사실도 아니었다. 증거가 불충분한 피의사실을 유포해도 문제인데, 피의사실도 아닌 혐오감 조성에 좋은 얘깃거리들을 흘리고, 언론은 이것을 침소봉대해서 아예 소설을 쓰곤 했다. 노 전 대통령을 위선자, 거짓말쟁이, 마누라와 애들에게 책임을 떠넘기는 비열한 인간처럼 그려냈다. 사실 노무현 수사의 의도와 본질은 실체적 진실 규명이 아니라 바로 이것이었다고 해도 과언이 아니다. 2009년 4월 30일 노 전 대통령 소환 조사 후 곧바로 결정한다던

기소 여부는 3주가 지나도록 결정하지 않았다. 그러면서도 원래 하지 않기로 한 대질신문을 검찰이 갑자기 요청하고, 아니 대질신문한다고 기자들에게 흘리고, 노 전 대통령이 당연히 거부하자 혐의가 드러날까 봐 거부한 것처럼 비치게 했다. 서명한 손이 떨렸다는 둥, 혐의를 시인하는 말을 했다는 둥 도저히 조사 검사가 아니면 할 수 없는 말들이 흘러나왔다. 그런데 이 역시 전혀 사실무근이었다. 이어서 피의사실인지 아닌지도 모호한 '혐오감 조성에 좋은 얘깃거리'들이 끊임없이 언론에 도배되었다. 범죄 혐의의 핵심 요건인 재임 중 가족의 금품 수수 인지 여부에 대한 증거는 끝끝내 나오지 않았다. 그럼에도 불구하고 노 전 대통령을 인간 말종으로 낙인을 찍으려는 검찰과 언론의 합동 작전은 계속되었다. 게다가 노 전 대통령과 가까운 수많은 사람들을 끊임없이 소환하고, 계좌 추적하고, 세무조사하고 구속했다. 구속영장이 기각되면 또 다른 혐의로 청구하고, 기각되면 또 청구했다.

가혹한 구타, 전기고문 등 외상이 남는 고문만 고문이 아니다. 도덕적 자부심을 갖고 살아온 사람에게는, 도덕적 책임이 있는 행위를 법적 책임이 있는 야비한 범죄로 포장하여 인격을 죽이려는 것이 더 가혹한 고문이다. 2008년 대통령 기록물 유출(?) 시비에서 보듯이, 노 전 대통령의 지시에만 따랐을 뿐 아무런 죄가 없는 말단들을 '불러 조진' 것도 고문이다. 노무현 자결 사건은 언뜻 보면 과거 폭압의 시대에 할복, 분신, 투신 등의 방식으로 감행했던 열혈 청년들의 자살 사건과 닮았다. 하지만 더 자세히 살펴보면 오히려 과거 음습한 공안 분실에서 피의자인 자신이 아니라, 처자식과 지인들을 집요하게 괴롭히는 만행을 견디다 못한 민주 투사의 자결 저항과 더 닮았다. 그들은 목숨만큼 소중히 여기는 가족, 지인, 동지들을 구출하기 위해 고문의 주 대상이자 뭇 사람들의 고통의 근원인 자신의 생명을 없애버리는 시도를 하곤 했다.

노무현으로서는 자신으로 인해 가족, 지인, 측근, 후원자들이 부당한 고통을 겪고 자신은 법정에서 진실 공방을 벌이면서 비루하게 사는 길을 택할 것인가? 아니면 죽음으로써 이 야만적인 고문에 항거하고, 사랑하는 사람들을 보호하고, 무엇보다도 자신이 목숨만큼이나 소중히 여기는 가치와 정신과 사람들을 지킬 것인가 선택의 기로에 섰다. 이는 검찰과 언론이 진실을 곧이곧대로 밝혀만 주면 둘 다 있을 수 없는 선택이었다. 그냥 도의적 책임을 안고 국민들에게 사과하고, 법정에 나가서 진실과 법리를 다투면 될 터이니……. 그러나 대한민국 검찰과 언론은 정의와 진실의 편이 아니었다. 노무현은 살신성인의 길을 택했다. 유서에는 이렇게 씌어 있다.

너무 많은 사람들에게 신세를 졌다.
나로 말미암아 여러 사람이 받은 고통이 너무 크다.
앞으로 받을 고통도 헤아릴 수가 없다.
여생도 남에게 짐이 될 일밖에 없다.

정부, 검찰, 언론의 만행과 노무현의 성품으로 보면 자결 사태는 올 것이 온 것이다. 주류 보수 언론은 물론이고 주류 진보 언론까지 가세하여 실체적 진실 규명이 아닌 정치적 매장을 목표로 물어뜯기를 해대는 상황에서, 자신의 목숨만큼이나 소중히 여기는 것들을 지키기 위해서는 자결 외에는 다른 수단을 찾기 어려웠다. 이명박 정권, 검찰, 언론이 약간이라도 관용을 보여주었다면, 검찰의 본령인 실체적 진실 규명에만 충실했더라면, 언론이 확인된 사실에 근거한 보도만 했더라도 노무현이 극단적인 선택을 할 이유가 조금도 없었다. 그러나 그들은 노무현으로 하여금 죽음 외에는 다른 선택이 없도록 만들었다. 역사의 수레바퀴를 정방향으로 굴리기 위해 치열하게 투쟁해 왔던 많은 열혈 투사들은 노무현과 같은 상황에 처하면 비슷한 결단을 할 것이다.

책임정치가 무엇인지 보여주다

이명박 정부, 검찰, 국세청, 언론이 노린 것은 노무현의 정치·사회적 위신이었다. 더 정확하게는 노무현으로 상징되는 가치와 정신을 공유하는 정치 사회 세력이었다. 동시에 주류 보수 기득권에 도전하는 문화, 기풍이었다. 그들의 눈에는 이 세력은 '미운 오리새끼' 같은 존재였다. 원칙·상식·정의·도덕성·진정성을 중시하고, 이념적·정책적 유연성을 갖춘, 꽤 매력적인 존재였기 때문이다. 노무현 일가와 측근에 대한 수사가 그렇게 모질고 길었던 것은 이들이 다시는 국민들 앞에 당당히 나설 수 없도록 하기 위함이었다. 그들이 내심 바란 것은 가족, 측근에게 책임을 떠넘기고 비열하게 살아남아 형편없는 놈 같은 인상을 주는 노무현이었다. 교도소 아니면 봉하마을에 유폐된, 정의를 말할 자격이 없는 위선자 노무현이었다. 노무현이 비열한 위선자가 되면 그와 가치를 공유하고, 정치를 함께했던 세력 전체가 비열한 위선자 낙인을 받게 되어 있다. 지난 100~200년 동안 한국을 지배해 온 보수 세력에게 천출들과 비주류들이 감히 도전하는 문화, 기풍도 결정타를 맞게 되어 있다. 하지만 아무리 범보수 세력의 부당한 흠집내기 공작의 산물이라고 할지라도 자신의 불찰이 계기가 되어 일어난 이 역사적 위기에 책임을 지지 않으면 더 이상 노무현이 아니다. 노무현은 책임을 졌다.

검찰과 언론의 야비한 행태와 이를 효과적으로 견제하지 못하는 법·제도의 미비에 대해서 책임을 졌다. 박연차, 가족, 측근, 지인들의 그 모든 배신과 고통(정치보복)에 대해서도 책임을 졌다. 동시에 원칙과 상식이 통하는 세상을 만들어 보자고 노무현을 지지하고 후원하고 함께했던 모든 사람들에게 깊은 실망을 주고, 정치적 위신을 실추시킨 데 대해서도 죽음으로써 책임을 졌다.

노무현은 한국 역사상 퇴임 이후를 가장 철저히 준비한 대통령이었다. 그런 만큼 가장 떳떳했고, 가장 학습 능력이 뛰어났고, 가장 젊었고, 의욕도 넘쳤다. 정말 퇴임 대통령의 모범이 될 자격과 능력이 넘치는 존재였다. 그런데 노무현은 그 엄청난 경륜을 펼쳐 보이지도 못하고 홀연히 가버렸다. 한국 사회는 재임 시보다 훨씬 많은 일을 할 수도 있는 국가적 자산을 허망하게 잃었다. 그래서인지 지난 장례 기간에 길을 걷다가, 라디오를 듣다가, 인터넷을 보다가 불쑥불쑥 눈시울이 뜨거워지는 경험을 숱하게 했다. 그때마다 분노와 증오가 엄습했다. 원시적 보복 충동이 불끈불끈 치솟았다. 이심전심인지 온·오프 라인 공간에는 복수를 호소하는 글들이 홍수처럼 넘쳤다.

우려스러운 일이다. 사실 노무현과 그 주변 인사들에 대한 정치보복을 우려했던 이유가 바로 이 같은 정치보복의 악순환 가능성 때문이었다. 중국, 일본, 러시아, 타이완, 베트남 등 대부분의 나라들이 내적 갈등을 치유하고, 열심히 미래를 향해 뛰고 있는데, 한민족은 남북 간의 소모적인 갈등에 더하여, 진보와 보수 간에 절치부심하여 복수를 주고받는 일이 생긴다면 누가 승자가 되더라도 대한민국과 한민족 전체가 망할 수밖에 없다. 당연히 노무현은 복수를 원하지 않았다. 오히려 치졸한 정치보복의 비극을 증거하기 위해 죽음을 택했다고 봐도 과언이 아니다.

  노무현은 향후 수십 년 동안 태울 에너지를 단 몇 초 만에 태우고 산화해버렸다. 부엉이바위와 거인의 대충돌로 인해 생긴 엄청난 에너지가 만든 진도 9.5의 대지진은 한국의 정치·사회적 지각을 흔들고 있다. 분노와 그리움과 미안함의 쓰나미가 일어나고 있다. 향후 10~20년간 수구와 보수의 방향으로만 거침없이 돌아갈 것 같은 역사의 수레바퀴가 덜컹 멈추었다. 그런 점에서 노무현은 실로 엄청난 대업을 이루었다. 하지만 노무현이 할 수 있고, 해야 할 일에 비하면 이는 작은 일이다. 그래서 안타까운 것이다.

부엉이바위에 민족의 십자가가 서다

  일찍이 예수가 그랬듯이, 노무현도 자신에게 주어진 가혹한 운명을 받아들이고, 역사가 요구하는 길을 따라 삶과 죽음, 미안함과 원망을 초극하여 죽음을 향해 뚜벅뚜벅 걸어갔다. 노무현은 부엉이바위에서 몸을 던져 자결함으로써 국세청, 검찰, 감사원 등을 활용한 치졸한 정치보복이 더 이상 있어서는 안 된다는 것을 증거하였다. 아끼고 사랑하는 사람들에 대한 정치보복성 먼지 털기 수사를 고발했다. 언론이 특정 정치인(세력)을 매장시키기 위해 온갖 편파·왜곡 보도를 일삼는 흉기로 쓰여서는 안 된다는 것을 증거하였다. 사법 개혁, 언론 개혁, 정치 개혁의 중단 없는 전진을 증거하였다. 정치인 및 사회 지도층에 요구되는 도덕적 수준을 한층 높여 놓았다. 정의, 양심, 원칙, 상식, 진보, 개혁을 부르짖어 온 사람들의 정치적·도덕적 위신이 짓뭉개지는 것도 막아냈다. 그런 점에서 이들의 상징으로서 이들의 숱한 허물을 죽음으로 대속한 것이라고도 볼 수 있다. 유언은 말한다.

너무 슬퍼하지 마라.
삶과 죽음이 모두 자연의 한 조각 아니겠는가?
미안해하지 마라. 누구도 원망하지 마라.
운명이다.
화장해라.
그리고 집 가까운 곳에 아주 작은 비석 하나만 남겨라.
오래된 생각이다.

노무현은 부엉이바위에서 몸을 날리면서 부활했다. 마치 예수의 십자가처럼 이 시대의 속죄양이 되어 민족의 등불로 활활 타오르고 있다.

노무현의 3대 유산

첫째는 정치적 유산이다. 이는 일종의 물질적 유산 같은 것으로 삼척동자도 다 아는 소중한 유산이다. 이제는 노무현과 가까웠다는 것, 참여정부에서 한 자리 했다는 것, 노무현이 자칭 진보와 보수의 주류 그리고 호남으로부터 뭇매를 맞을 때 그를 옹호했다는 사실 등이 대단한 훈장이 되었다. 이는 정당과 정치인의 지지율로 나타나고 있다. 민주당에는 이른바 친노 간판급 인물들 일부와 조문조차 거부당한 '탄핵 세력', '노무현 모르쇠 세력', '노무현 때리기를 통해서 정치적 이득을 꾀하던 세력' 등이 혼재하지만 어쨌든 민주당은 제1야당이기에 정당 지지율이 급등했다. 원조·짝퉁, 진짜·가짜, 적자·서자 시비가 일어나지 않을 리가 없다.

둘째는 정신적·영적 유산이다. 이는 역사와 공동체가 요구할 때 자신의 모든 것을 던지는 책임성이다. 말과 행동을 일치시키는 진정성이다. '사회적 관계'가 요구할 때, 자신을 따르는 사람들을 보호하기 위해 자신을 버리는 희생정신이다. 산전수전 다 겪은 60대 전직 대통령이 보여준 20대 푸른 초심이다. 그리고 새로운 진보의 길을 찾기 위한 치열한 탐구정신도 빼놓을 수 없다. 한마디로 한국 정치 지도자의 표준 내지 최저 기준을 높인 것이다. 엄청난 조문 인파는 이 위대한 정신에 대한 공감이자 화답이다. 하지만 이 유산을 상속하려는 사람은 많지 않아 보인다. 세속적·정치적 욕망이 가장 강한 사람들이 모여드는 정치권에서는 특히 그렇다.

셋째는 지적 유산이다. 죽음으로 한국 사회가 어디쯤 있는지 밝혀준 것이다. 이는 민주주의, 정의, 진보, 개혁을 이야기하는 사람들은 말할 것도 없고, 국민들에게 너무나 소중한 유산임에도 불구하고 이상하게 주목하는 사람이 별로 없는 유산이다.

훌륭한 부모님을 둔 자식들이 '호랑이 아버지에 개자식'(虎父犬子) 소리를 듣는 것은 대체로 부모님 사후에 진짜 소중한 정신적·지적 유산은 쓰레기통에 처박고, 돈으로 환산되는 물질적 유산을 놓고 이전투구를 벌일 때이다. 나는 노무현 서거 이후 이런 일이 재연될까 두렵다.

노무현은 자신의 몸을 태워 번갯불 같은 섬광을 만들었다. 번갯불이 온 산야의 형상을 번쩍 비추듯이, 노무현을 태운 섬광도 순간적으로 대한민국의 속살을 속속들이 비추었다.

초현대식 건물, 아시아를 휩쓰는 한류, 세계 5위권의 자동차 생산국, 세계를 석권하는 휴대폰·반도체·선박, 세계 최고 수준의 초고속 인터넷이 만든 사이버 문화 등에 눈이 팔려 미처 보지 못한 이면을 보여주었다. 한국은 역사상 가장 깨끗했고, 제왕적 권력을 스스로 포기한 첫 번째 대통령이 죽음으로써 자신의 가치를 방어하지 않으면 안될 만큼, 극악한 보수 기득권 세력이 권력과 검찰과 언론 등을 지배하고 있는 후진적인 사회였다.

특히 검찰의 자의적 권력의 위험성이 만천하에 드러났다. 검찰 조직은 독자적인 이해관계를 추구하는 이익집단임이 확인되었다. 검찰은 더 이상 보수 정권하에서는 보수적으로, 진보 정권하에서는 진보적으로 움직이는 '도구적 존재'가 아니다. 그들은 수구 색채를 기조로 움직이는 집단이었다. 특권 집단들이 늘 그렇듯이 이들은 비주류 세력, 반칙·특권 타파 세력을 생래적으로 싫어한다. 2003년 초에 '평검사들과의 대화'에서 검사들의 망동과 망언은 그냥 터진 것이 아니다. 그리고 이명박 정부 출범 이후에 그들이 조용한 것도 괜히 그런 것이 아니다. 무소불위의 검찰 권력을 그대로 두고 분권과 자율을 얘기하고, 대통령 권력을 문제 삼는 것은 바보짓이다.

선출되지도 않고, 시장을 통한 심판도 사실상 불가능한 세습 권력인 비대한 보수 언론 권력의 위력과 위험성도 노무현의 죽음을 통해 재확인되었다. 한국 주류 언론의 문제는 보수적 논조나 관점이 아니라 최소한의 기본 상식인 사실 보도 원칙의 부재였다. 좌파와 우파 또는 진보와 보수 이전에 기본 상식이 있어야 하고, 민주공화국의 기본이 있어야 한다는 것이 확인되었다. 피로 쟁취한 민주주의와 문명이 뒷걸음칠 수 있고 한국 민주주의가 그리 공고한 반석 위에 서 있지 않다는 것도 확인되었다. 자의적 권력에 대한 통제, 주권재민, 삼권분립 등 우리가 절차적 민주주의라고 폄하했던 성과들이 쉽사리 무너질 수 있다는 징후가 역력했다.

노무현의 비극적 죽음은 한국 사회의 후진적 현실을 직시하게 했다. 그 현실에 발을 확고히 내리게 해 주었다. 이것은 1969년 암스트롱이 달에 디딘 발걸음처럼 작지만 거대한 착지다. 그런 점에서 노무현 이전의 민주, 공화, 진보, 개혁, 정의와 노무현 이후의 그것은 다르고 달라야 한다. 노무현 이전의 대한민국과 이후의 대한민국은 다르고 달라야 한다. 비로소 현실에 발을 내디뎠기 때문이다. 이 서글프지만 거대한 착지로부터 빨리, 많이, 철저히 배워야 할 것이다.

　노무현은 대한민국이 가야 할 길을 완벽하게 찾고 제시한 사람이 아니었다. 오히려 그는 대한민국의 현실 속에서 뼈저린 실패를 경험한 사람이었다. 재임 중에는 타산지석의 교훈을 양산한 지도자였다. 하지만 그는 대한민국의 진보가 이대로는 안 된다는 것을 자각하고, 치열하게 새로운 길을 모색한 사람이었다. 선거제도와 대결적 정치문화 개혁을 위한 대연정 시도, 유연한 진보론, 비전 2030, 개헌 시도 등이 그 기념비적 행적이었다. 그는 헌법과 법률이 허용하는 범위 안에서 대통령직을 수행함으로써 제왕적·탈법적 리더십에 가려 있던 숱한 시스템상의 모순들이 드러나게 했다. 그 모순들은 반드시 해결되어야 하는 중요한 숙제이다.

　노무현은 퇴임 후에도 농촌과 환경 살리기 운동, 토론 사이트 '민주주의 2.0' 운영, 비공개 토론 사이트 진보주의 연구 카페 운영, 끊이지 않았던 전문가들과의 토론, 개인적 학습 등을 하면서 시대와 진보의 혼미를 깨치려고 노력했다. 그 짧은 유서에 인간의 수많은 생명 활동의 하나에 불과한 '책을 읽을 수도 글을 쓸 수도 없다'는 언명이 들어간 것을 보면 그가 책읽기와 글쓰기를 통해서 세계와 소통하고, 시대적 과제 해결에 동참하는 것을 얼마나 소중히 여겼는지 알 수 있다. 논어에 나오는 '아침에 도를 들으면 저녁에 죽어도 좋다'(朝聞道 夕死可矣)는 자세로 산 사람이 바로 노무현 아닐까? 이런 탐구 정신과 기풍도 노무현의 위대한 유산이다.

　노무현의 치적을 줄기차게 칭송하고, 노무현과의 인연을 내세우는 것은 진정으로 노무현의 계승자 내지 적법한 유산 상속자가 되는 길이 아닐 것이다. 그의 성과는 계승·발전시키고, 한계는 뛰어넘고, 오류는 시정하고, 미완의 과제는 완수하려는 사람이 필요하다. 새로운 진보의 길을 찾고, 깨어 있는 시민들의 조직된 힘을 만드는 일이 진정으로 노무현을 계승하는 길이다.

01

노무현도 잘 몰랐던 나라, 대한민국 바로 보기

01 대한민국을 바로 알고 있는가

지도자의 덕목 – 나라, 시대, 인간에 대한 깊은 이해

미국의 전 대통령 클린턴은 2005년 2월 한 신문과의 인터뷰에서, 미국인 대상 여론조사에서 레이건에 이어 두 번째로 인기 있는 역대 대통령이 된 비결에 대해 묻는 기자의 질문에 이렇게 답했다.

첫째는 자신이 이끄는 나라를 완벽하게 이해해야 한다. 역사의 조류 속에서 나라가 어디쯤 위치해 있는지를 깨닫고, 그 바탕 위에서 국민들을 통합하고 역량을 결집해야 한다. 둘째는 세계가 어디로 가고 있으며, 더 번영된 나라와 세계를 어떻게 만들어야 하는지를 알아야 한다.(『조선일보』, 2005년 2월 24일자)

클린턴이 강조한 첫 번째 덕목, 즉 '나라에 대한 완벽한 이해'와 '역사 속에서 나라의 위치에 대한 이해'는 현실 감각과 역사 감각sense of history이라고 할 수 있다. 두 번째 덕목, 즉 '세계가 어디로 가고 있는지 아는 것'은 국제 감각 내지 '시대에 대한 통찰력'이라고 할 수 있다. 자신을 알려면 타인과의 차별성을 알아야 하듯이, 자신의 나라가 어디쯤 위치해 있고 어디로 가는지 알려면 다른 나라나 세계가 어디쯤 위치해 있고 어디로 가는지 알아야 한다.

만약 기자가 또 하나의 비결을 물으면 클린턴은 무어라 대답했을까? 추측컨대 '인간에 대한 깊은 이해'가 아니었을까? 가족, 측근, 임명한 각료, 의회 의원들, 언론 매체들, 국민 등 다양한 인간 군상들의 처지 및 조건에 따라 달라지는 그들의 심리와 행동에 대한 이해 말이다. 동서고금을 막론하고 통치자의 최고 덕목은 다스리는 나라와 시대의 흐름과 인간에 대한 깊은 이해였다.

이 중에서 한국의 정치 지도자와 정치 세력의 승패 관건은 무엇일까? 그것은 대한민국에 대한 완벽한 이해가 아닐까?

정말로 바로 알기 어려운 나라

대한민국은 바로 알기 어려운 나라이다. 종합적 · 균형적으로 보기 어려운 나라이다. 깊은 속살과 바닥 현실을 바로 보기가 정말로 어려운 나라이다. 이것을 인정하는 것이 제대로 된 정치와 언론과 사회운동의 출발점일 것이다. 이것을 인정해야 늘 자신의 귀를 의심하여 귀를 밝게 하고, 자신의 눈을 의심하여 눈을 맑고 날카롭게 유지할 수 있기 때문이다.

한국 사회를 바로 보기 어려운 까닭은 무엇보다도 대상 세계 자체가 다양한 얼굴을 갖고 있기 때문이다. 한국은 우아한 선진 문명국적 일면과 노 전 대통령의 죽음으로 극명하게 드러난 후진 야만국적 일면을 동시에 갖고 있다. 압축적 변화 및 발전으로 인해 전근대, 근대, 탈근대의 얼굴을 동시에 갖고 있다. 한국전쟁과 오랜 분단으로 인한 이념적·심리적 장애도 만만치 않다. 이것은 한국의 핵심적인 특징 가운데 하나이다.

둘째로, 대상 세계의 맨 얼굴이나 속살을 보기 어렵기 때문이다. 특히 실물이 움직이는 바닥 현실에 접근하기 어렵기 때문이다. 과거 대우그룹의 어마어마한 분식회계나 삼성그룹의 비자금, 불법적 경영권 승계 등은 내부 직원들에게는 공공연한 비밀이었다. 하지만 학계, 언론계, 정계, 법조계, 시민단체 등 정의 수호를 본령으로 하는 외부 세계에는 그렇지 않았다. 더욱이 학계나 언론계는 대체로 그룹 홍보실을 통해 걸러진 정보만 얻었고, 광고나 학술 용역 등을 통해서 관리되었다. 노동조합들은 고용, 임금 외에는 관심이 별로 없었고, 접할 수 있는 정보도 한정되어 있었다. 이래저래 알아도 말 못하고, 말해도 공론화 안 되는 진실이 너무 많았다. 알거나 말하면 다치는 불편한 진실이 너무 많다 보니 힘 있는 집단들의 감추어진 얼굴을 슬쩍 비춰주는 일명 '찌라시'라는 정보지 장사가 성업을 이룬다. 한국 사회의 다양한 면모나 맨 얼굴을 보기 어려운 이유 중에 내부고발자를 배신자로 여기는 후진적인 문화와 내부고발자를 전혀 보호하지 못하는 후진적인 제도도 빼놓을 수 없을 것이다.

셋째로, 대상 세계를 받아들이는 우리의 눈과 귀 자체가 사회적으로 형성된 추상적 개념(인식틀)과 철학에 크게 의존하는데, 이 개념과 철학이 물질적 이해관계와 피해의식과 성공신화에 크게 영향을 받아 사물을 편향되게 받아들이도록 하기 때문이다. 사실 모든 개념은 추상(抽象) 과정을 거쳐 만들어진다. 추상은 글자 그대로 사물의 특정 측면은 취하고 나머지는 버리는 것이다. 이 과정에서 개인적·집단적 이해관계나 피해의식이 작용한다. 일반적으로 개인적·집단적 탐욕이 강할수록, 즉 상식, 정의, 공공의 통제력이 약할수록, 피해의식이 심할수록, 그리고 성공신화가 창대할수록 현실의 한 측면만 부각시켜 볼 가능성이 크다.

피해의식은 "자라 보고 놀란 가슴 솥뚜껑 보고 놀라게" 만들어 상대편이 중시하는 가치를 침소봉대하고 이념으로 모델화하여 인식하도록 한다. 그래서 시장과 자유를 강조하면 시장만능주의자·신자유주의자 딱지를 붙이고, 시장과 자유에 대한 공적 통제를 강조하면 친북 좌파 딱지를 붙인다. 한국에서 '주의자'가 양산되는 것은 한 측면을 확대 과장하는 피해의식 탓도 있지만 그에 못지않게 '딱지 붙이기'를 통해 물질적 이익을 보는 집단이 있기 때문이다. 한마디로 이익을 이념으로 포장하는 집단이 있기 때문이다.

한편 "칼로 일어난 자는 칼로 망한다"는 말에서 보듯이 인간은 좀처럼 개인적 경험의 한계, 특히 성공신화에서 잘 벗어나지 못한다. 사실 김일성, 이승만에서부터 노무현, 이명박에 이르기까지, 반공·근대화 세력에서부터 전투적 노동운동 세력에 이르기까지 각자가 추구하던 가치 가운데 지금 완전히 퇴색한 것은 없다. 성공신화에 취하면 자신이 추구해 온 가치와 방법의 유효성과 정당성을 확신시켜주는 요소에만 주목하는 경향이 있다. 그래서 성공신화 창조자들은 시간이 감에 따라 점점 짙어지는 성공신화의 그늘을 보지 못하고, 그 결과 자신이 부여잡고 있는 가치의 객관적 의미를 잘 알지 못하는 경우가 많다. 과거 반공 건국과 산업화 신화를 만든 사람들이 외면을 받았고, 최근 몇 년 동안에는 민주·개혁·진보 세력이 외면받는 먼 원인은 바로 여기에 있다.

넷째로, 이론과 실물 간, 세분화·전문화된 영역 간의 소통과 융합 부족도 한국 사회를 바로 보고 깊이 이해하는 데 적지 않은 난관이 되고 있다. 이는 종합이 본령인 정치의 나태와 무능, 그리고 진보와 보수 언론의 나태와 균형감각 상실, 인문사회학자들에 대한 부적절한 이공계식 평가보상체계에 의해 더욱 악화되고 있다. 외국 학술지에 실리는 논문을 중시하는 평가 보상체계는 인문사회학자로 하여금 자신이 발을 디디고 있는 한국 땅을 자세히 살펴보지 않게 하고, 선진국의 지적·이념적·정책적 동향을 열심히 좇도록 한다.

요컨대 한국 사회를 종합적·균형적으로 이해하기 어렵게 만드는 네 가지 이유는, ① 한국 사회 자체의 복잡성 및 다면성 때문이고, ② 실체적 진실에 대한 접근과 유통이 어렵기 때문이고, ③ 인식 주체의 건강하지 못한 심리 및 이해관계와 그에 의해 편향된 낡은 철학 때문이고, ④ 각 영역 간의 소통 부족과 정치, 언론, 인문사회학자들의 나태와 헛발질 때문이다.

한국 사회의 물질적·문화적 생산력을 담보하는 핵심적인 분야들, 예컨대 정치와 정당 현실, 검찰·법원·변호사 업계 등 사법 현실, 공기업과 지방정부 등 공공부문 현실, 재정 할당 현실, 중고교 교육 현장과 대학 현실, 벤처·중소기업 현실, 재벌 및 대기업 현실, 언론 현실, 종교 현실(특히 대형 교회) 등에 대한 얘기를 하면, 바닥 현장을 잘 아는 사람들로부터 거의 예외 없이 '(언론과 강단 학자들을 통해 피상적 현실만 접한) 당신은 현실을 잘 모른다'는 핀잔을 받게 된다. 시간이 흘러 다양한 통로와 계기를 통해서 그 분야를 잘 알게 되면 그 핀잔의 의미를 알게 된다.

김병윤(전 삼성전자 부장)의 『고르디우스의 매듭』(두레스경영연구소, 2007), 이기정(창동고 국어교사)의 『학교 개조론』(미래M&B, 2007), 김두식(한동대 법학과 교수)의 『불멸의 신성가족』(창비, 2009), 정광모(전 국회의원 보좌관)의 『또 파? 눈먼 돈, 대한민국 예산』(시대의창, 2008), 유시민의 『후불제 민주주의』(돌베개, 2009) 등에는 해당 분야에서 일하는 사람들에게는 상식이지만 국외자들에게는 충격적인 내용이 많이 담겨 있다. 국외자들은 그런 책을 통해서 한국 사회의 감추어진 맨 얼굴을 보게 된다.

나는 지난 몇 년간의 진보 개혁 세력 내부의 극심한 반목과 질시도, 노무현과 범진보 세력의 동반 좌절도, 이명박과 범보수 세력의 동반 추락도, 아니 이 시대 대한민국의 극심한 혼돈과 혼미도 근원적으로는 대한민국에 대한 얕고 일면적인 인식에서 비롯된다고 생각한다.

정확하고 풍부한 통계와 좋은 모델이 필요하다

위에서 열거한 4대 장애 요인을 감안할 때, 한국 사회를 바로 보기 위해서는 무엇보다도 한국 사회의 다양한 얼굴과 단면들을 속속들이 조명한 풍부하고 정확한 정보를 확보해야 한다. 이를 분석·종합하여 자신의 정치적 가설을 – 개혁 전략이나 경영 전략을 – 검증해야 한다. 그런데 한국은 한 사람이 아무리 열심히 돌아다녀도 그 전체적인 면모를 알기가 쉽지 않은 나라이다. 국민의 처지와 조건을 보여주는 수많은 통계를 면밀히 살펴보지 않으면 현실을 온전히 알 수 없는 거대하고 복잡한 나라이다. 현대 의학이 최신 기기가 생산한 정보에 크게 의존하듯 거대하고 복잡한 현대 국가 경영도 통계적 현실에 크게 의존해야 한다. 현대 의학에서 X선, CT, MRI 촬영과 내시경 검사, 혈액검사, 대소변 검사, 문진 등을 통해서 진단하듯이 한국 사회 개혁을 위해서는 한국 사회를 이루고 있는 다양한 집단 및 계층의 욕망·고통·불만 등을 정확하게 보여주는 다양한 통계를 분석·종합하는 작업이 필요하다.

어찌 보면 국가 경영은 통계라는 계기판에 의존해서 칠흑 같은 밤하늘을 날아가는 비행기 조종과 같다. 야간 비행을 할 때 계기판을 면밀히 살피지 않으면 어느 고도에서 어떤 방향과 속도로 날아가는지 몰라 대형 참사를 일으킬 수 있다. 그런 점에서 한국 통계청, 경제협력개발기구OECD 등에서 생산하는 통계를 유심히 살펴볼 필요가 있다. 국가 경영을 하는 사람들은 통계를 통해 공동체의 생존, 번영, 안정의 핵심 조건인 에너지, 자원, 먹을거리, 마실 거리, 기후변화, 환경 생태, 국제정치, 수출입, 산업 생산, 핵심 자원(돈, 인재, 권력, 관심)의 흐름을 면밀히 살펴야 한다. 이들의 장기적인 추세는 일종의 미래학의 대상이다.

클린턴이 강조한 현실 감각과 역사 감각은 다양한 통계에 대한 분석·종합 과정을 거치지 않으면 제대로 생성·발전되지 않는다. 그리고 사고의 시공간을 넓혀 특정 통계 항목을 다른 나라와 비교도 하고, 역사적 추이도 살피는 작업을 거쳐야 더욱 발달한다. 사실 여태까지 얘기한 정도는 통계업계 종사자와 실사구시에 익숙한 인문사회학자들, 기자들, 사회운동가들도 잘 알고 있다. 하지만 한국 사회를 바로 보기 위해서는 이것만으로는 부족하다.

한국 사회를 바로 보기 위해서는 수많은 연역과 귀납, 가설과 검증을 거쳐 정립된 인식틀로서의 간명한 사회 모델이 필요하다. 한국 사회는 거대한 코끼리이고 우리는 하나같이 그 한 부위를 만지는 장님이나 다름없기에, 코끼리의 전체 상을 포착하기 위해서는 종합적 통찰력이 있는 사람이 그려낸 간명한 모델이 필수불가결하다. 이 모델은 핵심적인 모순과 부조리를 잘 드러내고, 동시에 다양한 정치·경제·사회·문화 현상을 설명할 수 있어야 한다. 이런 모델이 없으면 아무리 체험이 풍부하고 가진 정보가 많아도 그 전체 상을 제대로 포착할 수 없다. 이런 모델이 있어야 핵심적인 모순과 부조리를 파악할 수 있고, 가치·정책의 우선순위와 기조를 제대로 잡을 수 있고, 총론적 개혁 담론과 각론적 개혁 담론을 유기적으로 결합할 수 있다.

적지 않은 진보 세력이 1980년대를 풍미한 마르크스주의에 힘입어 한국 사회를 노동과 자본의 대립 구도로 파악하고, 노동의 힘을 키워야 한다고 생각한다. 이들은 자본의 논리를 극대화한 것이 신자유주의 이념이라고 생각하고 반신자유주의를 시대정신으로 여긴다. 한편 적지 않은 보수 세력은 한국 사회를 좌파와 우파의 대립 구도로 파악한다. 기득권과 비기득권의 대립 구도로 파악하는 부류도 있다. 결론을 먼저 말하면, 이런 인식들이 한국 사회의 수많은 현상을 설명하기에는 허점이 너무 많다. 불필요한 대립 갈등을 부추기는 측면이 크다. 그런 점에서 지금 한국 사회의 극심한 혼돈과 갈등은 상당 정도 한국 사회를 설명하는 좋은 모델의 부재와 관계가 있다. 이는 잘 알려지지 않은 사실이다.

뒤에 자세히 설명하겠지만 한국 사회를 바로 보기 위해서는 '가치생산 생태계', '사회적 동기부여(상벌) 체계', '공정과 공평', '과소시장과 과잉시장의 상호 의존 모델'(동전의 양면 구조) 등이 필요하다. 또한 오랫동안 진보가 세상을 바라보는 프레임이었던 '신자유주의', '양극화' 모델의 재검토도 필요하다.

02 대한민국을 보는 방법
chapter – 격차를 보라

　물질에 전위차가 있고 선로가 만들어지면 전기가 흐른다. 물과 낙차가 있고 물길이 만들어지면 물이 흐른다. 낙차가 있으면 흐름이 있고 흐름이 있으면 낙차가 있는 법이다. 거대한 폭포와 격류는 유량이 많고 낙차가 큰 곳에서 발생한다.

　한 사회는 가치와 자원을 쫓는 다기한 에너지의 흐름으로 구성되어 있다. 동서고금을 막론하고 사회 구성원의 기대와 욕망이 클수록, 또 일자리· 부·권력·인재·건강·자존심·안정감 등 가치와 자원이 편중되거나 격차가 클수록, 가치와 자원을 쫓는 사회적 에너지의 흐름, 곧 경쟁과 변화는 격렬해진다. 사람은 전자나 물 입자가 아니기 때문에 단순히 격차가 크다고 해서 곧바로 사회적 에너지의 흐름이 격렬해지지는 않는다. 격렬한 흐름은 그 격차가 부당하고 억울하게 느껴질 때, 부당한 배제와 차별이 심할 때, 기존에 누리던 것에 대한 상실의 위협을 느낄 때 생겨난다. 한국 사회의 압축적 변화 및 발전과 격렬한 대립, 갈등의 원천은 바로 이 때문일 것이다.

　국가와 정치의 본령은 개인 및 집단들 간의 경쟁 규칙, 곧 질서를 잘 설계하여 보다 나은 삶을 추구하는 사회적 에너지의 흐름을 건전하게 만드는 것이다. 이것이 바로 정의이다. 정의의 최소한은 승복의 미학이다. 사회 구성원들이 각종 격차에 대해 억울함을 느끼지 않고, 승자가 누리는 권리와 혜택을 인정하되 승자를 나태하게 하거나 군림하지 않게 하고, 패자의 새로운 도전 의지도 꺾이지 않게 하는 것이다.

그런 의미에서 한국 사람들이 중요하게 생각하는 몇몇 가치·자원(일자리, 소득, 자산, 권력 등)의 격차와 성격을 밝히는 것이 한국의 현주소를 이해하는 첩경이자 한국의 독특한 정치 사회 현상을 이해하는 관건이라고 할 수 있다.

한국 사회의 창 – 일자리

마르크스가 자본주의사회의 구조와 원리를 꿰뚫어 본 창은 '상품'이었다. 그는 추상적 개념이 아닌 '상품'이라는 구체적 사물에 대한 깊은 분석을 토대로 '자본론'이라는 방대하고 정교한 이론 체계를 쌓아 올렸다. 나는 천의 얼굴을 가진 한국 사회를 깊고 균형 있게 이해하는 열쇠로 '일자리' 상황에 대한 분석을 잡았다. 일자리는 가계소득의 주된 원천이자, 수많은 경쟁의 이유이자, 자유와 행복의 토대이다. 나는 복잡다단하기 이를 데 없는 한국 사회는 일자리 상황을 중심에 놓고, 자산·소득 등을 파헤치면 비교적 깊이 있고 입체적으로 이해가 가능하다고 생각한다.

먼저 한국에서 일자리를 얻고 싶은데 얻지 못한 사람들이 얼마나 될까?

혹시 '실업자 80만 명, 실업률 4% 내외, 청년 실업률 8% 내외로서 OECD 국가 중에서 상당히 양호한 편'이라고 답변할지 모르겠다. 이는 공무원 시험이나 시사 상식에서는 100점짜리 답안일지 모르지만 진정한 진보와 개혁의 주체로 자부하는 이에게는 낙제 답안이다. 대략 300만 명이라고 대답하면 70점짜리이다. 근거는 OECD 주요국, 특히 한국과 문화와 제도가 비슷한 일본의 고용률과 경제활동참가율이다. 두 나라 공히 남편은 직장 나가서 일하고, 부인은 집에서 살림하며, 기업이 평생 고용과 퇴직금을 통해 직원들의 노후를 책임지는 전통이 있어서 실업자에 대한 사회복지 혜택이 매우 취약하다.

OECD 기준(15~64세 인구 기준)으로 경제활동참가율을 따지면 한국은 2007년 현재 66.2%, 일본은 73.6%, 영국은 76.3%, 미국은 75.3%, 스웨덴은 75.7%이다. 문화와 제도가 너무나 다른 영국, 미국, 스웨덴 등과는 비교하기 어렵고, 일본과 비교하면 한국이 대략 7.4% 포인트 낮다. 2007년 현재 한국의 15세 이상 인구는 3917만 명인데 이 중 경제활동참가율 산출 시 분모가 되는 15~64세 인구 비중을 감안하면 이 차이는 대략 200만 명이다.

〈표 1-1〉 연령 계층별 경제활동참가율(2007년)

	한국	일본	호주	프랑스	독일	스웨덴	영국	미국
전 체	66.2	73.6	76.2	70.1	75.6	75.7	76.3	75.3
15~24세	28.2	44.9	70.8	38.8	51.3	57.1	65.3	59.4
25~54세	76.4	83.3	82.8	88.1	87.1	90	84.5	83
55~64세	62	68.4	58.3	41.3	58	73	59.3	63

*전체 경제활동참가율은 15~64세 기준(OECD 기준). 단, 스웨덴·영국·미국의 경우는 16~64세임.
출처: 한국노동연구원, 『2008 해외노동통계』, 2008.

이는 몇 년 전부터 실시되는 비경제활동 인구에 대한 상세 조사에 의해서도 뒷받침된다. 2008년 말 현재 한국에서 육아, 가사, 통학(취학) 같은 분명한 비경제활동 사유가 아닌 '그 외' 사유로 쉬고 있는 인구가 무려 207만 명이다. 세부 내역을 보면, 그냥 쉬었음 135만 2000명, 취업 준비 36만 4000명, 진학 준비 12만 5000명, 군 입대 대기 4만 3000명 등이다. 그나마 한국은 대학 진학률이 세계 최고 수준일 정도로 청년층 진학률이 높고, 병역의무까지 있어서 취업 준비자나 그냥 쉬는 사람 숫자를 줄여주었다. 그 숫자와 공식 실업자 숫자를 합치면 대략 300만 명이 나온다.

한국의 일자리 부족 현상은 2006년 8월 현재 평소 취업자(2284만 명-6개월 이상 취업자)와 취업 경험자(2584만 명-6개월 미만 취업 경험자 포함)의 격차 300만 명에서도 엿볼 수 있다. 이 조사에서는 월평균 소득 조사도 병행되었는데, 조사 결과 100만 원 미만이 33.9%, 100~200만 원이 37.1%, 200~300만 원이 18.1%, 300~400만 원이 6.2%였다.

그런데 300만 명이 70점짜리 답안이라면 80~90점짜리 답안은 어떤 것일까? 그 정도 점수를 얻으려면 2008년 현재 444만 명의 자영업자와 140만 명의 무급 가족 종사자, 그리고 508만 명의 임시 근로자와 212만 명의 일용직 근로자 속에 숨어 있는 사실상의 실업자를 이야기해야 한다. 임시직 및 일용직 근로자(노동계에서는 이 둘을 합쳐서 비정규직으로 총칭한다)에는 통계청의 가구 조사에서는 임금근로자로 잡히지만 노동부의 사업체 노동 실태 조사에서는 잡히지 않는 350만 명이 포함되어 있다. 이들은 사업체 바깥에 존재하며 일용직 또는 가내 하도급 형태 등으로 일하는 사람들이다. 이들은 비정규직으로나마 사업체 내에서 일하는 사람들보다 근로조건이 더 열악하다.

높은 자영업 비율과 정치적 역동성

2007년 현재 한국의 총취업자(2343만 3000명) 중에서 임금근로자가 차지하는 비중은 68.2%, 비임금근로자(고용주+자영업자+무급 가족 종사자)가 31.8%이다. 이 중 고용주는 6.7%, 자영업자는 19.1%, 무급 가족 종사자는 6% 수준이다.

2007년 현재 주요국의 임금근로자 비중을 살펴보면, 타이완 75.1%, 일본 86.1%, 영국 86.7%, 미국 92.8%, 스웨덴 89.4%이다. 유럽에서 그 비중이 한참 낮은 나라가 이탈리아와 스페인으로 각각 73.3%와 81.7%이다.

물론 한국 자영업자 중에는 고소득 전문직이 상당수 포함되어 있다. 그러나 한국은행 통계에 입각하여 자영업자와 임금근로자의 전반적인 처지를 비교하면, 자영업자 1인당 평균 소득은 임금근로자의 절반을 조금 넘는 수준에 불과하다. 2007년 현재 자영업 종사자(고용원이 있는 자영업주 156만 명+고용원이 없는 자영업자 449만 명+무급 가족 종사자 141만 명)는 총 746만 명으로 임금근로자 1597만 명의 47% 수준이다. 하지만 자영업의 총소득(개인영업잉여)은 110조 원으로 임금근로자 총소득 449조 원의 24%에 불과하다. 이로부터 자영업자의 1인당 소득은 임금근로자의 51%(24%/47%) 수준임을 알 수 있다. 자영업자의 탈루 소득을 감안해도 자영업자가 임금근로자에 비해 전체적으로 열악한 처지에 있음은 부인하기 어렵다.

한국 자영업자의 대다수는 선진국 자영업자와 달리, 소득이 높고 안정적인 임금근로자가 되기를 갈망하지만 자본의 고용 의지와 능력 부족으로 그렇게 되지 못한 존재들이라고 보아야 한다. 단적으로 상용 근로자(정규직)가 1995년 36.7%를 정점으로 하여 1999년 30.2%로 감소하는 동안, 자영업자는 1995년 19.8%에서 1999년 21.4%로 소폭 증가했다. 그 후 자영업자가 소폭 줄어들었는데, 이는 상용 근로자 비중의 증대와 관련이 있다.

일반적으로 경제가 성장하면 고용원 없는 자영업자와 무급 가족 종사자가 줄어든다. 한국의 경우 무급 가족 종사자는 착실히 줄어들어 20년 동안 13.3%에서 6.0%로 절반 이상 줄었다. 자영업자는 1987년 24.6%에서 착실히 떨어져 1991년 19.8%를 기록한 후 답보 상태로 되었다. 1997년 20.1%였던 자영업자는 외환위기로 인해 1998년 21.2%, 1999년 21.4%로 정점에 달한 후, 점차 떨어져 2007년 19.1%로 되었다. 그래 봐야 1991년에 비해 0.7% 포인트 떨어진 것이다. 이로 미루어 자본의 자영업자 분해 능력=노동 흡수력에 문제가 생긴 것을 알 수 있다. 이는 1987년의 유산이자 급격한 세계화, 개방화, 지식정보화, 중국 경제 발전, 전투적 노동운동의 여파로 인한 지속적인 대폭 임금 상승과 고용·임금 경직성을 빼놓고는 설명할 수가 없다.

한국의 자영업자는 본래 과잉인 데다가 대체로 내수 중심이고 지역 상권을 근거로 했기 때문에 21세기 들어 본격화된 세계화(해외 소비 활성화), 교통수단의 발달(소비의 광역화, 서울 집중화), 전자상거래 활성화, 유통 현대화(대형 할인점 증가)의 직격탄을 맞았다. 한국은행 국민계정(2005년 기준)에 의하면, 지난 2000년 임금근로자 소득(피용자 보수)은 259조 원, 자영업자 소득(개인 영업잉여)은 101조 원이었는데 2007년 현재 피용자 보수는 449조 원으로 2배 가까이 올랐으나 자영업자 소득은 110조 원으로 거의 답보 상태이다. 제1금융권 대출이 사실상 불가능한 저신용자 700만 명과 자영업자들을 주 대상으로 했던 지방 신용보증기금의 부실, 화물연대의 투쟁 등은 열악한 처지에서 헤어나지 못하는 자영업자의 비명일 것이다.

게다가 신용카드 결제 비중의 증대에 따라 자영업자들은 그동안 내지 않던 부가가치세, 종합소득세 등 각종 세금도 꼼짝없이 징수당했다. 또한 이들은 기초생활보호 대상자가 되기도 어렵고, 고용·산재 보험 대상도 아니며, 의료보험이나 국민연금도 소득에 비해 많이 내야 한다. 공무원이나 대기업 근로자들처럼 고용과 소득을 지켜주는 튼튼한 울타리도 없다. 그 어느 계층보다도 노동시간이 긴 존재들이기에, 양·질적으로 별것 아닌 노동을 하고도 엄청나게 많이 누리는 존재들에 대한 불만이 들끓는 것은 당연지사이다. 동시에 이런 상황을 방치하는 정부에 대한 불만이 하늘을 찌르는 것도 당연하다. 이런 이유로 공무원과 공공부문을 믿고, 그래서 민영화 등 공공부문에 대한 하드웨어적 개혁을 중단하고 조직노동과 협력적 관계

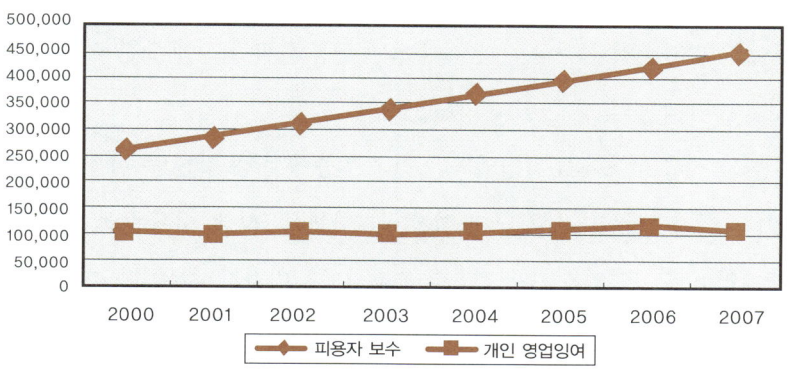

[그림 1-1] 임금 소득 vs 자영업자 비교(2005년 기준) (단위: 10억원)

출처: 한국은행 경제통계시스템 홈페이지(http://ecos.bok.or.kr/)》국민소득》종합계정

를 유지하려고 노력하고, 자영업자의 어려운 처지에는 아랑곳하지 않고 조세 징수나 재정 운용의 원칙을 견지하고, 호남과 지지 계층에 대한 편애를 삼간 참여정부가 자영업자, 비기득권층, 호남 등으로부터 외면받은 것은 놀라운 일이 아니다. 하지만 참여정부를 외면한 민심이 아프리카 군벌식 도적 정치(일명 먹튀 정치)와 학습 능력이 취약한 노인 정치를 실천하고 있는 것처럼 보이는 이명박 정부에게 쏠릴 리가 없다.

어느 나라나 임금근로자의 비중이 높으면 소득 파악이 쉽기 때문에 세금과 사회보험료 징수도 쉽고, 부담과 혜택의 형평성 유지도 쉽다. 복지 수혜 대상자도 명확하다. 사회의 기본 대립 구조는 노동과 자본이 되기 십상이다. 기업이라는 보호막이 있는 임금근로자의 비중이 높으면 아무래도 국민들의 생활 안정성이 높을 수밖에 없다. 정치적 역동성은 상대적으로 낮다. 그러나 임금근로자 비중이 낮으면, 다시 말해 모든 충격을 스스로 감내해야 하는 자영업자의 비중이 높으면 이 모든 것이 흔들린다. 노동과 자본의 대립을 사회의 기본 구도로 생각하는 전통 좌파 노선에 대한 지지율도 낮을 수밖에 없다. 더군다나 임금근로자 내에서 불합리한 격차가 크고, 임금근로자와 자영업자 간의 격차 역시 크면 전통 좌파 노선에 대한 지지는 더 낮을 수밖에 없다.

한국 정당 구조에서 자영업자는 인구 비중에 비해 훨씬 큰 힘을 발휘해 왔다. 한나라당이나 민주당 공히 약국, 미용실, 식당, 유흥주점, 부동산 중개업소 등 자영업자들이 말단 당 조직의 중핵이었기 때문이다. 한나라당은 토건업자, 사학재단, 대기업, 잘 나가는 전문 직능단체 등 소위 '큰 손'들과 연계가 비교적 좋은 편이다. 민주당의 경우에는 이들 전통적 기득권 세력에 밀린 토건업자들과 자영업자 등 '작은 손'들이 호남향우회를 중심으로 당을 떠받쳐왔다. 그런데 노무현과 열린우리당의 경우에는 정치 개혁 노선으로 이권 제공의 부적절한 거래를 단절한 데다 내수 부진까지 겹쳐 민주당의 전통적 골간층의 분노를 사 그 증오심이 하늘을 찌를 지경이 되었다.

지난 2004년 총선, 2007년 대선, 2008년 총선과 촛불시위, 이명박 지지율의 급전 직하 등으로 나타난 한국 특유의 정치적 역동성은 거대한 규모의 실업자, 반실업자(불완전 고용 인력, 경제활동인구에 포함되지 않는 사실상 실업자), 영세 자영업자의 존재 및 기득권 위주로 짜인 불합리한 격차, 세계화와 지식정보화와 중국의 충격, 그리고 이를 방치한 진보와 보수 주류 세력들의 정치적 무능의 합작품이라고 보아야 할 것이다.

괜찮은 직업·직장의 처우

교사의 처우 수준은 대부분의 나라에서 공공부문과 전문직 처우의 바로미터이다. 어느 나라나 교사는 공공부문 인력 중 가장 큰 비중을 차지하는 직군이다. 따라서 교사 임금은 공공부문 종사자 임금의 대표값이라고 할 수 있다. 임금 결정 원리상 국공립 교사의 임금은 공무원, 공기업 직원 임금과 따로 놀 수가 없다. 비경쟁 공공부문의 임금은 시장이 결정하는 것이 아니라 국가 차원의 인재 배분 전략을 반영한 정치가 결정하기 때문이다. 또 교사의 처우는 대개 의료, 법률, 고등교육 부문 등에 종사하는 전문직(교수) 처우의 하한선을 형성한다. 단적으로 많은 나라에서 상위 전문직인 의사들의 임금은 교사 임금의 2~2.5배 수준이다. 따라서 국공립 교사들의 임금은 공공부문 종사자들과 전문직의 전반적인 임금 수준을 유추할 수 있게 해 준다.

교사의 경우 『OECD 교육지표』에 의해 그 근로조건이 매년 매우 상세하게 집계되어 발표된다. 게다가 교사의 경우 전 세계적으로 노동의 성격이 매우 비슷하다. 『2007년 OECD 교육지표』에는 회원국 30개국, 비회원국 6개국 등 총 36개국의 교육 관련 26개 지표가 상세하게 비교되어 있다. 그중 교사의 급여 부분만 살펴보자.

2005년 현재 15년 경력의 한국 국공립 초·중·고 교사는 1인당 GDP(구매력을 감안한 GDP=PPP, 1$=769.01원) 대비 2.33~2.34배를 받는다. 많은 진보 개혁 성향의 사람들이 내심 모델로 삼고 있는 북유럽 사회민주주의 복지국가들인 스웨덴, 덴마크, 핀란드, 노르웨이의 경우 국공립 중학교의 15년 경력 교사는 1인당 GDP의 0.98배, 1.14배, 1.23배, 0.74배를 받는다. 초등교사는 이보다 조금 낮고, 고등학교 교사는 조금 높다. 물론 이들 나라는 전반적으로 임금 및 소득의 격차가 크지 않고, 여성 취업률도 높고, 비경쟁 부문으로 분류된 공공부문의 임금이 정치적·철학적 고려에 의해 낮게 유지되는 측면이 있다. 그렇다고 하더라도 이들 나라에서 교사 임금이 유달리 낮지는 않을 것이다.

부문, 직업, 직능, 기업 간 임금, 고용의 평등도가 높으면 좋은 직업, 직능, 기업을 둘러싼 경쟁이 구조적으로 치열할 수가 없다. 입시 위주 교육이나 사교육이 발붙일 자리가 없다.

어쨌든 다른 선진국들이라고 해서 교사 임금이 스웨덴 등에 비해 많이 높은 것은 아니다. 중등 교육 15년 경력 교사의 경우 1인당 GDP 대비 영국은

1.33배, 미국은 0.98배, 프랑스는 1.11배, 일본은 1.56배, OECD 평균은 1.30배 수준이다.

PPP로 환산한 임금의 절대 액수는 한국 중학교 교사 초임이 3만 58달러이다. 스웨덴은 2만 6756달러, 덴마크는 3만 4517달러, 핀란드는 3만 2273달러로 한국과 비슷한 수준이다. OECD 평균은 2만 9772달러이다. 물론 이 초임은 세금 공제하고 받은 임금이 아니다. 스웨덴, 덴마크, 핀란드는 1인당 명목 소득이 한국의 2배가 넘는다.

그런데 15년 경력 중학교 교사의 경우 한국은 5만 1516달러지만 스웨덴, 덴마크, 핀란드는 3만 1585달러, 3만 8911달러, 3만 8159달러로 한국보다 훨씬 낮다. OECD 평균은 4만 322달러이다. 이를 통해 한국의 경우 스웨덴, 덴마크 등에 비해 근무 연수에 따라 임금 수준이 가파르게 올라간다는 것을 알 수 있다. 그래서 교사 국제 교류에 참여해 본 교사들(주로 장기 근속 교사, 교감, 교장들)은 한국 교사의 임금 수준이 매우 높다는 사실을 확인하고 놀란다.[1]

초·중·고 교사 간 임금 체계를 보면 한국의 경우 15년 경력 국공립학교 교사는 초·중·고가 5만 1516~5만 1641달러로 거의 동일하다. 초·중·고 교사 최고 임금이 거의 같은 나라는 일본, 그리스, 미국, 영국, 호주, 뉴질랜드다. 그런데 사회 전반적으로 높은 평등도를 자랑하는 스웨덴, 덴마크, 핀란드의 경우 상급 학교로 갈수록 교원 임금 수준이 높아진다.

---

1) 2006년 기준 한국 1인당 명목 GDP는 1만 8391달러, 스웨덴은 4만 2382달러, 덴마크는 5만 965달러, 핀란드는 4만 196달러, 미국은 4만 4190달러, 영국은 3만 9213달러, 일본은 3만 4188달러, 독일은 3만 2520달러, 프랑스는 3만 5404달러, 네덜란드는 4만 571달러이다. PPP로 따지면 한국은 2만 3000~2만 4000달러가량 되고 이들 나라들은 명목과 비슷한 수준으로 되기에 격차는 다소 줄어든다.

〈표 1-2〉 1인당 GDP(PPP 환산) 대비 15년 경력 국공립 교사 급여 비율(2005년 기준)

국가	초등 교육	전기 중등(중학) 교육	후기 중등(고교) 교육	복지국가 유형
미국	0.97	0.98	0.98	자유주의 복지국가
영국	1.33	1.33	1.33	
호주	1.30	1.30	1.30	
뉴질랜드	1.42	1.42	1.42	
스웨덴	0.96	0.98	1.06	사회민주주의 복지국가
덴마크	1.14	1.14	1.39	
핀란드	1.05	1.23	1.40	
노르웨이	0.74	0.74	0.80	
프랑스	1.03	1.11	1.12	보수주의 복지국가
독일	1.62	1.66	1.79	
네덜란드	1.19	1.31	1.75	
스페인	1.35	1.52	1.55	라틴/반도 국가
이탈리아	1.04	1.14	1.17	
그리스	1.06	1.06	1.06	
일본	1.56	1.56	1.56	일본
한국	2.34	2.33	2.33	한국
OECD 평균	1.28	1.30	1.41	

출처: 『2007년 OECD 교육지표』

학급당 학생 수는 한국이 많다. 하지만 월등히 많지는 않다. 국공립 중학교의 경우 한국은 36명인데, 이웃 일본은 33.4명, 미국은 24.9명, 영국은 24.3명 수준이다. OECD 평균은 23.8명이다. 교원 1인당 학생 수는 당연히 한국이 많다. 국공립 중학교의 경우 한국은 20.8명이나 미국은 15.1명, 영국은 17.0명, 일본은 15.1명, OECD 평균은 13.7명이다.

물론 여기서 말하는 교원은 수업 담당 교원이다. 교장, 교감, 상담교사 등 관리직 교원은 제외되어 있다. 한국은 대부분의 OECD 국가에 비해 상담교사나 보조교사가 적고, 전문 사무행정 직원이 할 일을 수업 담당 교사가 한다고 알려져 있다. 따라서 총노동시간이 길며 교사가 가진 부담감은 1

인당 학생 수보다 더 높다. 그러나 한국의 경우 사무행정 잘하는 교사가 교감·교장으로 먼저 승진하는 체계로 되어 있어 1인당 학생 수가 10명이든 20명이든, 교사들의 노동시간이 1.2배든 1.5배든 학업 성취도 관리는 상대적으로 소홀할 수밖에 없다. 양적 지표로 나타나지 않는 평가보상체계가 더 심각한 문제라는 것이다.

교사들의 임금 수준은 교사 지원 인력, 노동시간, 여성 취업률(부부 맞벌이의 일반화 여부), 문화적 전통(유교적 전통), 교원 노조의 영향력 등과 밀접한 관련이 있다. 하지만 이 모든 것을 고려해도 1인당 국민소득 수준을 감안할 때 한국 교사의 임금은 국제 수준에 비해서 매우 높고, 초·중·고의 격차는 비교적 적으며, 근무 연수에 따라 임금 수준은 가파르게 올라간다. 게다가 한국의 교사들은 (국공립 교사의 경우) 노령연금에서도 상당한 특혜를 받고 있다. 또한 고용 보장과 진입장벽(자격증)도 그 어떤 나라보다 튼튼하다.

한국의 교육 현실을 요약하면 최고의 인력을 뽑아서 최고의 대우를 하고, 그러면서도 가치 전도된 평가보상체계를 통해 엄청난 스트레스를 주면서 엉뚱한 일에 매진하게 한다. 물론 당사자들은 최고의 대우를 받는다고 전혀 생각하지 않는다. 금융 공기업, 현대자동차 조합원, 공무원 등 교사들이 볼 때 별로 하는 일 없이 엄청나게 많이 누리는 존재들을 비교 대상으로 삼고 있기 때문이다. 한편 교사들의 지나치게 높고 안정적인 임금 및 고용 수준은 학생들의 다양한 수요에 부응하는 기능을 가진 교사를 충분히 채용하지 못하게 하는 요인으로 작용함으로써, 교사들은 장시간 노동에 시달리고, 임시 교사는 극심한 차별로 신음하고, 학생과 학부모는 부실한 교육에 분통을 터뜨린다. 결과적으로 교사들은 학교 운영상의 내적 불합리성과 상대 비교를 통해 느끼는 외적 불공평성 때문에 불만으로 부글부글 끓는다. 이는 학생, 학부모의 눈살을 찌푸리게 하는, 그들만의 노동조합 활동을 밀고 가는 동력이다.

이런 유의 일이 교사 세계에서만 일어나는 것이 아니다. 공무원, 공기업, 전문직, 대기업 조직노동 세계에서도 비슷하게 나타난다. 거듭 말하지만 교사를 예로 든 것은 국제적 비교지표가 정확하고 또 풍부하며, 공공부문과 전문직의 바로미터이기 때문이다.

공무원과 전문직

이제 임금 수준만으로 한국 청소년들이 선호하는 '괜찮은 일자리'들의 문제를 살펴보자.

우리나라 공무원들의 평균 근속 연수와 연봉의 국제적 수준을 알려주는 통계는 없다. 그러나 공공기관 정보공개시스템(www.alio.go.kr)에서 298개 공기업 종사자들의 2006년 현재 평균 근속 연수와 임금액 통계를 볼 수 있다. 신의 직장이라 불리는 금융감독원의 경우 평균 근속 연수 13.5년에 평균 임금은 1인당 명목 GDP(2006년 현재 1775만 5000원)의 4.5배(7946만 원)로 나와 있다. 사양 산업 업체의 대표격인 대한석탄공사의 경우는 17.6년에 1.9배 수준으로 거의 바닥이다. 하지만 웬만한 공기업의 경우는 2.4(4200만 원)~3.4배(5960만 원) 수준이다. 대체로 교사보다 조금 높다. 다른 선진국의 경우에 공무원과 공기업의 임금 수준은 교사들과 비슷하다고 알려져 있다.

2005년 OECD 보건의료 자료OECD Health Data에 의하면, 스웨덴, 덴마크, 핀란드의 고용 전문의의 임금은 1인당 GDP(PPP)의 2.52배, 2.89배, 2.65배이고, 간호사의 임금은 덴마크가 1.34배, 핀란드가 1배이다. 스웨덴, 덴마크의 의사 임금은 한국으로 치면 연봉 4500~5000만 원 수준인데, 이는 한국 공공기관(국민연금관리공단, 건강보험관리공단 등) 직원들의 평균 임금 수준이다. 한국의 의사 임금에 관한 공식 통계는 없다. 그런데 의사 임금이 중간 수준이라고 알려진 지방 국공립병원의 임금은 1인당 명목 GDP의 4~6배이다. 물론 의사 1인당 진료하는 환자 수는 많고, 따라서 노동시간은 매우 길 수밖에 없다.

한편 자격증과 노동조합에 의한 프리미엄(경제적 지대)이 별로 없어 시장 원리에 거의 노출된 중소 개인병원 간호사의 평균 임금은 선진국 수준과 비슷한 1.5배 이하이다. 의사의 임금은 한국의 변호사, 정규직 교수 등 최고 수준 전문직의 임금과 따로 놀 수가 없다.

북유럽 국가들을 비롯하여 대부분의 선진국에서는 교사, 공무원, 의사, 간호사 등의 임금 수준이 한국처럼 높지 않아 상대적으로 고용 확대가 쉽다. 노동시간도 짧다. 좀 과장해서 말하면 한국에서 한 사람이 할 일을 북유럽 국가에서는 두 사람이 하고, 한국에서 한 사람이 가져갈 임금을 북유럽 국가에서는 두 사람이 가져간다고 할 수 있다. 따라서 동일한 재정으로 한국이 100만 명을 공공부문으로 채용한다면 북유럽 국가에서는 200만 명을 채용할 수 있다. 풍족한 복지 재정과 한국의 시각에서 보면 전반적인 저임금(?)과 작은 격차로 인하여 교사, 의사, 간호사, 요양보호사 등이 주요하게 포함되어 있는 사회서비스 부문이 총고용에서 차지하는 비중은 2003

년 현재 노르웨이 34.2%, 덴마크 31.3%, 핀란드 27.3%, OECD 평균은 21.7%인 데 반하여 한국은 12.6%에 불과하다.

물론 한국 대학교수의 평균 임금 통계는 없다. 하지만 GDP(PPP)를 기준으로 하면 전임교수(특히 인문사회학)의 평균 임금은 미국보다 훨씬 높고, 시간강사의 임금은 훨씬 낮다.[2] 2008년 교육과학부 통계에 따르면 거의 1/10 수준이다. 제조업은 정규직과 비정규직이 생산하는 상품의 질 차이가 별로 없지만 전임교수와 시간강사가 생산하는 상품의 질 차이는 클 수밖에 없다. 시간강사의 능력 부족 때문이 아니라, 지극히 불합리한 보상체계로 인해 창의력과 열정을 발휘할 수 없기 때문이다. 대학 강의의 절반가량을 구조적으로 창의와 열정이 덜할 수밖에 없는 시간강사가 맡고 있다는 사실을 감안하면 한국의 대학은 학생과 학부모들에게 사기를 치고 있다고 해도 과언이 아니다.

한편 같은 전임교수라 할지라도 서울 소재 유명 대학의 처우는 대단히 높은(달러 표시 명목 임금 자체가 한국이 높은 경우도 적지 않다) 반면에 지방 소재 무명 대학의 처우는 실력에 관계없이 대단히 낮다. 박거용 교수노조위원장 조사에 따르면 국립대학 전임 교원 연봉은 최고액이 1억 961만 원, 최저액은 1393만 원으로 약 8배, 사립대학은 최고액이 1억 8547만 원, 최저액이 1088만 원으로 차이가 무려 17배에 달했다. 17배 차이가 나는 사립대학 전

---

[2] 미국 교육통계센터(NCES)가 2006년 1월 5일 발표한 통계(미국 교육부의 정식 인가를 받은 6539개 기관과 일반 대학, 2년제 대학과 평생교육기관의 4년제 대학교수 총 99만 7916명 통계)에 따르면 정교수의 평균 연봉은 8만 7634달러로 2005년 미국 1인당 명목 GDP 4만 1873달러의 2.09배, 부교수는 1.5배(6만 3567달러), 조교수는 1.28배(5만 3481달러), 전임강사 1.1배(4만 6238달러), 시간강사 1.06배(4만 4385달러)였다. 4년제 공립대의 경우 남성 정교수의 연봉은 2.18배(9만 1102달러), 여성 정교수는 1.95배(8만 1719달러)였다.(『한국대학신문』, 2006년 1월 16일자)

임교원 연봉은 시장이 작동한 소치라고 볼 수가 없다.

　전임교수와 시간강사의 임금 격차가 큰 것 자체도 문제지만, 더 큰 문제는 정규직과 비정규직의 경우처럼 그 격차가 시장 수요, 성과, 직무에 정확하게 연동되어 있지 않다는 것이다. 이 때문에 한쪽은 교육, 연구, 사회 공헌 실적에 상관없이 우수한 학생들이 몰려와서 높고 안정적인 처우를 자동으로 보장받음으로써 나태해지고, 다른 한쪽은 아무리 노력해도 시간강사 신세를 면할 수 없거나 학생 자체가 오지 않아 학문적으로나 정신적으로 피폐해지는 현상이 나타난다. 전임교수에 대한 재신임이 느슨하니 중고 Recycling 시장 혹은 패자부활전이 활성화되지 않고, 따라서 신규 진입자, 청년 세대에게 불리한 것은 당연하다.

　또한 전임교수의 전반적인 고용 및 임금 경직성으로 인해 사회와 시장의 요구에 유연하게 대응하지도 못한다. 당연히 새로운 학문과 발상을 가진 젊은 학자를 발탁해 쓰기가 어렵다. 결국 교수 사회 역시 강력한 노동조합이 지배하는 대기업, 공기업처럼 자신의 무덤을 파는 상벌체계를 가지고 있는 셈이다. 물론 전임교수에 대한 과도한 신분 보장은 정권과 재단의 횡포를 막아내려는 민주화, 자유화 운동의 성과로서 간단히 폄하할 대상은 아니다. 재단의 전횡이라는 최악을 피하기 위한 차악이라고 할 수 있다.

　따라서 교수 사회의 구조적인 악을 거론할 때 불투명하게 운영되는 학교재단 문제 또한 반드시 함께 거론되어야 한다. 지난 10여 년 동안 캠퍼스에 수많은 신축 건물을 지으면서 공사비 부풀리기 등을 통해 엄청난 액수의 부정한 돈이 재단으로 흘러들어 갔다는 것은 공공연한 비밀이다. 사돈의 팔촌까지, 나아가 단골식당 주인까지 철저한 계좌추적을 해서 비리를 파헤

쳐야 할 곳이 있다면 바로 족벌 중심으로 운영되는 대학 재단이다. 한국 특유의 연고정실주의와 불투명성을 감안하면 대학 재단의 투명한 운영이야말로 모든 대학 개혁의 선결 조건이라고 할 수 있다.

한국 사회 일자리 구조의 특징

선진 자본주의 국가와 비교할 때 한국의 일자리 구조의 특징을 개괄하면 다음과 같다.

첫째, 15~64세 연령대에서 낮은 경제활동 참가율과 65세 이상 노인 인구의 상대적으로 높은 취업률이다.

둘째, OECD 선진국에 비해 유별난 장시간 노동이다. 2007년 현재 한국 총취업자의 연간 실근로시간은 2455시간이다. 이는 다른 나라에 비해 월등히 높다. 그 아래 이탈리아는 1824시간, 미국은 1794시간, 일본은 1785시간, 영국은 1670시간, 노르웨이는 1411시간이다. 한편 한국 임금근로자의 연평균 실근로시간이 2400시간임을 감안하면 자영업자의 근로시간은 2500시간을 훨씬 넘긴다는 것을 알 수 있다. 그래야 취업자 전체 평균 근로시간이 2455시간이 될 것이다.

유별난 장시간 노동은 '벌 수 있을 때 한 푼이라도 더 벌자'는 정신의 발로이자, 짧은 시간에 고숙련, 고기능을 달성한 배경이다. 이는 한강의 기적을 낳은 결정적인 요인 중의 하나일 것이다. 하지만 한편으로는 수백만 명을 일자리에서 배제하고, 육아를 담당하는 젊은 여성을 가정에 묶어놓은 원인이기도 할 것이다. 유별난 장시간 노동과 15~64세 연령대의 낮은 경제활동참가율은 떼려야 뗄 수 없는 관계이다. 그러므로 한국은 좀 거칠게 표현하면, 일자리를 가진 사람들이 선진국이라면 두 사람이 할 일을 한 사람이 하면서 비경제활동인구를 양산했다고 할 수 있다.

셋째, 유달리 높은 자영업자 및 무급 가족 종사자 비율이다. 이 안에는 엄청난 수의 사실상 실업자가 숨어 있다고 보아야 한다.

종합하면 80~100만 명 수준의 공식 실업자, 비경제활동인구에 숨어 있는 사실상 실업자(200만 명), 임금근로자이면서도 사업체에 소속되어 있지 않는 사람들(350만 명), 자영업자와 무급 가족 종사자 속에 숨어 있는 불완전고용인력(200~300만 명) 등을 합치면 실업자, 반실업자는 1000만 명에 육박한다는 것이다. 이들은 조세와 사회보험료 부담 능력과 의지는 일천하지만 북유럽처럼 실업수당이 후하면 실업자 대열에 설 가능성이 높다. 이로 미루어 한국에서 보편적 복지주의를 실현하는 것이 얼마나 힘든지 알 수 있다.

한국이 겪는 독특한 어려움은 기본적으로 자본주의가 충분히 성숙하기 전에, 즉 농민 등 자영업자를 기업과 공공부문이 충분히 분해·흡수하고, 기업의 지불 능력이나 노동의 교섭력이 아닌 노동의 양과 질에 상응하는 공평한 보상체계를 정착시키고, 대기업들이 국내 중소기업들과 상생의 협력 체제를 충분히 심화시키기 전에 세계화, 지식정보화, 자유화(중소기업 보호 규제 완화 등), 민주화(분권화), 중국의 경제적 비상과 전투적 노동운동의 충격을 받은 탓일 것이다.

노블레스들을 규율하는 평가보상체계

현대가 인간의 창의력과 열정 또는 인재의 합리적 배분이 국가, 사회, 기업의 흥망을 가르는 지식 기반 시대가 맞는다면, 최고 수준의 잠재력을 가진 청년 인재들의 흐름과 이들의 능력 개발에 큰 영향을 주는 사회적 평가보상(상벌) 체계의 중요성은 길게 설명할 필요가 없다. 지금 한국의 위기는 자질이 뛰어나거나 힘 있는 존재들(정규직, 공공부문, 전문직, 재벌 및 대기업, 사학재단, 부동산 부자 등)이 기여 정도에 비해 경제적 잉여를 너무 많이 가져가는 현실에서 오는 측면이 있다. 한마디로 사회 전체적인 생산력 수준은 안 되는데 그들만 먼저 선진국을 누리기 때문이다. 하지만 진짜 위기의 근원은 이들 잘난 사람들이 못난 사람들과 함께 나눠 먹을 파이를 너무 많이 떼어 가는 것이 아니다. 사실 세계화, 지식정보화 시대가 되면 초일류 지식노동(특히 이공계)은 국경의 장벽을 가볍게 뛰어넘을 수 있다. 세계 유수의 대학에서 파격적인 연봉과 연구비 지원을 약속하며 스카우트하려고 하기 때문이다. 따라서 이공계 지식노동의 처우는 한국의 생산력$_{GDP}$ 수준에 비추어 과도한, 선진국 시장에서 형성된 처우 수준을 쫓는 경향이 있을 수밖에 없다. 그런 점에서 높은 평등도를 자랑하는 북유럽 국가들에서는 의사, 이공계 교수 등 지식노동의 해외 유출 가능성이 크다.

그러므로 한국의 문제는 잘난 사람들이 누리는 높은 처우 그 자체가 아니다. 문제는 덜 받아야 마땅한 사람이 같은 교수, 교사, 교직원이라는 이유로, 또는 같은 공기업 직원, 공무원이라는 이유로 덩달아 더 받고(이 때문에 연봉 1억에 육박하는 운전기사가 생겨난다), 더 받아야 할 사람이 도매금으로 덜 받는 불공평한 현실이다. 더 심각하고 중요한 문제는 잘난 사람들로 하여금 높은 처우에 상응하여 높은 성과를 지속적으로 내도록 강제하지 않는, 한마디로 일단 자리를 차지하고 나면 나태하도록 만드는 후진적 평가보상체계이다.

 한국의 불합리한 평가보상체계의 문제는 사회적 약자들이 총단결하여 강자와 노블레스의 몫을 뺏는 방식으로는 결코 해결되지 않는다. 오히려 사회적 강자와 노블레스들로 하여금 세계적으로 높은 권리, 이익, 혜택에 상응하는 빼어난 성과를 창출하도록 압박해야 해결된다. 물론 이들에 대한 압박은 단지 설득과 호소가 아니라 이들의 행위를 규율하는 합리적인 평가보상체계로 해야 한다. '노블레스 오블리주' 라는 보편화된 상식으로 압박해야 한다. 만약 한국의 노블레스들로 하여금 현실의 문제나 시장의 요구에 치열하게 응답하도록 시장 구조와 평가보상체계를 개혁한다면, 그래서 이들이 차지하고 있는 자리에 대한 승자 재신임전과 패자부활전이 활발하게 일어난다면, 한마디로 이들이 성과주의 · 시장주의로 인해 양극화된다고 비명을 지른다면 한국 사회는 지금보다 훨씬 나아질 것이다. 이들은 세계적인 기술이나 상품도 만들지만, 합리적인 상벌체계와 리더십도 만들며, 양극화가 자신들의 문제로 된다면, 양극화가 극심해지지 않도록 게임 규칙을 설계할 것이기 때문이다.

 사회의 물질적 · 문화적 부와 가치를 나누는 것은 단순한 제로섬 게임이 아니다. 나누는 방식에 따라, 즉 평가보상체계에 따라 부와 가치 전체가 지속적으로 커지기도 하고 작아지기도 한다. 따라서 이들이 능력, 노력, 성과에 따라 양극화되면 사회 전체의 양극화는 훨씬 완화되고, 사회는 훨씬 풍요롭고 정의로워지기 마련이다.

03 노동의 격차
Chapter

노동소득분배율 – 한국 사회 정규직은 행운이다

　비정규직 문제를 포함한 각종 노동 및 일자리 문제에 대한 한국 진보의 기본 전략을 단순화하면, 자본이 자신의 몫(영업잉여)을 더 내놓고, 시장 충격도 더 많이 감내하고, 위험을 무릅쓰고 더 과감하게 투자해야 한다는 것이다. 물론 자본의 생각은 그 반대일 것이다. 그런데 노동의 오랜 희망 사항은 실현 가능할까? 과연 이 요구가 진보·개혁적이라고 할 수 있을까? 먼저 노동소득분배율을 살펴보자.

　노동소득분배율은 국민소득에서 노동소득(피용자 보수=임금근로자 보수)이 차지하는 비율을 말한다. 한국은행의 계산 방식은 '피용자 보수'를 분자로 하고, '피용자 보수+기업 및 재산 소득'을 분모로 하는 것이다. 기업 및 재산 소득은 영업잉여라고도 불리는데 이윤, 이자, 배당, 임대료, 자영업자의 소득 등이 포함되어 있다. 한국은행 통계에 입각하여 지난 20년간의 노동소득분배율 추이를 살펴보면 1988년 54.4%였다가 지속적으로 상승하여 1996년 63.4%로 정점에 이른 후 1997년부터 내리막길을 걸어 2002

년에는 58.2%로 저점에 이른 후 다시 완만하게 상승하여 2007년 현재 61.5%(피용자 보수 45.6%, 기업 및 재산 소득 28.6%)이다.

그러면 다른 나라와 비교하면 어떨까? 현재 비교 가능한 가장 최근 시점인 2004년 통계를 보면 미국의 피용자 보수는 국민총처분가능소득의 57.8%, 노동소득분배율은 71.1%, 일본의 그것은 51%, 73.3%, 독일은 51.9%, 68.5%, 한국은 피용자 보수 44.3%, 노동소득분배율 59.3%이다. 이 통계만 보면 한국 피용자=임금근로자가 가져가는 몫이 너무 적은 것처럼 보인다. 그런데 문제는 임금근로자 비중이다. 2004년 한국의 임금근로자 비중은 총취업자의 66.0%로 미국 92.4%, 일본 85.1%, 독일 87.9%에 비해 훨씬 낮다. 자영업자 비중이 높기 때문이다. 피용자 보수를 임금근로자 비중으로 나누어 보면 임금근로자 1단위가 평균적으로 가져가는 몫을 알 수 있다. 이렇게 계산해 보면 미국은 62.6, 일본은 60.0, 독일은 59.0, 한국은 67.1이 나온다. 이로부터 한국의 임금근로자가 주요 선진국 임금근로자에 비해 평균적으로 더 많은 잉여를 가져간다는 결론이 나온다.[3]

2000~2007년 명목 국민소득의 부문별 분배 상황을 보면 금융기업 수익은 연평균 11.7%, 기업 수익은 9.9%, 노동자 임금은 7.44%, 국민소득은 6.53%, 취업자 1인당 임금은 4.72% 증가했다. 이를 근거로 노동자(임금근로자)들은 금융기업과 기업이 잉여를 많이 가져갔다고 비난할 수 있을 것이

---

[3] 2005년 12월 한국경영자총협회는 임금근로자에 비해 열악한 자영업자를 임금근로자로 간주하여 계산한 이른바 '보정 노동소득분배율'을 발표했다. 이 계산 방식에 의하면 한국의 노동소득분배율은 73.6%(2004년 현재)이다. 1995~2004년 10년간 평균은 75.2%로 OECD 주요국 중 포르투갈에 이어 2위였다. 그런데 여기서 사용한 보정 노동소득분배율은 국제적으로 통용되지도 않고, 임금인상 자제를 호소하려는 한국경영자총협회의 의도를 뒷받침하기 위해 만들어졌기에 설득력을 별로 갖지 못한다.

다. 하지만 임금근로자를 포함한 취업자 1인당 임금이 4.72%밖에 증가하지 않았다는 것은 노동자 아닌 사람들, 즉 자영업자의 소득이 거의 늘지 않았음을 의미한다. 또한 노동자 임금 인상률 7.44%도 대기업 및 공기업과 중소기업 인상률의 평균이기 때문에 대기업 및 공기업의 인상률은 이보다 높다고 보아야 한다.

1인당 국민총소득GNI 대비 제조업 근로자 평균 임금 수준(달러 기준)도 이 통계를 뒷받침한다. 2004년 현재 한국 제조업 평균 임금은 1인당 국민총소득의 1.65배지만, 일본은 1.24배, 타이완은 1.05배, 미국은 0.88배이다. 한국 특유의 정규직과 비정규직, 대기업과 중소기업의 임금 격차를 감안하면 대기업 정규직의 임금 수준은 이 통계보다 훨씬 높을 것이다.

노동자는 하나인가?

한국 사회를 완벽하게 이해하기 위해서는 총 취업자의 70%에 가까운 임금근로자의 처지를 자세하게 알아야 한다. 결론부터 얘기하면 한국의 조직 노동은 유럽, 미국, 일본의 노동에 비해 매우 특이한 존재이다. 물론 한국의 검찰, 주류 언론, 정당, 재벌 등도 특이하기는 마찬가지다. 뒤틀린 역사와 특이한 성정과 제대로 작동하지 않는 국가(정의)가 교배해서 낳은 자식들이기 때문이다.

어쨌든 한국에서 널리 통용되는 진보적 철학, 가치, 정책들은 대체로 유럽이나 미국의 진보 정당 혹은 진보 학자들이 원조이다. 그런데 한국과 달리 서구에서는 경제활동인구 중에서 노동(임금근로자)의 비율이 90% 내외이고, 노동 내부의 근로조건 격차도 한국에 비해 매우 적다. 또한 각종 격차는 비교적 잘 작동하는 시장과 국가에 의해 만들어졌다.

한국의 경우 2007년 현재 전체 임금근로자는 1588만 2000명이고, 그중 상용 근로자는 876만 3000명(55%)이다. 그런데 종사자의 지위에 따라 임금 및 근로조건의 차이가 너무나 크다. 상용 근로자는 월평균 임금이 229만 9000원이고, 주당 근로시간이 46.1시간, 국민연금 적용 비율 98%, 고용보험 적용 비율 84.1%이다. 그러나 임시 근로자는 임금이 상용 근로자의 절반 수준에 불과하고, 국민연금과 고용보험 적용 비율은 27.6%와 26.7%다. 일용 근로자는 더욱 열악해서 임금은 상용 근로자의 1/3 수준인 82만 3000원이고, 국민연금과 고용보험 적용 비율은 각각 3.2%, 2.9%이다. 문제는 이런 상황이 시간이 흘러도 개선되지 않고 오히려 심화된다는 것이다.

〈표 1-3〉 종사상 지위별 임금 및 근로조건

	구분	월평균임금 총액(천원)	주당 근로시간	국민연금 적용비율(%)	건강보험 적용비율(%)	고용보험 적용비율(%)	근로자수 (천명)	상용근로자 / 일용근로자
2007년	상용근로자	2,299	46.1	98.0	99.1	84.1	8,763	2.79
	임시근로자	1,163	47.4	27.6	29.4	26.7	5,044	
	일용근로자	823	41.3	3.2	3.2	2.9	2,075	
2001년	상용근로자	1,649	49.8	91.9	94.2	80.1	6,706	2.39
	임시근로자	916	51.1	18.5	22.2	21.1	4,613	
	일용근로자	689	44.1	2.5	3.0	3.3	2,221	

* 월평균 임금 총액은 각 연도 6~8월 평균치, 주당 근로시간은 평소 근로시간임.
출처: 한국노동연구원, 『2008 KLI 노동통계』, 2008.

2001년과 비교할 때 임시 근로자와 일용 근로자의 처지와 조건은 거의 답보 상태이다. 일용 근로자 대비 상용 근로자의 임금이 2001년에는 2.39배였지만, 2007년에는 2.79배로 그 격차가 더 늘어났다.

사업장 규모에 따른 임금 격차도 크다. 사업장 규모별 임금 총액을 보면 2007년 현재 5~9인 규모의 경우는 195만 7000원인데, 500인 이상은 393만 9000원으로 5~9인 규모의 1.69배다. 이 격차도 점점 커지고 있다. 1982년 10~29인 규모 사업체 대비 500인 이상 규모 사업체의 임금 총액은 1.13배였다. 1985년에는 그것이 1.12배로 거의 답보 상태였다. 그러다가 노동운동이 본격화된 1987년 이후부터 그 격차가 점점 커져 1988년에는 1.26배, 1999년에는 1.47배, 2007년 현재는 1.69배가 되었다. 물론 이것이 노조의 교섭력 때문만은 아닐 것이다. 세계화, 지식정보화에 따른 소비자 선택권의 강화(국내외 경쟁 강화)와 중국발 구조조정 압력 등도 이런 결과를 초래하는 데 큰 영향을 미쳤을 것이다.

〈표 1-4〉 사업체 규모별 임금 총액 추이　　　　　　　　　　　　　　(단위: 천원)

연도	5~9인	10~29인	30~99인	100~299인	300~499인	500인 이상	500/10~29	300/10~29
1982		225	245	241	256	254	113%	114%
1985		308	314	308	340	344	112%	110%
1988		396	408	423	479	499	126%	121%
1991		633	676	736	804	892	141%	127%
1994		969	995	1046	1194	1338	138%	123%
1997		1283	1342	1418	1619	1774	138%	123%
1999	1192	1376	1439	1561	1794	2019	147%	130%
2002	1466	1705	1856	2067	2357	2718	159%	138%
2005	1783	2081	2259	2517	2822	3541	170%	136%
2007	1957	2331	2574	2836	3064	3939	169%	131%
2007/1999	164%	169%	179%	182%	171%	195%		
2007/2002	133%	137%	139%	137%	130%	145%		

출처: 한국노동연구원, 『2008 KLI 노동통계』, 2008.

　시간당 정액 급여를 비교해 보면 2007년 현재 한국에서 5인 미만 사업체는 6837원이며, 대기업으로 분류되는 300인 이상 사업체는 1만 5415원으로 5인 미만 사업체의 2.25배이다. 300인 이상 사업체 종업원은 상여금과 퇴직금 있는 사람이 90% 안팎이지만, 5인 미만 사업체의 경우는 상여금이 있는 사람이 28.1%, 퇴직금이 있는 사람이 35%에 불과하다. 사업체가 아닌 기업체(전국에 흩어져 있는 기업 지사, 분소와 중앙의 본사가 하나의 기업체로 인식된다)를 기준으로 하면 기업 규모별 근로조건 격차는 더 클 것이다.

비정규직 분포를 보면 1~4인 규모는 총근로자(308만 4000명)의 87%가 비정규직이다. 5~9인 규모는 총근로자(257만 5000명)의 70%, 10~29인 규모는 총근로자(326만 8000명)의 56%가 비정규직이다. 반면에 300인 이상 기업에서는 그 비율이 20%에 불과하다.

일반적으로 소규모 사업장일수록 종업원의 창의력과 열정이 소중하게 느껴진다. 소규모 사업장에는 중시할 주주도 없다. 그럼에도 불구하고 비정규직이 넘쳐난다. 이는 비정규직이 자본가의 승자독식주의와 과도한 탐욕(이윤) 또는 주주 중시 경영에서 오는 것이 아니라 안정된 고용을 보장할 수 없는 열악한 자본의 처지에서 오기 때문이다. 또한 정규직의 고용·임금 경직성과 인력의 외부화가 손쉬운 지식 정보화 환경 등도 한몫했다고 보아야 한다.

따라서 비정규직 사용에 엄격한 규제를 가하거나, 최저 임금 인상폭을 결정할 때에는 이들 소규모 사업체의 능력을 주의 깊게 살펴야 한다. 원래 노동의 '최저선' 규제의 목적은 그 선을 맞추지 못하는 기업이나 산업을 정리하여 여기에 매여 있던 인력을 고부가가치 산업으로 이전시키는 것이다. 그러나 이 이전이 원활하지 않다면, 최저선을 획기적으로 높이려는 시도는 진짜 열악한 처지에 있는 사람들을 획기적으로 어렵게 할 뿐이다.

한국의 임금 수준을 좌우하는 가장 큰 변수는 사업체의 규모와 노조의 힘이다. 단적으로 2008년 5월 27일 발표된 노동부 '사업체 근로 실태 조사'(43만 9000명 대상 표본 조사) 결과에 따르면, 동일 사업장에서 나이, 학력, 근속 연수 등이 같은 조건인 노동자 집단을 비교했을 때 300인 이상 대기업에서 정규직은 비정규직에 비해 시간당 임금 총액이 31.8% 높았고, 300인 미만에서는 12.2% 높았다. 노동조합이 있는 기업에서는 정규직이 비정규직에 비해 32.6% 높았고, 무노조 기업에서는 9.5% 높았다. 규모 효과와 노동조합 효과가 거의 비슷하게 나타나고 있다.[4]

산업별로 임금 총액(2007년 현재 10인 이상 사업체 평균)을 비교하면 전기, 가스 및 수도 사업 종사자는 월 평균 470만 3000원을 받는다. 그 다음이 금융 및 보험업 종사자들로 453만 2000원, 3위가 통신사업 종사자들로 419만 6000원을 받는다. 제조업 종사자는 277만 2000원, 건설업 종사자는 273만 1000원으로 중간 수준이다. 음식숙박업 종사자는 가장 낮은 185만 1000원이다. 부동산 및 임대업 종사자는 186만 7000원이다. 이 격차는 점점 커지고 있다. 그런데 과연 전기, 가스 및 수도 사업 종사자 노동의 양과 질이 음식숙박업 종사자의 그것에 비해 임금 격차만큼이나 클까? 동의하는 사람은 많지 않을 것이다. 한국에서 임금은 기업의 지불 능력과—이것도 독과점이거나 우월적 지위를 남용한 경우가 많다—노조의 교섭력에 의해 결정된다는 것은 상식이기 때문이다.

---

[4] 일본의 경우 동일한 통계는 없으나 학력별, 기업 규모별 초임을 조사한 것은 있다. 일본 경제단체연합회가 2007년 9월 3일에 발표한 자료(新規學卒者決定初任給調査)에 따르면 일본의 경우 전반적으로 기업 규모별 초임 차이가 거의 없지만, 100인 미만 기업의 초임이 다소나마 높게 나타난다. 이는 소기업의 태생적 불안정성에 대한 보상이기에 보다 합리적이라고 할 수 있다. 한국은 평균 임금은 물론이고, 초임조차도 기업 규모가 커지면 매우 높아진다.

근로조건 격차를 정당화하는 논리는 무엇인가

선진국의 경우, 특히 북유럽 사회민주주의국가의 경우는 '동일 노동·동일 임금'에 대한 암묵적 합의가 있어서 노동의 양과 질이 비슷하면 임금 수준이 큰 차이를 보이지 않는다. 그래서 한국 노동자들이 보기에는 놀라울 정도로 연공, 직무, 업종, 기업 수익성에 따른 임금 격차가 적다. 그러나 한국은 자본의 이익이 허용하고, 노조의 힘이 허용하는 한 임금이 끝없이 올라간다. 성과, 직무와 상관이 없다.

사실 마르크스주의에서 노동력의 가치는 노동력 재생산에 들어가는 사회적 필요노동시간이다. 따라서 애초부터 개별 기업의 이익이나 노동의 소속과 관련이 없다. 그런 의미에서 노동의 양과 질이 같으면 원칙적으로 같은 임금을 받아야 한다는 북유럽 사회민주주의의 임금관은 마르크스주의의 임금관과 일맥상통한다. 그러나 현재 한국의 임금 체계는 마르크스주의적 사고방식과도 무관하고, 한계생산력설을 채택한 주류 경제학의 임금관과도 무관하다.

1990년 전후만 하더라도 한국 노동운동계에서는 자본의 적자 타령=지불능력설에 대한 유력한 대항 논리가 바로 마르크스주의적 임금관이었다. 임금 교섭 현장에서는 '회사가 적자라서 임금을 충분히 올려줄 수 없다'는 논리를 펴는 자본가에게 '당신은 돈이 없다고 1000원짜리 쌀을 500원에 달라고 하는 사람'으로 몰아붙이기도 했다. 그러나 지금 한국 대기업이나 공기업 노동조합은 오히려 지불능력설에 기대어 끊임없는 처우 개선을 요구한다. 이들에게는 마르크스주의의 합리적 핵심 중의 하나인 노동의 연대성이 무엇인지, 지속가능한 고용 창출 및 안정 방안이 무엇인지에 대한 고민은 온데간데없다. 물론 대기업과 공기업의 높은 이익의 상당 부분은 전후방 협력업체 및 소비자와의 불공정 거래의 산물이라는 사실도 의식하지 않는다.

조직노동의 실태

2006년 말 현재 한국의 노동조합원 수는 대략 156만 명으로 전체 임금근로자의 10% 수준이다. 이는 1987년 이래 조직률이 가장 높았던 1989년 18.6%의 절반 수준이며 총취업자 기준으로 보면 6~7%에 불과하다(총취업자에서 임금근로자 비중은 66.4%). 이 수치는 노동조합 조직률이 매우 낮다고 알려진 미국(조직률 13%, 임금노동자 비율 92.5%)보다 훨씬 낮은 수준이다.

2007년 8월 현재 한국 상용 근로자의 조직률은 20.7%, 임시 근로자의 조직률은 1.9%, 일용 근로자의 조직률은 0.2%이다. 또한 노동사회연구소가 집계한 2007년 현재 사업체 규모별 조직률을 보면 1~29인 규모는 0.7%, 30~99인 규모는 8.7%, 100~299인 규모는 15.3%, 300~999인 20.7%, 1000인 이상 34.2%이다. 민간 대기업의 경우 삼성과 포스코를 제외한 거의 모든 기업에 노조가 조직되어 있다. 공기업에는 100% 조직되어 있다.

산업별로 조직률을 보면 총취업자 345만 9000명인 제조업의 경우 16.6%, 74만 8000명인 금융 및 보험업은 23.5%이다. 공공적 성격이 강한 사업인 공공행정·국방 및 사회보장 행정(80만 명)은 16.5%, 통신업(23만 명)은 35.4%, 운수업(68만 2000명)은 39.9%, 전기·가스 및 수도 사업(7만 7000명)은 48.8%이다. 반면에 도소매·음식·숙박업(311만 7000명)은 4.2%, 건설업(139만 4000명)은 3.5%, 부동산 및 임대업·사업서비스업(203

만 6000명)은 6.1%이다.

직종별 조직률의 경우 주로 제조업에 종사하는 장치·기계 조작 및 조립 종사자(176만 2000명)의 조직률이 26.8%로 가장 높고, 그 다음으로 사무직 종사자(307만 6000명)가 17.9%, 전문가(177만 5000명)가 14.3%, 기술공 및 준전문가(200만 8000명)가 12.2%이다. 반면에 판매 종사자(112만 2000명)는 2.6%, 서비스 종사자(159만 1000명)는 3.2%, 단순 노무 종사자(247만 4000명)는 4.7%이다.

학력별로는 대졸 이상 근로자(440만 7000명)의 조직률이 16.1%, 고졸 이하 근로자(932만 5000명)의 조직률은 9.9%이며, 남성 근로자의 조직률은 15.2%, 여성 근로자의 조직률은 7.6%이다.

이상의 실태를 종합하면 수익성이 좋은 산업, 기업, 부문의 노동조합 조직률이 높다는 것을 알 수 있다. 또한 노동조합이 대체로 열악한 처지에 있는 근로자들에게는 없고, 상대적 강자에 해당하는 상용 근로자, 대기업, 공공 부문, 제조업, 남성, 고학력자들에게는 있다고 할 수 있다.

그런 경향은 사업체 규모별 노사 분규 추이에서도 분명하게 나타난다. 1000인 이상 사업체는 그 수가 극히 적고 총근로자의 5.7%만 종사하는데 2007년 현재 전체 노사 분규의 25.2%인 29건이 이들 사업체에서 일어났다. 반면에 100인 미만 사업체는 그 수가 압도적으로 많고, 총근로자의 77.6%가 종사하는데도 노사 분규 건수는 1000인 이상 규모와 같은 29건이다. 100~299인 규모에는 총근로자의 10.1%, 300~999인 규모에는 총근로자의 6.7%가 종사하고 있는데 노사 분규는 각각 36건과 21건이 일어났다. 극단적인 양극화라고 할 수 있다.

산업 대분류별 노사 분규 추이를 보면 2007년 한 해 동안 일어난 총분규(115건)의 절반가량(54건)은 제조업에서 일어났다. 제조업은 대체로 전후방으로 연결된 기업들이 많기에 파업 효과가 크다. 그래서 역대 노사 분규의 절반 이상이 제조업에서 일어났다. 나머지는 사회·개인 및 공공서비스업(20건)과 운수·창고 및 통신업(17건), 금융·보험 및 사업 서비스업(16건)이다. 노사 분규의 원인은 대체로 단체협약과 임금 인상으로 수렴되고 있다. 과거에는 체불 임금, 해고, 구조조정 같은 방어적 사안이 많았으나 지금은 거의 사라졌다. 종합하면 한국의 노사 분규는 대체로 근로조건이 좋은 근로자들이 좀 더 나은 근로조건을 추구하면서 발생한다고 볼 수 있다.

그런데 현대에는 기업들이 자기 완결적으로 가치(상품, 서비스)를 생산하지 않는다. 분업과 협업의 발달에 따라 기업들은 전후방으로 복잡하게 연결된 가치생산 사슬의 한 부문을 담당하고 있다. 이런 상황에서 우월적 지위에 있는 기업들은 전후방의 가치생산 사슬들이 가져가야 할 잉여를 무차별적으로 빨아들이기가 쉽다. 더구나 한국에서는 하청기업의 원청기업에 대한 의존도가 높다. 하청기업이 원청기업의 부당한 요구를 거절하고 다른 거래선을 찾기가 쉽지 않기 때문이다. 게다가 한국은 공정거래 관련 규제·감독조차 허술하다. 허술한 규제 위반에 대한 규제도 강력하지 않다. 이런 상황에서 대기업이나 공기업 노조의 임금 및 근로조건 상향이나 노사 분규로 인한 경영상 부담이 전후방 협력업체에 전가되지 않을 수 없다. 원청기업·대기업·공기업의 조직노동은 끊임없이 살찌고 하청기업·중소영세기업은 피골이 상접해지는 악순환이 일어나는 것이다. 이른바 양극화는 시장=소비자 선택권만의 작품이 아니다. 힘 있는 기업과 노조의 담합과 허술한 공정거래 감독의 합동 작품이기도 하다.

한국 조직노동의 가장 큰 문제는 그것이 산업과 사회의 고용·임금 체계 전체를 시장 수요나 성과, 직무에 상관없이 끌어올려 사회적 평가보상체계 전반을 왜곡하는 거대한 추동력driving force이 되고 있다는 사실이다. 대기업이나 공기업이 임금 등 근로조건의 기대치를 상향시키면 나머지는 따라가게 되어 있기 때문이다. 물론 이들 기업의 급속한 근로조건 향상은 어느 정도까지는 산업 전체에 생산성 향상 촉진제로 작용하는 측면도 있다. 하지만 이것이 수십 년에 걸쳐 계속되면 결국 고용 확대에 제동이 걸릴 수밖에 없다.

한국 중소기업의 열악한 상황과 한국 조직노동 주력 부대의 높고 경직된 처우와 비합리적 행태를 고려하면, 한국 중소 자본이 노동조합을 호의적으로 생각할 리 만무하다. 오히려 실제보다 훨씬 위험스럽게 생각할 가능성이 있다. 그러므로 노동조합의 조직 형태가 '산별'이 된다 할지라도 중소 자본이 사활 문제로 생각하고 노동조합을 결사적으로 막으려 하는 한 중소기업의 조직률이 높아지기는 힘들 것이다. 그리고 그 전에 대기업과 중소기업 노동자들의 근로조건이 너무 차이가 나서 노동자들 사이의 공동의 이해관계도 별로 없을 것이다.

대규모 조직노동 - 세계적인 기형

임금노동자의 70~80%가 조직되어 있는 북유럽 국가에서는 노동의 질과 양이 비슷하면 처우도 비슷하다. 대기업이나 중소기업, 조직이나 미조직, 공공부문이나 민간부문, 흑자 기업이나 적자 기업에 따라 처우가 크게 달라지지 않는다. 그리고 노동자들의 평균 연봉이 1인당 GDP 수준에 수렴한다. 교사와 공무원도 그 수준이고, 금융 공기업 노동자들도 이들보다 월등하지 않을 것이다. 소속에 따라 고용 유연성 수준도 차이가 나지 않는다. 대신에 노동시간은 짧고, 고용량은 훨씬 많다. 특히 공공부문 종사자는 한국보다 몇 배가 많다. 그럼에도 불구하고 공공부문이 한국처럼 선망의 대상이 되지는 않는다. 노동조합 행태 역시 경영 효율성 제고에 그리 적대적이지 않다. 노동조합이 노사 협력을 선도하고 노무 관리까지 어느 정도 맡기에, 한국 노동조합의 입장에서 보면 '어용 노동조합'으로 보일 것이다. 하지만 북유럽 노동조합이라고 해서 파업을 안 하는 것은 아니다. 재정 적자로 공공사회지출을 대폭 삭감할 때는 대규모 파업이 일어난다.

미국은 한국만큼 개인주의가 강하고 사회적 연대성이 취약하지만 한국과 달리 고용, 임금 수준은 시장원리를 상당히 따른다. 따라서 미국은 기업 규모나 수익성에 따른 고용, 임금 수준의 격차가 다른 선진국보다는 크지만 한국보다는 작은 편이다.

프랑스의 경우 노동조합 조직률은 한국과 비슷한 수준이지만 협약 적용률이 90%가 된다. 이것은 힘 있는 조직노동이 전체 노동자와 기업이 받아들일 수 있는 수준의 협약을 주도한다는 것을 의미한다. 실제 프랑스의 전반적인 임금 격차는 한국 노동의 입장에서 보면 놀라울 정도로 작다. 노동시간도 짧고, 1인당 평균 소득을 감안하면 괜찮은 직장, 직업의 임금 수준 자체가 한국보다 많이 낮다. 거의 북유럽 사회민주주의 국가 수준이라고 알려져 있다.

한국은 대기업, 공기업 중심의 조직노동은 기업의 수익성이 허용하는 한 자신의 노동의 양과 질에 대한 사회적 평가 수준에 상관없이 처우를 끝없이 올린다. 노동시간 단축은 바라지만 임금 감하는 거의 반대한다. 고용 유연성이나 성과 직무급도 절대 반대한다. 당연히 조직노동의 관심 및 요구 수준은 대다수 미조직노동, (청년)실업자, 영세 자영업자의 그것과 너무 다르다. 한국 조직노동은 그들만의 이해와 요구를 좇아 그들만의 길을 갈 뿐이다. 한국의 힘 있는 노동조합은 '단결하면 힘 생기고 투쟁하면 쟁취한다'는 신념으로 뭉친, 단기적이고 협소한 이익을 전투적으로 추구하는 이익집단일 뿐이다.

이와 같이 한국 대기업·공기업의 조직노동은 처우, 행태, 이념이 대단히 특이한 존재이다. 한마디로 세계적인 기형이다. 한국 조직노동이 추구하는 최고의 가치는 '고용 안정'과 '공공부문 유지=민영화 반대'이다. 이것이 기득권을 지키는 확실한 방안이기 때문이다. 당연히 한국의 조직노동에게는 '고용 임금 유연화, 성과·직무 중심 임금 체계, 민영화, 공급자 간의 경쟁 강화(소비자의 선택권, 심판권 강화)' 등으로 상징되는 자유주의, 시장주의 정책이 최대의 적이다.

또한 대기업·공기업 조직노동과 공공부문은 안정된 고용과 높은 임금, 퇴직금(퇴직금 누진제 포함), 자녀 학비 지원, 주택 관련 저리 융자, 각종 재해보험 등을 통해 각종 '생애 위험'을 사업체 내에서 해소하기 때문에 국가 차원의 보편적 복지제도 확충에 큰 관심을 갖지 않는다. 사실 국가 차원의 보편적 복지제도는 설사 구축된다고 해도 이들 고임금 노동자들에게는 '코끼리 비스킷'이나 다름없을 것이다. 전통적으로 전 세계 진보가 중시하는 가치는 평등(동일 노동·동일 임금), 일자리 창출, 국가 복지의 확대 강화이다. 그런데 한국에서는 특이하게도 고용 안정, 유연화 반대, 민영화 반대, 공급자 간 경쟁 반대, 신자유주의 반대가 진보의 대표 상품이 되었다. 이는 거의 귀족 지위에 이른 한국 조직노동의 독특한 처지와 진보 세력 전반에 대한 강력한 이념 및 정책적 영향력을 빼놓고서는 설명할 수 없다. 물론 한국의 진보 지식 사회가 역사적 맥락을 살피지 않고 선진국 진보 좌파가 근래 내거는 구호를 베껴서 쓰는 악습을 벗어던지지 않았기 때문에 이런 현상이 더욱 악화되었을 것이다.

[그림 1-2] 현대차 국내외 사업장별 임금 수준과 GDP 대비 배율

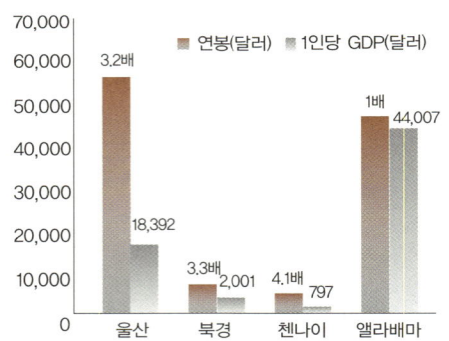

주: 각국 1인당 GDP는 2006년 기준
자료: 국내외 현대차 임금관련 신문기사, 연구논문 등의 공개 자료 취합·분석

출처: 전국경제인연합회 홈페이지 (http://www.fki.or.kr) 〉 eMAGAZINE 〉 월간 전경련(2008년 1월 15일/518호)

이상과 같이 길게 조직노동을 비판한 것은, 한국의 다른 정치 사회 세력들은 괜찮은데 대기업 및 공기업 조직노동만이 문제라서가 아니다. 대기업·공기업 조직노동도 재정 약탈에 앞다투어 나서는 지방 토호들과 토건족만큼 문제라는 것이다. 허술한 공정거래법과 상법을 활용하여 하청 중소

기업과 소액주주 약탈에 나서는 재벌이나 대기업들처럼, 학생과 학부모의 선택권과 심판권을 제약하여 결과적으로 후진 품질의 교육 서비스로 소비자를 약탈하는 사학재단과 교육 공급자 집단처럼, 이를 방관하거나 이와 결탁하는 무능하고 사악한 정치인과 관료처럼, 조직노동도 심각한 중병에 걸려 있다는 것이다. 그러므로 진정한 진보 개혁 세력을 자처하려면 이들 보수 및 진보 기득권자들의 이해와 요구를 단호하게 뿌리치고, 총취업자의 90%와 자유롭고 공정한 경쟁을 원하는 3비층(비경제활동인구, 비임금근로자, 비정규직), 청년 세대, 미래 세대, 지식근로자, 벤처 중소기업의 이해와 요구를 확고한 중심에 두어야 한다.

대기업과 공기업 생산 현장의 조로 현상

한국에서와 같은 고용·임금 체계에서는 한 번 좋은 '소속'을 획득하여 팔자를 고친 사람들은 어떻게든 그곳의 귀신이 되어야 한다. 거기에서 나오면 같은 정도의 노력이나 능력으로 비슷한 처우를 받을 곳이 거의 없기 때문이다. 실제로 1752명의 대우자동차 정리해고자 중에서 몇 년의 해고 기간 동안 대우자동차보다 더 좋은 직장을 구한 사람은 거의 없었다. 실업수당 등 사회안전망도 대기업이나 공기업 조직노동자 입장에서는 하찮은 수준이어서 유사시 고용 조정의 완충 장치가 되기 어렵다.

대기업이나 공기업의 조직노동이 누리는 근로조건과 나머지의 근로조건의 격차가 클수록, 한마디로 안과 밖의 격차가 클수록 안과 밖의 순환은 어렵다. 안은 귀족 아닌 귀족이 되고, 밖은 천민 아닌 천민이 되기 때문이다. 당연히 유사시 구조조정도 어렵다.

세계적인 경제·금융 위기로 인해 GM 등 유수의 자동차회사가 공장폐쇄, 정리해고, 임금 삭감 등의 구조조정을 하지만 2000~2001년의 대우자동차와 2009년의 쌍용자동차에서 나타나는 '너 죽고 나 죽자'는 식의 결사 항전은 없다. 그것은 해당 국가의 사회안전망 수준, 노동조합 문화, 전통과도 관계가 있지만 결정적으로 대기업과 중소기업의 임금 및 근로조건의 격차가 크지 않기 때문이다. 달리 말하면 자동차회사를 떠나서 비슷한 근로조건으로 다른 직장이나 직업을 구할 수 있기 때문이다. 그러나 한국 대기업이나 공기업의 근로조건은 거대한 빈민촌의 바다에 섬처럼 드문드문 우뚝 솟아 있는 대부호의 저택과 같다. 대부호의 저택에서 나갈 수가 없는 것이다.

사정이 이러하니 대우자동차, 쌍용자동차, 현대자동차, KTX 같은 '좋은 곳'의 고용 확대는 지극히 어렵다. GM 같은 거대 기업조차 파산할 정도로 불확실성이 늘어난 환경에서는 아무리 탄탄한 대기업이라 할지라도 고용 임금 유연성도 거의 없고, 하는 일에 비해 매우 높은 처우를 누리는 '생산직 노동' 늘리기는 꺼릴 수밖에 없다. 한국 같은 노동 환경에서는 그 어떤 대기업도 생산직 증원이 필요하면 임시직을 뽑거나 외주화하려고 할 것이다. 한국 대기업 종사자 비율이 선진국에 비해 유달리 낮은 것은 그 때문이다. 그나마 이 비율도 계속 줄고 있다. 1993년 1000인 이상 사업체 종사자는 전체 근로자의 12.4%였으나 2006년 현재 5.7%로 줄었다. 500~999인 사업체 종사자는 4.8%에서 3.7%로, 300~499인은 3.8%에서 3.0%로 줄었다. 대기업은 20대 청년 인력 고용을 회피함으로써 생산직의 평균 연령이 급속도로 상승하고 있다.

〈표 1-5〉 사업체 규모별 종사자 수 구성비 추이

연도	사업체 수 (개)	사업체 규모별 종사자 수 구성(%)								
		1~4인	5~9인	10~19인	20~49인	50~99인	100~299인	300~499인	500~999인	1000인 이상
1993	2,304,250	28.9	10.1	8.8	12.9	8.3	10	3.8	4.8	12.4
2000	3,013,417	34.2	11.4	10.5	13.3	8.9	9.7	3.3	3.5	5.2
2006	3,226,569	31.1	12.2	10.9	13.7	9.7	10.1	3.0	3.7	5.7

출처: 한국노동연구원, 『2008 KLI 노동통계』, 2008.

현대중공업의 경우 2007년 현재 사무직 평균 연령은 40.2세지만, 외부 노동시장의 영향을 거의 받지 않는 생산직의 평균 연령은 46세이다. 현대자동차 울산공장의 생산직 평균 연령은 2005년 현재 41세(근속 연수 15년)지만 도요타는 37.1세이다. 12년 전인 1993년에 현대자동차 생산직 평균 연령이 31.4세였음을 감안할 때, 이대로 가면 10년 뒤에 현대자동차 생산직의 평균 연령은 50세를 넘길 것이다. 하지만 현대자동차 사무직이나 도요타 생산직의 평균 연령은 지금 수준에서 큰 변동이 없을 것이다. 외부 노동시장이 작동하고 있기 때문이다. 현대자동차 생산직은 원래 고임금에다 잔업, 특근까지 많이 하기 때문에 임금 실수령액이 당시 환율(100엔당 800~900원)로 일본 수준에 근접했다. 한편 베이징 현대자동차 공장의 생산직은 2006년 현재 26세(근속 연수 2.6년)이다. 이런 현상이 한국의 주력 제조업과 대기업 전반에 걸쳐 일어나고 있다. 그러다 보니 제조업 전체의 청년층 고용 비중이 1996년 30.5%였으나, 2005년에는 21.8%로 감소했다. 하청 중소기업에서 장기 근속한 대졸 핵심 엔지니어의 처우가 원청기업 고졸 생산직에 훨씬 못 미치는 상황에서 청년 인재가 중소기업으로 오기를 기대하기는 난망하다.

현재 한국의 고용 및 임금 체계에서는 작고 누추한 곳에서 창의적으로 열심히 일해 크고 넉넉한 회사로, 임시직이나 일용직 허드레 일꾼에서 정규직 핵심(지식) 노동자로 올라가기는 사실상 불가능하다. 이런 상황에서는 자회사 정규직 취업 약속을 거부하고, 신자유주의 반대의 기치를 내걸고 몇 년에 걸쳐 '직접 고용 요구 투쟁'을 하는 KTX 여승무원들이 모범이다. 몇 년째 고시나 공무원 시험을 준비하여 한 방에 팔자를 고치려는 청년들이 모범인 것이다.

진보의 눈에 있는 들보

지난 20~30년간 줄기차게 진행된 민주화와 1997년 이후 급격히 도입된 글로벌 스탠더드로 인해 재벌, 대기업, 조중동, 보수 교회, 사학재단 등으로 대표되는 보수의 기형성과 후진성은 사회적으로 충분히 이슈화되었다. 적어도 진보 세력 내에서는 그렇다. 정경관언법(政經官言法) 유착, 노무현 전 대통령에 대한 사실상 고문치사를 초래한 수사, 악랄한 편파 왜곡 보도, 대법원의 삼성 경영권 불법 승계 묵인, 재벌·언론·사학 및 종교 재단의 후진적인 지배구조, 기업 돈 횡령, 세금 포탈, 부동산 투기, 봉건적 경영 방식, 독과점과 불공정거래를 통한 중소기업과 소비자 약탈 등은 한국 사회의 기형성과 후진성을 보여주는 대표적인 사례이다. 이런 기형성과 후진성 탓인지 진보는 자신의 기형성과 후진성을 성찰하고 혁신하려고 하지 않는다. 게다가 보수는 진보에 대해 주로 친북성, 과격성, 폭력성을 문제 삼았다. 그것이 진보에 대한 공격 지점으로 더 유리하다고 판단했기 때문이다. 그러나 국민들이 생활 현장에서 느끼는 진보의 기형성과 후진성은 보수 언론과 정치 세력이 이슈화한 것과는 달랐다. 그것은 가치생산 생태계 전반에 대한 무관심과 파괴성이었다.

한국은 선진국과 달리 내적 산업 연관성을 충분히 형성하지 않고 수출 지향 산업화로 국제 분업 구조에 뛰어들어 엄청난 성공을 거둔 나라이다. 한국은 시장, 에너지, 1차 자원, 핵심 중간재 등에 대한 대외의존도가 너무 높다. 또한 외환위기로 인해 준비 정도에 비해 너무 급히, 많이 개방했다. 세계 경제의 지각 변동의 진앙인 중국과도 너무 가깝다. 이 모든 특성들은 기본적으로 세계사적 보편성이다. 이 문제들은 국내외에서 너무나 많이 거론된다. 그런데 2차 대전 이전 식민지이자 농업국으로서는 사실상 유일하게 선진 산업대국에 진입한 한국이 갖고 있는 독특한 특성은 별로 거론되지 않는다. 대표적인 것이 자유방임주의 단계와 소기업(기술자) 중심의 산업화 단계를 거치지 않은 후과이다.

자유방임주의는 독과점과 불공정거래, 빈부 격차, 주기적 공황, 사회안전망 부재 등을 동반하지만 어쨌든 사회적 자원을 시장 원리에 따라 분배하는 기제이다. 따라서 자유방임주의가 지배했던 시대에는 국가의 규제가 만든 특권, 특혜, 자릿세(경제적 지대)가 상대적으로 낮을 수밖에 없다. 또 수많은 소규모 공장들과 자유노동이, 그리 공정하지는 않았지만, 자유롭게 거래했다. 그리고 기술 및 산업 발전 단계상 기술자나 숙련 기능공(장인=마이스터)들의 지위와 역할이 높았다. 기능공들은 공장 벽을 뛰어넘어 교류도 하고 상호부조도 하고 필요할 때에는 비슷한 직종끼리 단결했다. 그 결과 노동의 양과 질이 비슷하면 비슷한 처우를 누리게 되었다. '동일 노동·동일 임금, 즉 고기능·고임금, 저기능·저임금' 원칙이 자연스럽게 체화되었다. 또한 '직종별 조합'으로 엮어진 숙련 기능공들이 노동운동을 주도했기 때문에 이들의 의식은 기본적으로 실력주의적이었고 공장 담벼락에 갇히지 않았다. 또 서구에서는 대를 이어 노동자, 대를 이어 자본가나 귀족인 경우가 많았고, 이들 각각의 생활양식과 문화가 확연히 달랐기에 계급의식도 자연스럽게 체득되었다. 서구 산업별 노동조합은 이런 토양 위에서 건설되고 운영되었다. 게다가 보통선거권의 확산과 식민지 쟁탈 전쟁을 거치면서 국가 역시 사익 집단에게 비교적 덜 편향적으로 움직이지 않을 수 없었다.

그런데 한국은 자유방임주의 단계를 거치지 않았다. 곧바로 국가 주도로, 그것도 거대한 특권 및 특혜의 권위적 배분을 통한 변칙적·압축적 산업화를 시도했다. 물론 이런 전략이 1970년대 중반까지의 산업화 초기에는 어느 정도 효과적이었다고 평가된다. 어쨌든 정책 금융, 기계류 수입 허가, 수입 쿼터, 관세 특혜, 공장/공단 건설, 도로 건설 등의 특권·특혜가 어느 기업, 어느 지역에 가느냐에 따라 이들의 운명이 천양지차가 되었다.

그런 와중에 봉건, 식민, 전쟁, 냉전, 발전 국가(개발 독재)의 정신적 유산을 많이 물려받은 주류 기득권 세력은 반칙, 편법을 일삼았다. 특권·특혜는 연고주의적으로 분배되었다. 이런 상황에서는 정치권력을 둘러싼 투쟁이 치열하지 않다면 오히려 이상할 것이다. 사회의 강자들이 마치 화전민처럼 단기적이고 협소한 이익을 추구하는 상황에서, 노동조합을 비롯한 경제 사회의 모든 주체들이 힘이 허용하는 한 적게 부담하고 많이 누리려는 것은 당연하다. 한편 관치 금융의 특혜에 뿌리를 둔 자본은 상대적으로 못 배우고 가난하여 약자 의식이 가득한 미숙련·반숙련 노동을 큰 공장 단위로 조직해서 수출 지향의 가공 조립 산업을 일으켰다. 당연히 노동조합도

서구와 달리 공장 안에서 생겨났다. 따라서 그 의식은 공장 담벼락을 넘지 못했고 실력주의(예컨대 직무·직능급)도 받아들이지 못했다. '단결하면 힘이 생기고, 투쟁하면 쟁취한다'는 의식, '잔업 특근을 밥 먹듯 하더라도 기회 있을 때 최대한 벌어서 자식에게만은 공장 노동을 시키지 않겠다'는 의식, '노동자는 가진 것 없고, 배운 것 없다'는 약자 의식(이는 곧 공동체 전체에 대한 무책임 의식이다)이 자연스럽게 체득되었다. 또한 노동을 업고 있는 존재인 자본(기업과 산업)의 처지와 동력학에 대한 이해도 낮았다. 이 모든 후진성은 한국 특유의 압축 성장 과정에서 발생한 역사적 부채가 아닐 수 없으며, 진보 개혁 이념과 운동의 현대화 투쟁을 통해 반드시 갚지 않으면 안 될 외상값이라고 할 수 있다.

 진보의 주력인 노동운동과 민중운동이 후진적 의식과 문화를 가지고 있더라도 자본과 권력의 전횡이 일어나는 시대에는 어느 정도 진보·개혁적 역할을 할 수 있다. 하지만 지금은 그것도 별로 기대할 것이 못 된다. '이쪽 오랑캐로 저쪽 오랑캐를 제어한다'는 이이제이(以夷制夷) 역할도 기대난망이라는 것이다. 지금 한국 노동운동이 민주주의, 사회정의 등을 옹호하는 역할은 거의 없다. 소비자 선택권 강화(공급자 경쟁 강화) 반대, 공공부문 합리화 반대 등 다수 국민과 소비자의 요구에 반하는 정책을 신자유주의 반대의 기치로 밀어붙일 뿐이다. 범진보·개혁 세력의 동반 몰락으로 나타난 지난 대선·총선 결과는 대중들이 생활 현장에서 느끼는 직감, 그리고 자칭 진보에 대한 실망과 분노를 떠나서는 설명할 수가 없다. 어떻게 보면 보수의 지독한 기형성과 후진성, 그리고 빗나간 문제제기(친북성, 폭력성, 과격성)가 진보로 하여금 자신의 눈에 있는 들보를 보지 못하게 한 것인지도 모른다.

04 자본의 격차
Chapter

기업의 다양한 스펙트럼

한국 사회 진보 진영의 시대 착오성은 상당 부분 노동을 업고 있는 기업(자본)과 국가(공공부문)와 지식노동에 대한 놀라울 정도의 무지에서 시작된다. 이들은 자본을 대충 여유 있는 존재로 본다. 기업 규모가 크면 확실히 여유 있는 존재로 본다. 이런 세계관의 귀결은 결국 총노동의 힘을 강화하여 최저임금 대폭 상향, 엄격한 비정규직 사용 규제, 청년 고용 할당제, 법인세 인상 등을 관철해내는 것이다. 한마디로 자본이 가져가는 잉여를 노동과 국가로 더 많이 이전하는 것이다. 새로운 진보 혹은 유연한 진보의 출발점은 대충 한 덩어리로 뭉뚱그려진 노동과 자본의 다양한 스펙트럼을 분별하는 것이다. 앞에서 노동의 다양한 스펙트럼을 보았다면 이번에는 자본(기업)의 다양한 스펙트럼을 보자.

한국 기업의 경영 사정은 천차만별이다. 삼성전자, 포스코, 현대자동차, 현대중공업, 한국전력, 한국통신, KTX처럼 경영 사정이 좋은 기업도 있지만 쌍용자동차처럼 생사의 기로에 선 기업이나 영업 손실 기업, 벌어서 이자도 못 갚는 기업도 엄청나게 많다.

한국에서 300인 이상 규모 제조업 대기업의 영업이익률은 중소기업보다 높다. 하지만 그 기복이 매우 심하다. 중소기업은 기복이 심하지 않지만 영업이익률이 경향적으로 떨어져서 1998년 6%이던 것이 2006년 현재 4.3%에 이르렀다.

한국은행 『금융안정보고서』(2007년 10월)를 통해 대기업과 중소기업의 영업이익률 분포를 보면 대기업 가운데 순이자보상비율이 100%에 못 미치는 업체가 1/5가량이다. 중소기업은 더 열악하여 순이자보상비율 100% 미만인 업체가 2004년 34.7%에서 점차 늘어나 2007년 현재 43.9%에 달한다. 아예 영업 손실을 본 업체는 2004년 29.4%에서 2007년 현재 37.4%로 늘어났다. 이는 불안한 기업이 그만큼 많다는 뜻이다.

관점을 바꿔 내수와 수출을 기준으로 한국 기업들의 경영지표를 보면,

[그림 1-3] 내수·수출 기업의 매출액 영업이익률1) 추이

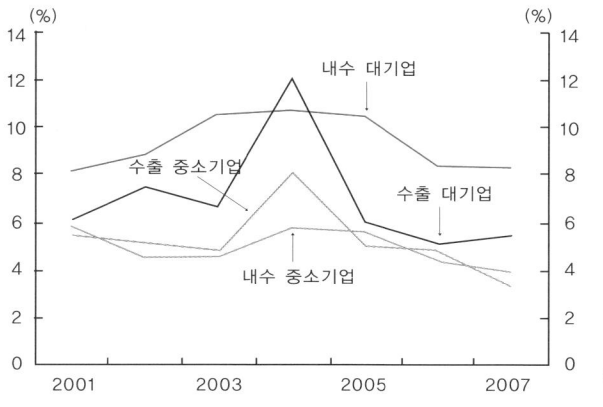

주 : 1) 상반기 기준
출처: 한국은행, 『금융안정보고서』, 2007.

수출 기업은 대기업, 중소기업 관계없이 영업이익률의 기복이 심한 편이고 내수 기업은 완만한 편이다. 2001년 이후 내수 대기업의 평균적 영업이익률은 8~10%로, 내수와 수출·대기업과 중소기업으로 나눈 4개 그룹 가운데 가장 높고, 내수 중소기업이 가장 낮다.

이는 내수 대기업의 높은 이익이 독과점이나 진입장벽과 관련 있을 가능성을 말해준다. 왜냐하면 거의 완전 경쟁 시장에서 기업 활동을 하는 나머지 3개 그룹은 2006년 이후 영업이익률이 모두 4~6%로 근접하고 있기 때문이다. 특히 불공정거래의 피해자가 되기도 하고 대체로 가장 치열한 경쟁 환경에 놓인 수출·내수 중소기업은 2007년 이후 영업이익률이 4% 수준으로 근접하고 있다. 어쨌든 영업이익률 측면에서 볼 때 한국 제조업 분야 대기업은 부침이 심하다. 대기업의 주력일 수밖에 없는 수출 대기업의 경우는 그 정도가 더욱 심하여 2004년 12%대에서 곧바로 6%대로 추락했다. 또한 영업 손실 기업과 이자보상비율 100% 미만 기업 등 위험 기업의 비중도 결코 적다고 할 수 없다. 중소기업은 모든 면에서 대기업보다 더 열악하다.

한국 제조업 분야 중소기업의 열악한 사정은 기본적으로 낮은 생산성에서 온다. 다시 말해 좋은 가격에 많이 팔지 못하여(가동률이 낮아) 종업원 1인당 부가가치가 낮기 때문이다. 중소기업이 안고 있는 수많은 문제 중 첫 번째는 제조업 대기업과의 생산성 격차가 점점 벌어지고 있다는 사실이다. 일본의 경우 중소기업의 생산성이 1991년 이후 최근까지 대기업의 50% 수준을 안정적으로 유지하고 있다. 그러나 한국의 경우에는 그것이 1991년 48.6%에서 경향적으로 하락하여 1995~1998년에는 38~39%대를 기록하다가 1999년 34.7%로 떨어진 후 2005년 현재 33.1%를 기록하고 있다. 이 역시 양극화의 한 단면이라고 할 수 있다. 축구 경기에 비유한다면 국가대표팀은 그런대로 선전하지만 대표팀에 미래의 선수를 공급할 유소년 및 청소년 팀은 점점 피폐해져 가는 것이다.

일반적으로 중소기업의 생산성과 영업이익률을 포함한 경영 사정은 납품 단가, 가동률, 매출액, 각종 비용 등과 밀접한 관련이 있다. 한국 중소기업의 노동 비용(인건비)은 많이 떨어졌다. 제조업 중소기업의 매출액 대비 인건비가 1991~1997년에는 평균 18.7%였으나 1998~2005년에는 평균 16.3%로 줄었다. 제조업 분야 중소기업의 종업원 1인당 임금 수준도 1990년 대기업 임금 수준의 66.1%에서 2005년 52.1%로 떨어졌다. 납품 단가, 가동률, 매출액은 시장 상황, 기술력, 영업 및 마케팅 능력, 원청기업과 하청기업의 관계, 고정비와 변동비 수준 등의 총화이다. 단적으로 가동률이 76.8%로 가장 높았던 2000년에는 생산성이 35.4%, 영업이익률이 5.8%였으나 가동률이 68.2%로 떨어진 2004년과 2005년에는 생산성도 31.3%, 33.1%, 영업이익률은 공히 4.3%였다. 2006년 말 현재 한국 제조업 분야 중소기업의 59.2%가 하도급 관계에 있고, 이 기업들의 원청기업 납품액이 전체 매출액에서 차지하는 비중은 평균 83.1%에 이른다. 이를 감안하면 원청기업(모기업)과 하청기업의 관계나 납품 단가야말로 중소기업의 경영 사정에 지대한 영향을 미친다고 할 수 있다.

원청기업, 그리고 매출을 거의 1개 원청기업에 의존하며 독보적인 기술력도 없는 하청기업 사이의 관계를 유추할 수 있게 하는 자료가 있다. 2008년 5월 27일자 『한겨레』 신문은 삼성전자 3대 사업 부문(반도체, 휴대전화,

LCD)의 하나인 LCD 부문과 여기에 부품을 공급하는 1, 2차 협력업체 가운데 매출액 상위 10개 상장기업들(삼성 계열사, 외국계 기업 제외)의 실적을 비교 분석했다.

[그림 1-4] 삼성전자 LCD 부품 – 10개 부품 업체 실적 비교

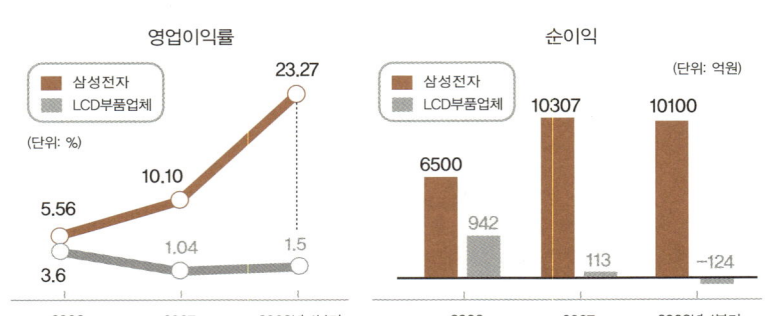

자료: 금융감독원 및 삼성전자   *삼성전자는 순이익 자료 제공이 어렵다고 해서 영업이익으로 대체
출처: 『한겨레』 홈페이지(http://www.hani.co.kr/arti/economy/economy_general/289987.html).

이들 10개 협력업체들은 2006년에 3조 316억 원의 매출과 1091억 원의 영업이익을 거둬 3.6%의 영업이익률을 기록했다. 그러나 2007년에는 매출 2조 9012억 원, 영업이익 295억 원을 거둬 영업이익률이 1.04%로 떨어졌고, 2008년 1/4분기에는 매출 7921억 원(1년으로 환산하면 3조 1684억 원), 영업이익 119억 원으로 영업이익률이 1.5%에 머물렀다. 이는 최근 3년간 제조업 평균 영업이익률 5~6%를 훨씬 밑돈 수치다. 반면 원청기업인 삼성전자 LCD 부문은 2006년 매출 11조 7000억 원과 영업이익 6500억 원을 거둬 5.56%의 영업이익률을 기록했고 2007년에는 매출이 크게 늘지 않았음에도 영업이익률이 10.1%로 뛰었으며, 비슷한 매출을 기록한 2008년 1/4

분기에는 영업이익률이 23.27%로 뛰었다.

  한국이나 일본, 미국에서 압도적으로 우월적 지위에 있는 원청기업은 대체로 하청기업을 벼랑 끝까지 몰아세운다. 마른 수건이라도 쥐어짜면 물이 나온다는 신념으로 거의 매년 가혹한 원가절감(부품 단가 인하)을 실시한다. 하지만 그 강도나 하청기업에 대한 법적·제도적·문화적 배려 수준은 차이가 있다. 미국은 본래 원청기업과 하청기업 사이의 동반자 정신을 그다지 강조하지 않는다. 하지만 시장이 크기 때문에 거의 모든 부문에서 상호 선택 및 경쟁이 가능한 수준의 공급자와 수요자가 존재한다. 원청기업과 하청기업의 힘의 균형이 잘 잡혀 있다고 볼 수 있다. 게다가 불공정 거래에 대해서는 대단히 엄격한 제재를 한다. 우월적 지위에 있는 기업의 횡포를 막는 각종 법적·제도적·문화적 장치가 잘 갖춰져 있다. 일본은 과거 봉건영주와 가신 사이에 대를 이어가며 '충성과 보장(배려)'의 관계를 맺어온 전통이 있어서인지 원청기업과 하청 및 협력업체 사이의 관계가 장기적으로 같이 가는 동반자 관계에 가깝다. 그렇다고 해서 원청기업이 하청기업에 대해 원가 절감(부품 단가 인하)을 가혹하게 밀어붙이지 않는 것은 아니지만 최소한 중소기업의 혁신 성과까지 다 빨아가지는 않는다. 예컨대 세계 최강의 자동차회사이자 영업이익률도 자동차회사 중 가장 높은 축에 속하는 일본 도요타자동차도 하청·협력업체에 대해서는 매년 가혹한 원가 절감을 실시한다. 하지만 일정한 기준과 원칙이 있어서 이 기준을 협력업체가 자체 혁신 능력으로 앞서서 맞추면 그만큼의 초과 이익(?)을 누릴 수 있다. 하지만 한국은 하청·협력업체를 원청기업에 전적으로 의존하는 회사로 만들고, 원가 자료를 요구하는 등 회사 내막을 속속들이 파악한다. 그리하여 원청기업의 고통을 전가할 때에는 일본식 가족주의(?)를 들먹이면서 부품 단가를 깎고, 협력업체가 다급한 자금 지원을 요청할 때에는 '이익이 되면 거래하고 이익이 안 되면 거래를 끊는' 미국식을 강조한다. 그래서 협력업체의 혁신 성과를 원청기업이 모조리 빨아가다시피 한다. 당연히 협력업체는 이익을 많이 낼 수도, 적자를 낼 수도 없다. 그 결과 매출이나 종업원 규모에 비해 이익률이 놀라울 정도로 낮고 경영지표는 늘 위태로운 저공비행을 한다. 그러다가 삼성전자 LCD 부문처럼 원청기업이 이익률을 제고하겠다고 강력하게 밀어붙이면 저공비행하던 협력업체들은 곧바로 바다에 곤두박질치곤 한다. 위에 제시한 두 그림은 이것을 보여준다.

문제는 불공정과 불공평이다

원청기업과 하청기업 사이의 관계가 약탈적으로 된 데에는 여러 가지 원인이 있을 것이다. 대표적으로 우월적 지위에 있는 기업의 횡포를 막는 공정거래 관련 법과 제도의 미비, 위반 행위에 대한 솜방망이 처벌(법 집행 의지 부족), 우월적 지위에 있는 기업의 횡포를 스스로 자제하게 만드는 경영 마인드의 부족 등을 꼽을 수 있는데, 한마디로 시장과 사회가 너무나 불공평하기 때문이다. 사실 한국은 거의 모든 '갑'과 '을' 관계가 대단히 약탈적이고 폭력적이다.

단적으로 한국은 미국이나 일본에 비해 시장도 작고, 경쟁자도 적어 하청 중소기업의 원청 대기업에 대한 의존도가 높지만 원청기업의 횡포를 막는 장치는 대단히 미약하다. 한국의 경제 사회 주체들은 그렇지 않아도 역사, 기후, 문화 등 여러 요인으로 인해 화전민적 충동으로 들끓고 있는데,

불공정 거래 감시·감독 장치가 허술하여 이 충동을 전혀 제어하지 못하고 있다. 이 때문에 하청기업에 대한 원청기업의 부당한 원가·기술 자료 요구, 기술 탈취, 부당한 비용 전가 등 횡포가 극심하다.

군산대 경제통상학부 이의영 교수에 의하면 미국의 경우 민간에 의한 불공정거래 소송이 지난 115년 동안 미국의 전체 공정거래법 관련 소송의 88%를 차지한다. 2차 대전 이후에는 그 비율이 90%를 넘었고, 2001년 이후에는 95%에 이르고 있다. 하지만 한국의 경우에는 민간에 의한 소송이 거의 없다. 공정거래위원회의 심결 절차에 의한 과징금이나 시정 권고가 불공정거래를 억누르는 주된 장치다. 미국에는 불공정거래로 인한 손해액의 3배를 배상케 하는 징벌적 손해배상제도가 있다. 공정거래법 위반 행위에 대한 형사처벌 규정도 강력하여 1000만 달러 이하의 벌금형과 3년 이하의 금고형이 적용되고, 가중처벌을 통해 5억 달러의 벌금이 부과되기도 한다. (「중소기업 상생모델과 구조적 혁신과제」, 재단법인 광장, 『광장』 2008년 가을(창간호))

삼성전자 임원이 가격 담합(불공정거래)으로 피소되어 거액의 벌금을 물고 실형을 산 것은 바로 이 때문이다. 당연히 미국에는 집단소송제가 있는데, 이 제도는 일본을 제외한 대부분의 선진국에서 오래전에 도입되었다. 그런데 한국에서는 시장이나 민간 경제 주체들에 의한 징벌 제도는 거의 무력하며 재벌과 대기업에 휘둘리기 십상인 공정거래위원회에게 전속고발권이 주어져 있다. 이는 관료의 권능 강화에는 도움이 되지만 재벌과 대기업에게는 결코 무서운 몽둥이가 아니다. 19세기 초·중반 자본과 노동의 관계는 형식상 자유계약 원칙이었지만 실질적으로는 노동에 너무나 불리했기 때문에 노동법이 생겨났다. 한국의 원청과 하청 관계는 19세기 자본과 노동 관계와 유사한 면이 있다. 그럼에도 불구하고 공정거래법은 노동법에 비교할 수 없을 정도로 약자 보호에 인색하다. 이런 현실은 정치인과 관료의 지나친 재벌 및 대기업 편향성을 빼놓고는 설명할 수가 없다.

실제로 이명박 정부의 이른바 친기업 정책은 재벌, 대기업, 토건족, 사학재단 등 기득권자들의 반시장주의적 지향을 충실히 반영하고 있다. 이명박 정부는 본능적으로 독과점을 추구하고, 진입장벽을 쌓고, 위기 때 은행이 모범(?)을 보여주고 있듯이 권리와 이익의 사유화 및 책임 부담의 사회화를 추구하는 기업의 행태를 옹호하는 '친기업' 정책과 공정 경쟁을 구현하여 기업의 생사 여탈권을 소비자가 갖는 '친시장' 정책을 혼동하고 있다. 친시장 정책을 거부하는 세력은 보수와 진보를 초월한, 한국의 대부분의 기득권자들이다.

05 이중구조 사회 – 대한민국의 속살

앞에서 일자리, 노동, 기업 경영 사정 등을 통해 주로 본 것은 일자리 분포와 소득 격차 및 평가보상체계였다. 하지만 한 사회를 깊이 이해하기 위해서는 이것만으로는 부족하다. 소득 못지않게 중요한 자산의 분포와 격차도 살펴야 한다. 또한 한국 사회의 불평등과 불합리를 인식하는 데 반드시 필요한 '지대'rent라는 창에 비친 사회구조를 살펴야 한다. 그리고 게임 규칙 정립과 재정 할당에 지대한 영향을 미치는 정부의 성격을 규명할 필요가 있다. 무엇보다도 취약한 사회안전망의 원인이라고 할 수 있는 과잉시장(경쟁)과 과소시장(경쟁)이 상호 의존하고 있는 독특한 시장 및 사회구조를 살펴야 한다.

한국은 변화가 대단히 빠른 사회이다. 수많은 경제 사회 지표를 뜯어보면 OECD 주요국과는 비교할 수 없을 정도로 변화가 빠르다. 이것은 한국 사회의 매우 중요한 특징이지만 의외로 많은 사람이 간과하고 있다. 빠른 변화는 환경과 시스템을 뒤흔든다. 지도자에게 요구되는 리더십도 시시각각 변할 수밖에 없다. 환경과 시스템, 그리고 리더십의 충돌과 부조화가 초래한 주요 경제사회 지표들은 대한민국의 속살을 보는 현미경이라고 할 수 있다.

부동산의 격차

한국 사회에서 개인이나 가계가 보유한 자산 중 가장 큰 부분이 부동산 자산이다. 부동산 자산의 양 및 질, 그리고 운용 여하에 따라 개인 또는 가계의 계층적 위치가 결정된다고 해도 과언이 아니다. 그래서 부동산을 빼놓고는 한국 사회를 제대로 이해했다고 할 수 없다.

2007년 현재 국부 통계(자산 형태별 자산액)를 보면 대한민국의 자산 총액은 6542조 9000억 원이다. 이 중에서 토지 자산이 3324조 7000억 원, 주거용 건물이 718조 5000억 원, 비주거용 건물이 712조 2000억 원이다. 이들은 부동산으로 총칭되며 그 총액은 4756조 원인데, 이는 2007년 명목 GDP 975조 원의 4.9배이다. 10년 전인 1997년에 부동산 자산 총액은 2112조 원으로서 그 해 GDP 491조 원(기준 연도 2000년)의 4.3배였다. GDP 대비 부동산 자산 총액이 1.8배인 미국, 2.4배(1990년대 초반 버블 붕괴 직전에는 4.5배 내외)인 일본과 비교하면 한국의 부동산 자산이 GDP에 비해 얼마나 큰지 짐작할 수 있다. 그런데 이 부동산 자산 가격은 2001년부터 급격히 상승했다.

한편 2007년 현재 토지 자산 3324조 7000억 원의 세부 내역을 보면 서울이 1079조 원, 경기가 930조 원이다. 1997년에는 서울이 451조 원, 경기가 300조 원이었다. 다른 지역은 대도시라 할지라도 서울, 경기의 토지 가격 인상률에 한참 미치지 못한다. 이 같은 부동산 자산 급등으로 인해 서울과 경기 지역의 부동산 소유자는 막대한 자산 이득을 누릴 수 있었다. 더구나 한국은 가계 실물자산 비중이 89.8%다. 미국은 60%, 일본은 64.3%(『매일경제』, 2007년 7월 25일자)다.

가계 자산의 대부분을 차지하는 부동산 가격의 폭등은 사회를 더더욱 불공평하게 만든다. 그뿐이 아니다. 전국적으로 1%의 인구가 공유지를 제외한 전 국토의 51.1%, 5%의 인구가 82.7%를 소유하고 있다. 서울의 경우는 사정이 더 나빠서 전체 인구의 1%가 68.7%의 땅을, 5%가 96.6%의 땅을 소유하고 있다. 한국은 국토 면적의 11.77%(서울 0.61%, 인천 0.99%, 경기도 10.17%)에 50% 이상의 인구가 집중되어 있다. 그러다 보니 전국적으로는 수도권과 지방, 수도권 내에서는 강남 3구와 나머지 지역의 격차가 엄청나게 크다. 서울과 수도권의 지나치게 높은 부동산 가격은 거대한 불로소득을 극도로 불공평하게 분배할 뿐 아니라 소비자 물가(주거비 및 생활물가)와 기업의 생산원가를 끌어올려 국가경쟁력에도 막대한 타격을 주고 있다.

[그림 1-5] **국가별 개인 자산 포트폴리오**   (단위: %)

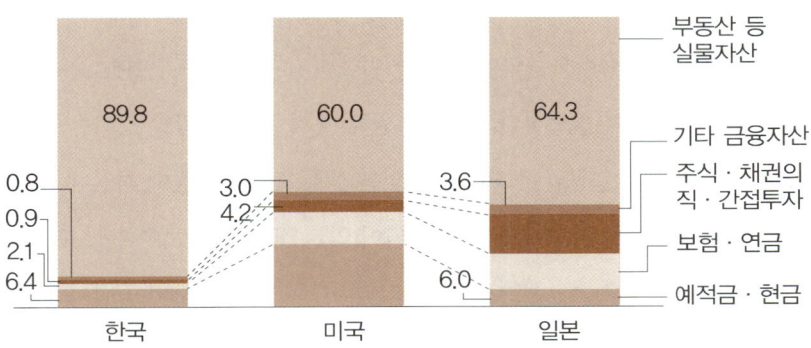

출처: 『매일경제』, 2007년 7월 25일자.

한국의 부동산 관련 제도로 인한 비용은 이루 말할 수 없는 수준이다. 국토, 경지(평지), 인구, 도시화율, 수도권 집중 수준 등을 고려할 때 지난 50여 년 동안 남한에서 가장 실패한 공공 정책은 토지와 주택의 소유·공급을 민간에게 과도하게 의존한 것이 아닐까 한다. 시장이 도저히 작동될 수 없는 환경에서 공공이 뒤로 빠져버렸기 때문이다. 사실 한국전쟁 이후 토지, 주택, 상가 등 부동산을 둘러싼 각종 문제는 정치인, 관료 등 공무원이 선의로 실시했는데 예기치 못하게 발생한 '시장의 실패' 탓으로 보기 어렵다. 오히려 개발 정보를 먼저 알거나 각종 토지규제권을 쥔 존재들의 근로소득에 대한 은밀한 약탈 공작의 성공으로 보는 것이 타당하다. 단순한 정책적 실수가 아니라는 것이다.

이제 부동산 제도의 기본틀을 뒤흔들기는 불가능하지만, 농토(절대농지), 신도시, 도심 요지, 통일 이후 북한에 대해서는 토지공개념이 매우 강화된 새로운 토지제도의 실시가 가능하다.

지대 공화국

한국 사회 특유의 모순과 부조리를 이해하기 위해서는 '지대$_{rent}$=자릿세'라는 인식틀이 필요하다. 지대는 원래 토지 사용 대가를 뜻하는 말이다. 그런데 토지는 공급이 고정되어 있는 생산요소라는 점에 착안해 지대는 "어떤 생산요소든 그 공급이 고정되어 있는 것에 대한 보수"(이준구, 『경제학원론』)를 뜻하는 개념으로 일반화되었다. 즉 "생산요소의 공급이 비탄력적이기 때문에 추가로 지급되는 보수"인 것이다. 다른 말로 표현하면 자원(생산요소)의 기회비용 이상으로 지불된 금액이다.

지대는 생산요소의 원활한 이동을 가로막는 각종 진입장벽=경쟁 제한 장벽으로 인해 발생한다. 그러므로 사회의 입장에서 보면 과도하게 지불되는 비용이고, 당사자 입장에서는 초과이윤이나 불로소득이다. 지대는 한 사람의 노력과 능력이 동일해도 소속에 따라 그 가격(처우)이 엄청나게 달라지는 현상을 인식하는 틀이다.

노동의 양과 질이 동일하다 할지라도 현대자동차 생산라인에서 일하는 사람과 3차 협력업체 생산라인에서 일하는 사람의 보수 차이는 상상을 초월한다. 시장이 정상적으로 작동한다면 현대자동차 생산직 사원으로 입사하기를 원하는 사람이 엄청나게 늘어나서 그 처우가 상당 정도 내려갈 것이고, 궁극적으로는 노동의 양과 질에 상응하는 만큼의 보수 격차가 생길 것이다. 그러나 이런 일은 일어나지 않는다. 현대자동차 노동조합이 절대로 용납하지 않을 것이기 때문이다. 사실 지구상에 존재하는 어떤 노동조합도 임금근로자의 보수를 자유 시장에 전적으로 맡기려 하지 않는다. 노동조합의 존재 이유는 단결력을 통해서 지대를 추구하는 것이라고 해도 과언이 아니기 때문이다.

지대는 그 자체가 나쁜 것이 아니다. 가치생산 생태계의 유지, 발전이 곤란할 정도로 과도할 경우에 한해서 나쁘다고 하는 것이다. 지대 혹은 초과이윤은 적정하기만 하다면 사회 발전의 견인차다. 사실 그 어느 나라든 보호하려고 애쓰는 특허권이 추구하는 것은 다름 아닌 독점에 근거한 초과이윤 아닌가? 그런데 선발자의 특허권을 과도하게 보장하면 초기에는 특허 출원 러시를 일으키지만 오래지 않아 혁신의 숨통을 막아버린다. 마찬가지로 지대가 과도하면 귀족 되기 경쟁이 치열하게 일어나지만 경쟁의 승자를 나태하게 만들어 버린다. 뿐만 아니라 용케 귀족이 된 사람에게 너무 많은 권리, 이익, 혜택을 제공하면 나머지 사슬들이 피폐하게 되어 장기적으로 가치생산 생태계 전체가 고사한다. 지금 전임교수와 시간강사 관계에서, 정규직과 비정규직 관계에서 그 조짐이 나타나고 있다.

'양극화'라는 프레임은 단지 격차만 문제 삼는다. 하지만 '불공평'이나 '지대'라는 프레임은 수많은 가치, 즉 노동에 대한 보수나 권리, 혜택의 적정 가격 혹은 시장가격 대비 초과분을 문제 삼는다. 적정 가격은 가치생산 생태계의 유지 및 발전이 가능한 가격이다.

지대라는 인식틀은 이미 일반화·보편화된 질서 속에 숨어 있는 불평등과 불합리를 찾아낸다. 한국 사회를 끌어가는 핵심 노블레스들의 합법화된 약탈을 명료하게 보여준다. 각종 시장 및 비시장적 장벽을 쌓는 방식으로 끊임없이 소비자나 유권자, 납세자의 선택권과 심판권을 제한함으로써 준 계급사회를 형성하고 철밥통을 만들려는 이들의 행태를 명료하게 보여준다. 현재 한국의 공무원, 공기업, 교사와 강력한 노동조합의 보호를 받는 정규직 조합원의 권리처럼 과거에는 그리 큰 특권이 아니었지만 경제와 사회사정의 급변으로 엄청난 특권으로 변모한 것을 감지한다.

상당수 진보 세력은 비정규직 문제, 시간강사 문제, 사교육 열풍 및 사교육비 문제의 원흉으로 '양극화'나 '과도한 경쟁 교육'이나 '정부의 교육 예산 부족'을 지목한다. 하지만 날로 심화되어 가는 청년 실업이나 청년 인재의 공공부문 및 전문 자격증 분야로 쏠림 현상의 심각성은 전혀 인식하지 못한다. 이른바 괜찮은 직업, 직장이 갖고 있는 과잉 지대에 대해서는 자본과 정권의 폭압을 뚫고 쟁취한 것으로 간주한다. 문제가 좀 있다 손 치더라도 보수가 범하는 악에 비하면 아주 사소한 악이라는 것이다.

이런 인식을 가지는 한 양극화에 대한 처방은 당연히 복지 정책(기본소득제 등 다양한 소득 이전 정책)을 통해, 또 사회적 최소한(최저임금제, 비정규직 사용 제한 등)의 대폭적인 상향을 통해, 세금 정책과 노동운동 등을 통해 기업이 가져가는 잉여를 많이 가져와서 이 격차를 줄이는 것으로 귀결된다. 부동산 불로소득 문제, 토건족 위주의 재정 할당 문제에 대해서는 광분하지만, 진보의 기득권을 뒷받침하는 수많은 공급 제한 장벽, 경쟁 제한 장벽에 대해서는 함구한다. 격차의 성격을 보지 못하고, 격차의 크기만 보았기 때문이다. 심각한 불공평(합리적이지 않은 격차) 문제를 보지 못하고, 불평등(격차 그 자체) 문제만 보기 때문이다. 단지 맞은 것은 토건 분야에 과도하게 쓰이는 재정 할당 문제와 과도한 부동산 불로소득 문제에 대한 지적이다. 불공평의 문제는 보지 않고 불평등의 문제만 본다면 불평등의 문제도 결코 해결할 수가 없다. 불완전한 진단은 결과적으로 잘못된 처방을 하게 한다.

적절한 지대, 즉 일정한 혜택을 보장하는 공급 제한 장벽은 자본주의 시장경제와 민주주의의 진화의 산물이다. 선진 문명의 하나라고 해도 과언이 아니다. 반면에 과도한 지대는 과도한 불로소득을 노리는 사회적 강자의 농간이다. 가치생산 사슬들 간의 균형을 추구하는 공공적 존재들의 무능 내지 사익 편향성의 소산이다. 제대로 작동하지 않는 시장과 국가의 문제인 것이다.

비정규직 문제, 시간강사 문제, 사교육 문제, 10대 중·후반에는 과열되고 20대 중·후반 이후에는 과랭되는 이상 교육열, 너무 높은 대학 진학률, 과도한 유학 열풍, 청년 인재의 공공부문과 전문 자격증 분야로의 쏠림, 그에 따른 고시·공시 낭인 문제, 중소기업 인재 기근, 하청 중소기업의 피폐, 대기업·공기업 구조조정의 어려움과 생산 현장의 급속한 고령화, 일에 비해서 너무 높고 안정적인 처우를 누리는 귀족적 존재들에 대한 불만 등은 사실 하나의 뿌리에서 나온 잔가지들이라고 할 수 있다. 그 뿌리는 한마디로 극심한 불공평이자, 불합리한 배제와 차별이다. 달리 표현하면 경쟁의 승자나 부모 잘 만난 자나 줄 잘 선 자에게 주어지는 특권과 특혜가 과도하다는 것을 의미한다. 이것이 한국 사회의 물질적·문화적 재생산 위기와 사회 통합 위기의 핵심이다.

정부의 성격

한국은 GDP 대비 정부 재정 규모는 큰 편이 아니다. 공무원 숫자도 마찬가지다. 복지 재정이 적다 보니 이 방면에서 일하는 공무원 숫자도 많지 않다. 단순히 규모만으로 비교한다면 한국 정부는 작은 정부라고 할 수 있다. 하지만 민간을 쥐락펴락할 수 있는 권력을 가진 엄청나게 센 정부이다. 개인·기업·지역의 명운을 좌지우지할 수 있는 유무형의 권력이 엄청나게 크기 때문이다.

한국의 재정에서 경제 개발, 지역 개발 관련 재정은 상대적으로 많고, 복지 재정은 상대적으로 적다. 복지 재정은 개개인이 수혜자가 되기에 정부로서는 이를 지렛대로 쓸 수 없다. 즉 관료의 재량권이 거의 없다. 그러나 경제 개발, 지역 개발 예산은 기업이 수혜자가 되고, 관료의 재량권이 크다. 이 예산은 거대한 이권이기에 국회의원, 지방자치단체장, 건설업자 등 수많은 사람들이 관료를 대상으로 로비를 하려고 달려든다. 그러므로

GDP 대비 재정 규모는 작을지라도 관료가 재량을 발휘할 재정의 규모는 결코 작지 않다.

게다가 자산 기준 20대 기업 중에 9개가량이 사실상 공기업이다. 전력공사, 가스공사, 도로공사, 수자원공사, 주택공사, 철도공사, 토지공사 등 7대 공기업과 민영화되었다고는 하나 정부가 인사를 좌지우지할 수 있는 포스코와 KT가 그것이다. 이 기업들과 수많은 협력업체들은 정권의 전리품이나 마찬가지였다.

한국에는 아직까지도 국가 주도 경제 개발의 유산들이 많이 남아 있어서 관료의 권능으로 되는 규제가 많다. 반면에 경제사회 주체들이 유능한 만큼 법과 제도의 허점을 예리하게 찔러 들어오는 경우가 많아 규제 존속 및 강화를 부르짖는 소리도 결코 약하지 않다. 게다가 정치의 무능으로 관료에게는 짭짤하지만 경제사회 주체들에게는 고통을 주는 규제들이 많다. 이 규제들이 쉽사리 합리화되지도 않는다. 교통법규, 선거법, 정치자금법, 의료법, 식품위생법, 소방법 등에 널려 있는, 지키기 힘든 법규들이 그런 것이다.

지키기 힘든 법규들로 인해 정도의 차이만 있을 뿐 만인이 범법자가 되는 상황에서는 자의적 처벌권과 심판권을 가진 관료(검찰, 감사원, 선거관리위원회, 법원, 국세청, 보건복지부 공무원, 건축 인허가 관련 공무원 등)의 권능은 클 수밖에 없다. 이는 참여정부가 임명한 공기업의 사장, 감사들을 몰아내는 과정에서, 노무현 가족 및 측근에 대한 표적 수사에서 그 괴력을 발휘했다.

한국은 권력을 쥐었을 때 나눠줄 수 있는 자리와 재정이 많은 나라이다. 헌법과 법률에 의거해서 나눠줄 수 있는 자리는 많아도 대략 3000개라고 하지만, 다양한 지렛대를 통해서 차지할 수 있는 자리는 그 10배가 넘는다는 것이 정설이다. 정부의 힘이 큰 만큼 정부를 상대하는 민간기업들도 권력에 선을 대고 눈치를 살펴야 하기 때문이다. 재정도 정부 예산뿐 아니라 각종 연기금과 공기업 예산도 있다. 국세청, 검찰, 경찰 등을 통해서 사회에 개입할 수 있는 여지도 많다. 무엇보다도 한국은 자리와 재정을 연고에 따라 분배하는 경향이 강한 나라이다. 검찰 등을 통해서 행사할 수 있는 자의적 권력(처벌권)도 큰 나라이다. 이런 나라에서 국가권력을 둘러싸고 전쟁을 방불케 하는 투쟁이 벌어지지 않는 것이 오히려 이상할 것이다.

한국 정부의 보이는 호주머니, 손길, 주먹과 보이지 않는 호주머니, 손길, 주먹, 칼을 바로 보지 않고서는 한국 사회를 제대로 이해했다고 할 수 없다. 노무현은 연고주의로 뭉친 패거리들의 이권 쟁탈전이 본질인 정치적 대결 구도를 근본적으로 바꾸려고 하다가, 그 깊은 뿌리를 직시하지 못해 좌절했다.

과잉시장과 과소시장의 상호 의존

각종 통계를 종합하면 한국은 기업 전체 평균이윤율과 안정성이 그다지 높지 않다. 그러나 공공부문(공기업, 공무원), 대기업, 정규직, 전문직 등 수백만 명의 이른바 괜찮은 직장인, 노블레스, 사회적 강자의 처우와 권리는 한국 생산력 수준에 비해, 또 그 사회적 기여나 부담에 비해 너무 높고 안정적이다. 반면에 2000만 명에 육박하는 3비층(비경제활동인구에 포함된 사실상 실업자, 공식실업자, 비임금근로자, 비정규직)과 중소기업 근로자들은 너무 열악하고 불안하다.

전자는 대체로 소비자 선택권이나 공급자 간 경쟁을 막아주는 높은 보호장벽(보호 규제나 단체협약 등)을 가지고 있지만 후자는 벌거벗은 채로 노출되어 있다. 전자가 과소시장(경쟁) 상황에 놓여 있다면, 후자는 과잉시장(경쟁) 상황에 놓여 있다. 전자의 선진국 수준의 삶과 후자의 후진국 수준의 삶은 동전의 양면 관계이다.

당연히 성벽 위로 올라가는 좁은 사다리 아래서는 박 터지는 경쟁이 일어나지만 일단 성벽 위에 올라가고 나면 너무 널널하다. 부모를 잘 만나서, 또는 한 번의 승부로, 한때의 행운으로 팔자를 고친 승자들은 나태하고, 다수 패자들, 후발자들, 부모 잘 못 만난 자들의 진입 비용은 너무 높다. 개인의 노력보다는 소속이 운명을 결정한다. 단적으로 현대자동차에서 아무리 일 잘하는 비정규직도 정규직이 될 길이 없다. 은행 직원이 되면 귀족의 길이고, 머리 조아리고 대출을 받는 민간 중소기업 직원이 되면 천민의 길이다. 이것이 각종 공시·고시·사교육·유학 열풍, 살인적인 대기업 입사 경쟁률, 공기업 취업 비리의 근원이다. 게다가 한국은 부동산 불로소득이 너무 크고, 불공평하게 분배되어 왔다. 소선거구제 단순 다수 득표제로 인해 영남과 호남은 특정 정치 세력의 독과점 상황이다. 여기서도 시장(정치 소비자의 선택·심판권)이 제대로 작동하지 않는다.

일반적으로 과잉시장(경쟁)과 잦은 시장 실패는 세계사적 보편성이라고 할 수 있다. 세계화, 지식정보화, 자유화(신자유주의 사조), 중국의 부상 등으로 집약되는 세계사적 변화의 물결을 타고 있는 대부분의 선진 자본주의 국가들에서도 보편적으로 일어나기 때문이다. 하지만 시장에 대한 국가의 조정 및 통제 능력에 따라, 사회안전망 수준에 따라, 과소시장의 규모에 따라 과잉시장과 시장 실패의 패악은 다르게 나타난다. 한국은 국가의 조정 및 통제 능력과 사회안전망이 취약하다. 시장의 압력을 사회적 약자에게 전가하는 과소시장의 규모가 너무나 크다. 설상가상으로 자유화, 자율화의 이름 아래 소비자와 하청 중소기업에 대한 합법적 약탈을 일삼는 보수 이익집단이 강성하다. 따라서 시장의 압력이 3비층으로 총칭되는 사회적 약자, 후발자, 청년 세대, 미래 세대에게 집중되고, 시장의 패악도 심하게 나타난다. 외환위기, 카드 대란, 부동산 폭등이 그 단적인 예다. 바로 여기서 신자유주의 반대 담론이 힘을 얻는다. 하지만 혹독한 시장을 만드는 데 누구 못지않게 지대한 공헌을 한 과소시장 영역의 모순 전가 행태에 대해서 진보 진영은 대체로 무지하며, 따라서 함구한다.

한편 과소시장과 거대한 부동산 불로소득은 한국적 특수성이라고 할 수 있다. 거대한 부동산 불로소득은 규제·촉진권을 쥔 정치인 및 관료와 그 최대 수혜자인 토건족, 그리고 부동산 관련 정보가 빠른 노블레스들의 합작품이다. 사실 경제적·정치적 과소시장과 과잉시장이 동전의 양면처럼 존재하는 것도, 기본적으로 정의로운 질서를 창조하는 국가가 제대로 작동하지 않았기 때문이다. 반면에 보수와 진보를 초월하여 이익집단들은 단기적이고 협소한 이익을 추구하는 데 대단히 유능하기 때문이다. 이 이익집단에는 기업, 노동조합, 직능단체, 사학재단, 언론, 토건족은 말할 것도 없고 허술한 민주적 통제하에 놓인 일부 정부 부처, 지방정부, 검찰, 법원도 포함된다. 이렇게 보면 무능하고 때론 사악한 공적 존재와 유능한 사적 존재의 모순, 특히 후자와 전자의 유착이나 후자에 의한 전자의 포획이야말로 이 시대 한국의 가장 핵심적인 모순인지도 모른다.

한국의 과소시장(경쟁)은 사회민주주의에 심취된 사람들과 공공부문 종사자에 의해 공공성의 징표로 선전되기도 했다. 하지만 본질적으로 귀족 특권 의식의 잔재이자, 개발연대의 고속 성장을 위해 설치한 규제·촉진책의 유산이자, 1987년 이후 점차 그 건강성을 잃어온 대기업 및 공기업 중심 노동운동의 유산이자, 부동산 관련 규제를 다루는 노블레스들의 농간이다.

한국의 상벌체계가 극히 왜곡되게 된 것은 노블레스, 사회적 강자의 눈높이와 권리 의식은 이미 선진 자본주의국가에 가 있지만, 그 의무감과 연대의식은 현재의 한국도 아닌 과거 한국에 머물러 있기 때문이다. 그래서 힘 있는 집단의 처우는 끝없이 올라가고, 힘없는 집단의 처우는 바닥을 긴다. 선진 자본주의국가 흉내를 내어 국가가 특별히 배려하는 쪽, 예컨대 기초생활보호 대상자에게는 한 번 들어가면 빠져나오기 싫을 정도로 많은 혜택이 쏟아진다. 바로 여기서 '줄·푸·세'(세금을 줄이고, 규제를 풀고, 법질서를 세우자)로 집약된 자유주의, 반좌파 담론이 힘을 얻는다. 하지만 이들 역시 보수 이익집단이 안주하고 있는 일부 과소시장(경쟁) 영역(신문 시장 등)에 대해서는 함구한다. 할 수만 있다면 정치적·경제적 독과점을 하고 싶은 것이 인간이다. 이는 사상이나 이념을 초월한다. 줄·푸·세를 대표 상품으로 팔고 있는 박근혜조차 자신의 근거지 대구, 경북에서의 정치적 독과점을 보장하는 선거제도를 바꿀 생각이 조금도 없다.

요컨대 이 모든 패악의 뿌리에는 제대로 작동하지 않는 국가(민주주의), 진보와 보수를 초월한 낮은 연대성과 과도한 피해의식(약한 자아)이 있다. 이는 결국 정치의 무능과 사익 집단 편향성이 결정적이다.

위에서 길게 서술한 대중의 요구, 기대, 고통, 불만이 모든 것은 아니다.

그것은 분단, 북핵 위기, 기후변화(환경 재앙), 경기 변동, 급속한 도시화, 핵가족화, 수도권과 지방의 격차, 중국의 급부상, 천박한 문화 등으로부터도 온다. 그러나 가장 절실한 고통과 불만은 선명하게 대비되는 과잉시장과 과소시장의 병존에서 오고, 사익 집단에 휘둘리는 국가로부터 온다는 것은 분명하다.

환경, 시스템, 리더십의 대충돌

한국 사회의 변화가 빠른 이유는 첫째, 한국인들이 각종 위기와 기회에 역동적으로 대응하기 때문이다. 굶주렸던 기억들과 부당하게 짓밟혔던 기억들, 그리고 불합리한 배제와 차별이 역동적 대응력에 기름을 부었다. 6월항쟁과 1987년 노동자 투쟁, 높은 임금 인상률과 높은 생산성 향상률(이는 인력사업 구조조정 속도의 다른 표현이다), 인구의 수도권 집중, 청년 인재의 수도권 대학 집중, 저출산·고령화율, 청년 실업률, 특목고·사교육·유학 열풍 등은 한국 사회의 빠른 변화의 징표이다. 둘째, 한국이 시장, 자원, 에너지 등의 해외의존도가 대단히 높아 국제 정치경제 환경에 큰 영향을 받기 때문이다. 셋째, 급속한 도시화(밀집 사회), 고학력화, 지식정보화 때문이다.

몇 가지 지표만 살펴보자. 그동안 각종 경제사회 지표를 비교할 때 주로 OECD 주요국이나 OECD 전체 평균과 한국의 해당 항목을 비교하여 상대 순위 등을 따져왔다. 이런 비교의 결과는 뻔하다. 한국의 순위나 수준이 한참 낮으니 일단 OECD 평균치까지라도 끌어올리자는 것이다. 이는 직관적 설득력은 있으나, 해당 지표가 한국 특유의 재정 구조, 제도, 문화 등의 총체이기에, 구부러진 동전을 한쪽 면은 그대로 두고 다른 한쪽 면만 펴려는 시도와 흡사한 정책을 초래하는 경우가 있다.

어쨌든 이제는 경제 사회 지표의 변화율을 따져보자. 조세부담률Tax Revenue부터 살펴보자.

〈표 1-6〉 주요국 조세부담률(명목 GDP에서 조세가 차지하는 백분율)

	1980	1985	1990	1995	2000	2005	2005/1990
한 국	17.2	16.4	18.9	19.4	23.6	25.5	135%
일 본	25.4	27.4	29.1	26.8	27	27.4	94%
호 주	26.7	28.3	28.5	28.8	31.1	30.9	108%
프랑스	40.1	42.8	42	42.9	44.4	44.1	105%
독 일	36.4	36.1	34.8	37.2	37.2	34.8	100%
스웨덴	46.9	47.8	52.7	48.1	52.6	50.7	96%
영 국	35.2	37.6	36.3	34.7	37.3	36.5	101%
미 국	26.4	25.6	27.3	27.9	29.9	27.3	100%

＊사회보장 기여금 포함.
출처: 통계청, 『국제통계연감』, 2008. 한국노동연구원, 『2008 해외노동통계』, 2008, 85쪽에서 재인용.

한국, 일본 등 주요국의 1990년 대비 2005년의 명목 GDP에서 차지하는 조세부담률을 보면 한국은 18.9%에서 25.5%로 1.35배가 되었다. 일본은 29.1%에서 27.4%로, 스웨덴은 52.7%에서 50.7%로 줄었다. 미국과 독일의 조세부담률은 15년 동안 거의 변화가 없다(미국 27.3%, 독일 34.8%). 영국도 거의 변화가 없으며 2005년 현재 36.5%다. 조세부담률이 올라갔다는 것은 어떤 계층이 세금을 더 냈다는 뜻이다. 즉 경제성장률(소득증가율)보다 훨씬 높은 세금 증가율을 감당했다는 얘기다. 이런 상황에서 조세저항이 일어나지 않을 리가 없다. 뒤에 자세히 살펴보겠지만 참여정부가 외면받은 주요한 이유 중에 빼놓을 수 없는 것이 자영업자에 대한 세금 부담의 폭증(?)이다.

다음으로 공공사회지출 Public Social Expenditure을 살펴보자.

국제 비교가 가능한 최신 통계가 2003년 통계인데 당시 한국은 명목 GDP 대비 공공사회지출 비중이 5.7%였다. 이는 주요 선진국들과는 비교할 수 없을 만큼 낮은 수준이다. 당시 일본은 17.7%, 영국은 20.1%, 미국은 16.2% 스웨덴은 31.3%였다. 그런데 1990년에서 2003년까지 증가율을 보자. 한국은 3%에서 5.7%로 늘어났으니 1.9배가 되었다. 같은 기간 일본은 1.58배, 영국은 1.17배, 미국은 1.21배, 스웨덴은 1.03배, 핀란드는 0.92배로 오히려 줄었다. 같은 기간 한국의 실질성장률은 연평균 4.7%로 일본의 4배, 영국·미국의 2배가 넘었다. 그럼에도 불구하고 공공사회지출의 비중이 1.9배 늘어났다는 것은 엄청난 증가율이 아닐 수 없다. 한국은 2003년 참여정부가 출범하면서 상대적으로 저성장 국면임에도 불구하고 공공사회지출의 증가 속도를 결코 떨어뜨리지 않았음을 감안하면 공공사회지출의 증가 속도가 얼마나 빠른지 알 수 있다. 물론 이는 필요한 일이다.

다음으로 미국 달러 기준으로 제조업 생산직 근로자의 시간당 보수비용 (Hourly Compensation Costs for Production Workers: Manufacturing)을 살펴보자.

1992년 한국 제조업 생산직 근로자의 시간당 보수비용은 5.21달러, 타이완 5.12달러, 싱가포르 4.91달러, 일본 16.13달러였다. 2006년에는 한국이 14.72달러로 14년간 2.83배가 되었다. 달러 기준이니 이 정도지 원화 기준으로 하면 4068원(1992년)에서 1만 4049원(2006년)으로 늘어나 3.45배가 되었다. 타이완은 2006년 현재 6.43달러로 달러 기준 1.26배, 타이완 통화 기준 1.62배가 되었다. 싱가포르는 2006년 현재 8.55달러로 달러 기준 1.74배, 자국 통화 기준 1.7배가 되었다. 일본은 2006년 현재 20.20달러로 달러 기준 1.25배, 엔화 기준 1.15배가 되었다. 미국은 1992년 15.95달러에서 2006년 24.18달러로 1.52배가 되었다. 2006년 현재 1인당 GNI가 한국이 1만 8401달러, 타이완이 1만 4410달러, 싱가포르 2만 8730달러(World Development Indicators 2008), 일본 3만 5169달러, 미국 4만 3821달러임을 감안하면 한국의 시간당 평균임금 14.72달러가 1인당 GNI 수준에 비해 얼마나 높은지 알 수 있다. 물론 한국의 급격한 임금 상승은 기본적으로 높은 노동생산성 향상 탓이다.

한국 제조업의 시간당 노동생산성(Output per Hour in Manufacturing)은 1996년을 100으로 보았을 때, 2007년 현재 253.9다. 타이완은 189, 일본은 146.2, 미국은 172.7, 영국은 150.8, 스웨덴은 197.3이다. 시간당 노동생산성 향상은 근로자가 손을 빨리 놀린다고 이루어지는 것이 아니다. 새로운 기술과 장비를 도입하고, 생산 방식을 바꾸고, 생산 기지를 중국으로 옮기거나 외주 하청으로 가져갈 것은 가져가고 고부가가치 품목을 새로 개발하는 등 인력 및 사업 구조조정을 끊임없이 해야 이룩할 수 있는 것이다. 물론 할 수만 있다면 가격을 올리는 것이 최고다. 높은 노동생산성 향상과 임금 인상의 이면에는 격렬한 인력 및 사업 구조조정이 숨어 있다.

출산율Total Fertility Rate의 변화도 타의 추종을 불허한다. 1970~1975년에 한국의 출산율은 4.28명이었으나 2005~2010년에는 1.21명이다. 같은 기간 일본은 2.07명에서 1.27명, 영국은 2.04명에서 1.82명, 미국은 2.02명에서 2.05명, 스웨덴은 1.89명에서 1.80명이다. 출산율 변화와 관련하여 한국과 견줄 수 있는 나라는 중국이다. 중국은 4.86명에서 1.73명으로 줄었다. 급격한 출산율의 저하는 노령 인구 비율의 급격한 증가로 직결된다. 한국의 65세 이상 노인 인구는 2000년 7.2%에서 2006년 9.5%로 32% 늘었는데 이 증가율은 OECD 국가들 중에서 독보적 1위이다. 같은 기간 미국은 전혀 증가하지 않았고, 영국은 1%, 독일은 15%, 일본은 20% 증가했다. 북유럽 국가들의 경우 스웨덴 역시 전혀 증가하지 않았고, 노르웨이는 오히려 3% 줄었으며, 핀란드는 9% 증가했을 뿐이다.

한국의 국민의료비 또는 공공이 부담하는 의료비 지출 증가 속도도 OECD 국가들 가운데 단연 1위이다.[5] GDP 대비 의료비 지출이 낮고 공공이 부담하는 의료비 지출도 적다는 통계를 한국 의료의 후진성의 증거로 제시하는 사람이 적지 않다. 2006년 현재 한국의 의료비 총계는 GDP의 6.4%이다. 반면에 일본 8.2%(2005년), 영국 8.4%(2006년), 프랑스 11.1%(2006년), 미국 15.3%(2006년)이다. 이들 선진국은 어차피 비교 대상이 아니니 한국보다 평균 소득이 낮거나 비슷하여 보건의료 재정이 급팽창했다고 알려진 국가들과 비교해 보자. 터키의 의료비 비율은 5.7%(2005

---

5) 문제는 최근 6년간의 증가 속도이다. 2000~2006년의 6년 동안 한국은 GDP의 4.8%에서 6.4%로 늘어 33% 증가했다. 그러나 터키는 2000년 6.6%에서 2005년 5.7%로 오히려 감소했다. 폴란드는 2000년 5.5%에서 2006년 6.2%로 13% 늘었고, 멕시코는 5.6%에서 6.6%로 18% 늘었을 뿐이다. 미국은 6년 동안 16%, 영국은 15%, 독일은 3%, 프랑스는 16%, 일본은 2000~2005년의 5년 동안 6% 늘었을 뿐이다. 이 기간 동안 한국의 GDP 성장률이 OECD 최상위권이었던 것을 감안하면 국민의료비 지출 속도가 얼마나 빨랐는지 알 수 있다.

년), 폴란드 6.2%, 멕시코 6.6%, 체코 6.8%, 그리스 9.1%, 포르투갈 10.2%이다.

GDP 대비 공공의료지출 증가에서도 한국은 단연 두각을 나타낸다. 한국은 2000년 2.2%에서 2006년 3.5%로 59% 증가했는데, 이런 증가율은 OECD 국가들 중에서도 최고 수준이다.

그 외에도 한국 사회의 격렬한 변화를 보여주는 경제사회 지표는 무수히 많다.

수도권 집중률과 도시화율, 대학 진학률, 해외 유학률, 초고속 인터넷 보급률 등도 빼놓을 수 없는 것이다. 따지고 보면 2002년 대선과 2004년 총선의 투표 성향과 2007년 대선과 2008년 총선의 투표 성향도 한국의 역동성의 징표일 것이다.

변화가 빠르다는 것은 외부 환경과 시스템(법·제도) 및 문화와 리더십의 충돌이 격렬하다는 것을 의미한다. 또한 환경, 시스템, 리더십의 부조화를 재빨리 해결하지 못하면 모순이 폭발적으로 터져 나온다는 것을 의미한다.

그렇게 모순이 폭발하여 나타난 전형적인 예가 자살률이다. 지난 20여 년 동안의 자살률(10만 명당 자살자 수)을 살펴보면, 1987년 한국의 총자살자 수는 3425명으로 자살률은 8.2명이었다. 남성 자살률은 11.9명, 여성은 4.5명이었다. 1988~1991년에는 3저 호황의 영향인지 자살률이 7명대를 유지했다. 그러다가 1992년 8.3명으로 상승한 후 해마다 꾸준히 증가하여 1997년에는 13.1명에 이르렀다. 외환위기의 충격이 밀어닥친 1998년에는 18.4명으로 전년 대비 무려 40%(2554명)나 증가했다. 1999년에는 IT버블과 신용카드 현금서비스 자율화의 영향인지 15명, 2000년에는 13.6명,

2001년에는 14.4명으로 감소했다. 그런데 IT 버블이 꺼지고 신용카드 대란이 터진 2002년부터 자살률이 다시 폭발적으로 증가했다. 2002년 17.9명, 2003년 22.6명으로 OECD 국가 중 자살률 1위를 기록했다. 그 이후에도 자살률 고공 행진은 끝나지 않았다. 2004년 23.7명, 2005년 24.7명으로 올라갔다가 2006년 21.8명으로 소폭 떨어진 후, 2007년에는 24.8명으로 사상 최대를 기록했다. 2005년 현재 OECD 29개국 평균 자살률은 11.2명이고, 가장 낮은 곳은 그리스(2.6명)다.

　OECD 주요국과 비교한 한국 자살률의 두드러진 특징은 무엇보다도 상승 속도이다. 둘째, 외환위기와 카드 대란 같은 경제·금융 사건과 밀접한 관련이 있어 보인다는 것이다. 셋째, 노인 자살률이 유달리 높다는 것이다. 75세 이상 노인 자살률은 한국이 109.6명(2004년)인데 일본은 31.5명, 그리스는 6.3명이다. 고령 노인일수록 평균 학력 수준이 낮기 때문에 노인 자살률의 증가는 그대로 저학력층, 무직 계층의 자살률 증가로 직결된다. 2009년 6월 26일자 『한겨레』 신문 보도에 의하면 2005년 자살자 1만 2047명 중에서 중학교 졸업 이하가 53.7%, 대졸 이상은 21.2%였다. 넷째, 어머니 주도에 의한 가족 동반 자살이 상대적으로 많다는 것이다. 이는 개개인의 인격이 가족 공동체에서 뚜렷이 분리되지 않았고, 또 자녀 양육과 교육 부담을 압도적으로 부모가 지는 현실(국가나 사회가 너무 적은 책임을 지는 현실)과 관련이 깊다.

　외면적으로 보면 남부러울 것이 없는 사람들도 자살을 하는 데서 보듯이 자살은 매우 실존적인 행위이다. 빈곤, 실업, 양극화, 사회복지시스템 미비 등 경제·사회적 모순에 그 책임을 묻는 데에는 한계가 있다. 단적으로

소득 수준도 높고 소득 격차도 상대적으로 적으며 사회복지시스템도 잘 갖추어져 있고 정부 경쟁력도 높은 핀란드와 일본은 전통적으로 자살률이 높은 데 반해, 그 반대인 멕시코(10만 명당 3.8명, OECD 최근 통계), 그리스(3.6명, 2003년), 포르투갈(5.1명, 2003년), 이탈리아(7.1명, 2003년) 등 라틴계 국가는 자살률이 낮다. 민족적 성정(性情), 사회문화, 기후환경 등과 관련이 깊다고 볼 소지가 있는 것이다. 이런 관점에서 보면 한국은 이들 라틴계 국가와 닮은 곳이 많다. 실제 1990년대 초반까지는 자살률 통계가 그런 추측을 뒷받침해 주었다. 그러나 1992년을 기점으로 라틴계 국가로부터 멀어지기 시작하다가, 결정적으로 1998년부터는 세계적인 자살대국이 되어 버렸다. 더 나쁜 것은 지난 10년간 U자 커브를 그리는 한국의 자살률 추이는 경제·금융·사회 정책(실패)과 밀접한 관련이 있다는 사실이다.

하지만 곰곰이 생각하면 정책 실패는 자살률 상승의 직접적인 기폭제고 그 이면에는 한국인들이 겪는 급격한 생활양식의 변화 내지 공동체의 붕괴가 자리하고 있음을 알 수 있다. 수십 년 동안 급격히 진행된 핵가족화·도시화로 대가족 공동체와 마을 공동체는 붕괴되었다. 설상가상으로 거주 형태의 아파트화, 이혼율 증가, 개인주의의 심화, 정보화 등에 따라 사람들은 자유로워지는 동시에 고독해졌다. 과거에는 비슷하게 가난한 사람들이 광장(공동체)에 모여 생활의 어려움도 나누고, 삶의 기쁨과 슬픔도 나눴다. 지금은 제각기 밀실에 들어가 홀로, 또는 핵가족 단위로 모든 것을 감당한다. 정신적으로 고독하고 불안하게, 물질적으로 피폐하게 살아가는 사람이 많다. 하지만 국가나 사회(종교)의 손길이 닿지 않는 곳이 많다. 게다가 세계화와 지식정보화로 인해 높아진 욕구, 고학력화가 요구하는 양질의 일자리 부족 심화, 내수와 자영업 부문의 피폐, 사회 계층 전반의 크나큰 간극 등은 이중삼중으로 서민들의 삶과 정신을 피폐하게 만들고 있다. 이는 정치와 사회와 종교가 결코 간단히 해결할 수 없는 문제이다. 하지만 해결의 열쇠는 인적·물적·영적 자원을 가진 이들이 쥐고 있을 수밖에 없다.

자살률 추이는 최근 10년간 한국인들이 엄청난 스트레스를 받고 있는 상황임을 말해 준다. 인간은 대체로 풍요와 연대, 체면 등이 급격히 무너질 때, 또 그것을 감당할 정신적 준비가 미비할 때 삶의 의욕을 잃는 법이다. 다시 말해 빈곤과 좌절 혹은 상실과 고독의 절대적 수준이 문제가 아니라 변화와 상실의 속도와 그것을 받아들이는 당사자의 태도가 문제이다. 지금 한국에서 벌어지고 있는 자살 대란은 동남아시아, 아프리카 극빈국 서민들이 겪는 고통과는 다른, 급격한 상실의 고통이 서민, 중산층의 삶을 무섭게 압박하고 있음을 말해 준다. 또한 U자 커브를 그리는 자살률은 한국판 자살 대란이 압도적으로 정치·사회·경제적인 현상임을 말해 준다. 한마디로 한국의 자살은, 정치, 사회, 경제를 바로 세우기만 하면 적어도 한 해 수천 명의 고귀한 생명을 살려낼 수 있는 '사회적 학살'로 보아야 한다는 것이다.

한국은 각종 위기도 빨리 오고, 위기 탈출도 빠른 사회이다. 한국은 헌법, 선거제도, 정당제도, 사법제도, 공무원 임용제도 등의 후진성으로 인해 국가라는 자동차의 운전사 격인 정치 리더십이 결코 유능할 수 없다. 그럼에도 불구하고 차는 빨리 달리고, 길은 꼬불꼬불하고, 곳곳에 장애물이 있으니 각종 사고가 빈발하지 않을 수 없다. 외환위기, 신용카드 대란, 부동산 대란, 교육 대란 등이 대형 사고의 기념비 중 하나이다. 게다가 운전 실력을 평가하는 언론과 대중의 안목은 높아도 보통 높은 것이 아니다. 이

해도 관용도 없다. 이 결과가 지난 2007년 대선, 2008년 총선, 2008년 촛불시위, 2009년 들어 정부여당에 대한 급격한 민심 이반이다. 이는 대한민국 최고 운전사였던 대통령들이 끊임없이 지탄을 받고, 예외 없이 불명예스럽게 퇴진하는 이유이기도 하다.

06 Chapter 새로운 계급사회
– 21세기 애절양(哀絶陽) 노래

드라마 시장 생태계의 위기

2009년 3월 7일 자정께 방영된 MBC의 「뉴스 후」는 한류의 원천인 TV 드라마 시장 생태계와 음악 시장 생태계의 현주소를 잘 보여주었다.

시청률이 매우 높은 TV드라마를 제작한 유명한 외주 제작사는 거의 적자였다.

「아내의 유혹」 제작사인 스타맥스는 2008년 38억 적자, 「주몽」 제작사인 '올리브9'은 2007년 43억 적자, 2008년 48억 적자였다. 「태왕사신기」·「하얀거탑」 제작사인 김종학 프로덕션은 2007년 381억 적자, 2008년 74억 적자였다. 「로비스트」·「떼루아」 제작사인 예당엔터테인먼트는 2007년 220억 적자, 2008년 209억 적자였다. 적자의 핵심은 지나치게 높은 출연료였다. '올리브9'이 금융감독원에 제출한 '드라마 매출원가 및 매출구조 분석' 자료에 따르면 드라마 총제작비 중 배우 출연료가 55~60%, 작가/연출/스태프 급여가 10~15%, 외주 용역비가 10~15%, 일반 관리비가 15~20%였다(한국방송영상산업 진흥원 자료). 배우 출연료가 총 제작비의

70~80%를 차지하는 드라마도 있었다.

2009년 4월 16일 발표된 '한일 드라마 제작 환경 비교' 보고서(KBI 산업연구팀 김영덕 연구원)에 따르면 드라마 제작비 예산에서 출연료가 차지하는 비중은 한국이 60%, 일본이 20%다. 극본료는 한국이 15%, 일본은 3%(문예비 명목)다. 스태프 급여는 23%와 20%로 비슷하다. 문제는 진행비 분야이다. 한국은 합쳐서 2%인데 일본은 57%다. 세부 내역을 보면 기술비와 미술비가 각각 20%씩, 제작 잡비가 10%, 저작권 사용료도 5%다. 전반적으로 한국은 배우와 극작가는 떼부자가 될 수 있고, 스태프도 그런대로 살 만하지만 나머지는 피골이 상접하게 살 수밖에 없는 구조라고 할 수 있다.

〈표 1-7〉 한일 드라마 제작비 예산 편성 구조

항목	한국	일본	항목
출연료	60%	20%	출연료
극본료	15%	3%	문예비
스태프료	23%	20%	업무 위탁비
진행비	2%	10%	제작 잡비
		2%	시설 사용료
		20%	기술비
		5%	저작권 사용료
		20%	미술비

출처: 박창식, 「드라마 제작사의 드라마 제작/유통 현황과 과제」, 일본민간방송연맹 편, 「방송 핸드북」, 2008. 김영덕, 「한일 드라마 제작 환경 비교」, 한국방송영상산업진흥원, 「KBI 포커스」(09-02 통권 64호), 2008에서 재인용.

3월 7일 방송된 「뉴스 후」에 의하면 배우들의 출연료는 지난 몇 년간 한류 붐을 타고 급상승했다. 2001년 「여인천하」에 출연한 당시 최고 스타였던 강수연의 편당 출연료는 400~500만 원이었다. 2003년 「대장금」의 슈퍼스타 이영애는 편당 600만 원이었다. 그러나 2007~2008년 현재, 「태왕사신기」에 출연한 배용준은 (자신의 투자 분까지 반영되어) 편당 2억 5000만 원이었다. 「에덴의 동쪽」의 송승헌은 편당 7000만 원, 「에어시티」의 이정재는 5000만 원, 여배우로는 최지우가 4800만 원으로 최고, 고현정은 3500만 원이다. 반면에 명목 국민소득이 한국의 2배에 육박하는 일본의 울트라 슈퍼스타 기무라 타쿠야는 편당 출연료가 4700만 원이었다. 톱스타의 출연료가 올라가면 스타 작가들의 원고료도 자동으로 올라간다. 이렇게 하여 드라마 제작비가 급증한 것이다. 그래서 2007년 9월 한국드라마제작사협회는 출연료 상한제(최고 1500만 원)를 발표했으나, 이미 아시아 한류의 상징이 된 유명 배우 13명은 예외로 인정하지 않을 수 없었다. 그 결과가 위에서 제시된 높은 출연료다. 그럼에도 불구하고 드라마 산업에 종사하는 다른 사람들의 인건비는 올라가지 않는다. 올릴 여력이 없기 때문이다. 따라서 한국 드라마 산업은 다른 많은 산업들과 마찬가지로 얼굴 하나는 반반한데, 팔·다리·허리·자궁·혈관은 지극히 부실한 기형이 되었다.

 TV드라마 시장 생태계가 지속가능성 위기를 맞은 것은 기본적으로 시장에서 흔히 일어나는 과열 경쟁 탓이다. 한류 붐이 인 아시아권에 드라마 판권을 팔기 위해서는 제작사들이 거액을 주고서라도 간판스타를 기용하지 않을 수 없기 때문이다. 그런 점에서 자업자득이라고 할 수 있다. 당연히 상당한 진통을 겪겠지만 결국 시간이 흐르면 시장에 의해 조정되게 되어 있다. 게다가 한류 붐 초기에는 한국 톱스타의 출연 여부가 흥행을 결정하지만, 시간이 흐르면 콘텐츠의 영향력이 커진다. 일본의 경우는 이것이 좀 더 빨리 나타난다. 따라서 조정의 방향은 기획, 투자, 콘텐츠(기획, 스토리 전개, 감독)와 관련된 가치생산 사슬에 보다 많은 이익이 가게 할 것이다.

하지만 이렇게 애써 대범하게 넘어가려 해도 여전히 씁쓸한 의문은 남는다. 왜 우리나라 산업들은 우월적 지위에 있는 가치생산 사슬이 이익을 독식해서 나머지 사슬들을 극도로 피폐하게 만들어 버리는가, 왜 그렇게 위험한 모험 투자(엄청난 비용을 지불하는 톱스타 캐스팅)를 경쟁적으로 하고, 끝내 최고의 엔터테인먼트 회사 몇 개가 도산하고, 수많은 투자자들이 쪽박을 차고 나서야 비로소 시장 생태계가 정상화의 길로 들어서는가.

물론 드라마 제작에 소요되는 투자금은 은행 대출이 아니라 주식시장 등 다른 금융시장에서 조달했다고 알려져 있다. MBC, KBS, SBS가 자체 제작을 했다면 교섭력 우위 때문에 한류 스타들의 출연료가 그렇게 치솟지 않았을 것이다. 하지만 그렇게 되면 외주 제작사를 구성하고 있는 기획자, 감독, 투자자들의 창의와 열정이 분출될 수가 없었을 것이다. 자유로운 생산자와 시장이 없으면 공황도 없겠지만, 동시에 창의와 열정의 분출도 없고, '한류'도 없을 것이다. 그렇다면 어떤 시스템을 구축해야 안정적이고 생산력 높은 생태계가 만들어질 수 있는가!

시스템을 어떻게 짜든 분명한 것은 드라마·영화 산업의 주변적 가치생산 사슬들, 즉 기술, 미술, 시설, 기타 제작 잡일에 종사하는 사람들을 보호하는 적절한 규제나 자율적으로 정한 최저 기준이 있어야 한다는 것이다. 그럼에도 불구하고 국가의 보호 규제라는 손길은 결코 세심하지 않고, 또 굼뜨기 이를 데 없다. 또한 기획사, 배우 등 가치생산 생태계의 강자들의 배려나 자제 역시 '대략 난망'이기에 열악한 처지에 있는 당사자들의 직능 조합(자발적 결사체)도 필요하다고 보아야 한다. 프로야구로 치면 선수협의회 같은 것이 필요하다는 얘기다.

음악 시장 생태계의 위기

음악 시장 생태계도 위기 상황이었다. 위기는 MP3 기술과 인터넷을 통한 불법 콘텐츠 유통(다운로드) 문화가 결합하여 CD 음반 시장이 급속히 죽어버리면서 밀어닥쳤다. 원래 콘텐츠 유통의 보조로 By pass였던 이동통신망이 주된 길 Main road이 되면서 압도적으로 우월적 지위에 있는 이동통신 3사의 합법적 약탈이 극심해졌기 때문이다. 그로 인해 창의, 열정, 오랜 몰입과 훈련이 필요한 콘텐츠 생산자, 즉 가수, 연주자, 음반 제작사들이 재생산이 곤란한 정도로 피폐해져가고 있다.

지금 한국의 연예기획사는 대부분 적자다. 가수 '비', GOD, '원더걸스'를 키워낸, 박진영이 만든 JYP 엔터테인먼트는 작년에 적자를 보았다. 원더걸스의 음반 5만 장을 팔아 2억 5000만 원 매출을 올렸고 광고로 15억, 휴대전화 벨소리 다운로드 등으로 총 75억 원의 매출을 올렸지만, JYP 전체적으로는 10억 원의 적자를 보았다. H.O.T, 보아, 동방신기, 슈퍼주니어를 키워낸, 이수만이 만든 SM 엔터테인먼트도, 서태지와 아이들의 양현석이 만든 YG 엔터테인먼트도 다 적자였다. 이들의 경영 사정이 '외화내빈'이 되어 버린 것은, 겉으로 보면 음악 유통 방식의 급변 때문이다. 2001년까지만 해도 국내 음반 시장의 매출 규모는 총 4000억 원이었으나 2007년에는 848억 원으로 줄었다. 반면에 MP3나 핸드폰으로 듣는 디지털 음악 시장은 2001년까지만 해도 극히 미미했으나 2007년 들어 3700억 원 규모로 급팽창했다.

음악을 음반(1만 1000원짜리 CD)으로 팔면 음반 제작자(가수, 작사·작곡가, 제작사)가 수익의 63%, 음반 매장이 26%를 가져간다. 그런대로 제작자에게 유리한 구조다. 그러나 음반 시장이 죽어버리고, 매출의 대부분이 디지털 음악 시장에서 일어나면서 분배 구조는 유통망을 장악한 이동통신사에게 압도적으로 유리하게 되었다. 단적으로 소비자가 휴대전화 벨소리를 다운받으면 회당 1200원을 지불하는데, 콘텐츠 생산자들은 38%(460원), 이동통신사 및 가공 업체가 62%(740원)를 가져간다(문화콘텐츠진흥원, 2008). 콘텐츠 생산자 중에서도 가수와 작사·작곡자의 몫은 적고, 제작사 몫은 크다.

한국 1, 2위 음반사인 서울음반은 SKT, 도레미레코드는 KTF에 인수되었는데, 이로써 이동통신사는 가수와 작사·작곡자에게는 울트라 갑이 되었다. 음원 요율 분배 구조를 보면, 벨소리와 통화연결음의 경우 가수에게 약 4.5%, 작사·작곡자에게 각각 4.5%(도합 9%), 음반제작자에게 25%, 이동통신사에 32%, 콘텐츠 제공업체에 19%, ASP(Application Service Provider) 업체에 10%가 분배된다. 그래서 음반과 음원을 팔아 월 100만 원 이상을 버는 가수가 별로 없다고 한다. 싸이월드 배경음악의 경우는 가수에게 돌아가는 요율이 더 낮아서 벨소리와 통화연결음의 절반 수준인 2.5%다.

요컨대 오랜 훈련 및 몰입과 타고난 끼와 창의성이 필요하며, 다른 사람에 의해 결코 대체될 수 없는 기능을 가진 가수, 작사·작곡자에게 너무 적은 몫이 분배되는 것이다.

이동통신사들은 기존 망에 새로운 서비스 하나를 얹었을 뿐인데도 디지털 음원을 유통시켜 얻은 수익이 2006년 1128억 원, 2007년 1031억 원이다. 2007년 당시 전체 음반 시장의 규모가 848억 원인 것을 감안하면 땅 짚고 헤엄치기식의 장사로 인해 얻은 수익이 얼마나 큰지 알 수 있다. 이런 일이 휴대전화망이 깔린 다른 나라에서도 으레 일어나는 것은 결코 아니다.

MP3 파일, 벨소리, 통화연결음, 배경음악 등으로 유통되는 디지털 음악 시장에서 권리자(제작자)가 가져가는 몫은 한국의 경우 34~39%(제작자는 25% 내외), 일본은 40~65%(제작자는 50% 내외), 미국은 50~55%(제작자는 45% 내외)이다. 일본의 경우 전체 디지털 음악 시장 매출 중 이동통신사가 가져가는 몫은 10~15%에 불과하다고 한다. 우리나라 이동통신사들이 동남아 등지에 인프라를 깔아주고 디지털 음원 서비스를 실시할 때, 한국과 같은 요율(이동통신사가 50%)을 제시하면, 그곳 콘텐츠 생산자들은 "당신들이 왜 50%를 가져가야 하는지 모르겠다"면서 납득을 하지 못한다고 한다.

열악한 지위에 있는 음악 창작자들은 아무리 요율은 낮다 하더라도 이동통신망을 잘 탈 수 있는 음원을 만들어 팔아야 허기를 면할 수 있다. 요즈음 음악들이 벨소리와 통화연결음에 적합한 30초 내외의 후렴구가 많이 들어가는 이유가 바로 여기에 있다. 또 새로운 음악을 생산해봤자 생산비도 못 건지기 때문에 과거 히트했던 곡의 리메이크도 활발하게 일어난다. 이동통신망을 탈 수 있는 음악을 만드는 데 죽기 살기로 매달려도 배가 고픈데, 자신이 만들고 싶은 음악을 만드는 쪽으로 에너지가 올 수가 없다. '한류'를 일으켰던 토양이 피폐해지고 있는 것이다.

일본이나 미국의 음악 시장 생태계는 적어도 한국보다는 건강하게 발전하고 있다. 이유는 여러 가지가 있을 것이다. 국민들이 지적재산권을 존중하는 문화와 의식도 튼실하고, 한국에 비해 초고속 인터넷의 보급률이 낮고, 대중음악 저작권자의 지적재산권 침해를 비교적 엄격하게 단속하는 법과 제도도 있고, 무엇보다도 통신사를 거치지 않고 음악을 팔 수 있는 음반 시장 규모가 상대적으로 크기 때문일 것이다. 또 한국과 달리 이동통신사가 독과점이 아닌 복수의 경쟁체제라서 대중음악 권리자가 유리한 구도라는 것도 빼놓을 수 없을 것이다. 어쩌면 미국, 일본의 거대 이동통신사가 마치 공정무역을 추구하는 기업처럼, 우월적 지위가 확고한데도 가치생산 생태계의 지속가능한 발전을 위하여 무자비한 약탈을 자제하는지도 모른다. 아마도 이 모든 점이 약간씩 모여서 총체적으로 한국보다 한참 나은 음악 시장 생태계를 형성했을 것이다.

망 사업자의 통행세 과다 징수

현재 한국의 음악 시장 생태계는 한국 사회를 짓누르는 핵심적인 모순과 부조리가 무엇인지, 물질적 문화적 생산력 발전의 질곡이 무엇인지 적나라하게 보여준다. 음악 시장 생태계의 문제는 유료 도로를 건설한 사업자가 우월적 지위를 이용하여 통행료를 엄청나게 높게 책정하여, 도로를 이용하는 나머지 생태계(소비자, 생산자, 운송업자 등)를 피폐하게 만드는 것이다. 물론 현실에서는 유료 도로 사업자가 통행료를 과다하게 징수하면 시간이 좀 걸리더라도 기존의 공짜 도로를 이용하면 된다. 하지만 디지털 음악 시장에서는 공짜 도로(밤무대 라이브쇼)나 값싼 도로(CD 판매)가 별로 없다. 디지털 음원을 생산하는 음반사도 이동통신사 소유고, 벨소리나 통화연결음은 당연히 이동통신사의 확고한 지배하에 있기 때문이다. 따라서 디지털 음악 시장에서 일어나는 과도한 착취는 과거 지주가 토지를 떠나 살 길이 없는 소작인에게 우월적 지위를 이용하여 고율의 소작료를 징수하는 것과 다를 바 없다. 중세 유럽에서 봉건 영주가 주민들이나 상인들이 도저히 지나다니지 않을 수 없는 도로, 강, 다리에 검문소를 만들어 놓고 고율의 통행세를 물린 것과 다를 바 없다. 매우 전근대적인 착취이긴 하지만 요즘 유행하는 말인 '비즈니스 모델'로 따지면 최고의 비즈니스 모델이다.

이런 시각에서 보면 왜 재벌 및 대기업이 방송 사업에 진출하려고 하는지 알 수 있다. 이들은 콘텐츠 사업의 국제 경쟁력 강화를 위한 대기업의 참여를 명분으로 내세우지만, 실제는 이동통신사처럼 콘텐츠가 오고가는 '망'을 틀어쥐고, 가만히 앉아서 통행료나 소작료를 두둑이 챙길 수 있는 절대 '갑'적 존재가 되고 싶은 것이다(그런데 콘텐츠 생산 사업에는 진입장벽이 거의 없고, 이미 CJ 등 재벌 그룹들이 많이 참여하고 있다). 완성차 회사의 매력도 바로 이것이다. 자동차회사 아니면 물건을 팔 길이 없는 절대 '을'적 존재인 수많은 부품업체를 '구매권'Sourcing을 지렛대로 빨아먹을 수 있기 때문이다.

유료 도로(망) 사업자가 단기적인 이익을 극단적으로 추구하게 되면 그 도로에 의존하는 공장과 도시가 피폐해지면서, 결국에는 도로를 이용할 차량 자체가 없어진다. 실제 이런 조짐은 있다. 민주화의 산물인 세계 최고 수준의 표현의 자유를 바탕으로 '한류'를 만든, 끼와 열정이 넘치는 연예인, 작가, 기획자들이 이들의 고혈을 빨아먹는 지주(이동통신사)로 인해 팍팍한 현실에 고통스러워하고, 암울한 미래에 절망하며, 자신이 들어선 길을 후회하고 있다. 다시 태어나면 절대로 이 짓을 하지 않으리라 맹세하고, 자식이 그 길로 가려고 하면 극력 만류할 태세다. 그 어떤 나라도 갖지 못한, 가히 사우디아라비아의 유전 같은 존재인 재기 발랄한 젊은 연예인들이 더 이상 유전이기를 거부하는 격이다. 이들이 노래와 춤을 멈추고, 작사·작곡을 멈추면 유전이 없어지는 것과 다를 바 없다.

문제의 핵심은 계급사회다

전근대사회는 길, 강, 다리, 토지가 통행세나 소작료 형태로 상인과 농민의 부를 왕창 빨아가는 사회였다. 또한 왕이 내려준 독점권(전매권), 세습신분, 유력자들과의 사적 연고, 벼슬 여부에-비록 과거 시험을 통해서 선발되었다 하더라도-따라 부, 권력, 명예가 천양지차로 차이나는 사회였다. 천민자본주의 사회는 기업과 노블레스들이 자본주의적으로 변형된 통행세나 소작료나 독점권을 추구하는 사회이다. 머리 좋은 기업가들이 앞장서서 한번 깔아만 놓으면 가만히 있어도 끊임없이 통행량과 통행세가 증가하는 '망'을 사적으로 소유하기 위해 불철주야 노력하는 사회이다. 우월적 지위를 갖고 있는 일부 가치생산 사슬이 전후방 가치생산 사슬을 악랄하게 착취하는 사회이다. 이 극한에는 19세기 말 미국의 '스탠더드 오일' 처럼 깔아놓은 '망(철도)'을 지렛대로 다른 생산자(석유사업자)들을 모조리 먹어 치워 버리는 절대 독점 사회가 있다.

당연히 이런 사회는 유능한 개인과 기업일수록 알박기(가치생산 흐름을 막아 이익 챙기기), 도장만 찍으면서 돈 벌기, 높은 진입장벽 및 경쟁 제한 장벽 쌓기, 관료가 되어 규제권과 처벌권 갖기(민간 전체를 '을'로 만들기), 부동산 불로소득 등을 추구한다. 이도 저도 없는 노동자들은 수십만 명의 명줄을 위협할 수 있는 생산라인을 멈추어 전후방 가치생산 사슬이 가져가야 할 잉여를 빨아들인다. 이런 사회는 도심 요지 부동산 소유 여부, 자격증 소유 여부, 가치생산 사슬에서의 위치(소속), 학벌, 학연, 연고 등이 곧 계급이 되기 때문에 높은 계급(소속)에 들어가기 위한 경쟁이 치열하다. 한국의 부동산 투기 열풍, 세계 최고 수준의 대학 진학률과 사교육 열풍, 고시·공시·유학 열풍, 대기업·공기업 현장의 고령화, 대기업 고용 감소, 살인적인 대기업 및 공기업 입사 경쟁률, 대기업 및 공기업에서 주로 벌어지는 몇 년에 걸친 비정규직의 정규직화 투쟁의 근원은 바로 계급사회적 요소 때문이다. 세습 신분이 있어야만 계급사회인 것이 아니다. 자신의 노력, 실력이 아니라 소속, 연고, 자격증, 도심 요지 부동산 소유 여부가 운명을 결정하면 계급사회이다. 한국 사회가 선진 사회로 가지 못하는 결정적인 장애는 진보와 보수를 초월하여 노블레스들과 사회적 강자들이 전근대사회와 천민자본주의 유산을 적극적으로 향유하고 옹호하기 때문이다.

　선진 사회는 자신의 창의, 열정, 오랜 몰입을 통해 창조한 성과, 즉 히트곡, 스타십, 특허권, 브랜드 가치 등을 통해 부, 권력, 명예를 누리는 것을 권장하는 사회이다. 자신의 노력, 능력, 실력에 기반을 두지 않은 각종 프리미엄, 진입장벽, 경제적·정치적 지대(자릿세)가 낮은 사회이다. 놀고먹는 자, 적게 기여하고 많이 누리는 자를 철저히 배격하는 사회이다. 가치생산 생태계가 기여, 부담, 책임과 이익, 혜택, 권능의 균형이 잘 잡힌 사회이다. 한마디로 경쟁과 거래는 자유롭고 공정하며, 무엇보다도 가치의 분배가 공평하여 억울함이 덜한 사회이다. 높은 물질적·문화적 생산력은 바로 이 토양 위에 핀 꽃이다.

유럽이나 일본 사회는 독과점이나 기타 우월적 지위를 이용한 전후방 가치생산사슬 약탈을 법과 제도로 막고, 또 사회 구성원들이 공평 감각을 체화하여 스스로 자제하는 사회라고 알려져 있다. 반면에 미국 사회는 사회 구성원들의 공평 감각이 체화된 사회는 아니다. 그렇기에 CEO 연봉과 금융 전문가들의 연봉이 하늘 높은 줄 모르고 뛰었을 것이다. 하지만 불공정거래를 규제하고 엄벌하는 법과 제도가 잘 갖춰져 있다. 시장이 큰 만큼 시장 참여자가 많아서 독과점이 발생하기도 어렵지만 용케 독과점에 도달한 거대한 공룡 기업(20세기 초 스탠더드 오일, 아메리칸 타바코, 최근의 AT&T, 마이크로소프트 등)에 대해서는 과감하게 기업분할명령을 내려 쪼개 버린다. 단적으로 철도 업체와 결합하여 석유 수송망을 장악한 스탠더드 오일은 미국 석유 시장의 90%를 점유했으나 1890년 제정된 셔먼 반트러스트 법에 의해 1911년 30개 회사로 분할되었다.

한국은 이도 저도 아니다. 모든 사회적 강자들이 적게 기여하고 많이 누리려는 도적 심리를 갖고 있다. 가치생산 생태계를 불태워 잠깐의 높은 소출을 바라는 화전민의 심리가 넘실거리고 있다. 더군다나 불공정거래에 대한 감시·감독은 허술하고, 징벌은 솜방망이다.

신 애절양 사회

이대로 가면 한국 사회에서는 모든 영역에서 '대'가 끊기게 된다. 세계 최저 수준의 출산율과 청년 고용률, 그리고 OECD 최고의 자살률과 자동차, 조선, 철강 등 주력 산업 현장의 급속한 고령화(신규 채용 부재)는 그 징표이다.

다산 정약용은 1803년 「애절양」(哀絶陽, 남근을 자르는 것을 슬퍼함)이라는 시를 지어 『목민심서』에 실었다.

蘆田少婦哭聲長 (노전소부곡성장)	갈밭 마을 젊은 아낙 길게길게 우는 소리.
哭向縣門號穹蒼 (곡향현문호궁창)	관문 앞 달려가 통곡하다 하늘 보고 울부짖네.
夫征不復尙可有 (부정불복상가유)	출정 나간 지아비 돌아오지 못하는 일 있다 해도
自古未聞男絶陽 (자고미문남절양)	사내가 제 양물 잘랐단 소리 들어본 적 없네.
舅喪已縞兒未澡 (구상이호아미조)	시아버지 삼년상 벌써 지났고, 갓난아이 배냇물도 안 말랐는데
三代名簽在軍保 (삼대명첨재군보)	이 집 삼대 이름 군적에 모두 실렸네.
薄言往愬虎守閽 (박언왕소호수혼)	억울한 하소연하려 해도 관가 문지기는 호랑이 같고,
里正咆哮牛去早 (이정포효우거조)	이정은 으르렁대며 외양간 소마저 끌고 갔다네.
磨刀入房血滿席 (마도입방혈만석)	남편이 칼 들고 들어가더니 피가 방에 흥건하네.
自恨生兒遭窘厄 (자한생아조군액)	스스로 부르짖길, "아이 낳은 죄로구나!"
蠶室淫刑豈有辜 (잠실음형기유고)	누에치던 방에서 불알까는 형벌도 억울한데
閩囝去勢良亦慽 (민건거세양역척)	민나라 자식의 거세도 진실로 또한 슬픈 것이거늘
生生之理天所予 (생생지리천소여)	자식을 낳고 사는 이치는 하늘이 준 것이요
乾道成男坤道女 (건도성남곤도여)	하늘의 도는 남자 되고 땅의 도는 여자 되는 것이라
騸馬豶豕猶云悲 (선마분시유운비)	거세한 말과 거세한 돼지도 오히려 슬프다 할 만한데
況乃生民思繼序 (황내생민사계서)	하물며 백성이 후손 이을 것을 생각함에 있어서랴!
豪家終世奏管弦 (호가종세주관현)	부잣집들 일년 내내 풍악 울리고 흥청망청

粒米寸帛無所損(립미촌백무소손)　　이네들 한톨 쌀 한치 베 내다바치는 일 없네.
均吾赤子何厚薄(균오적자하후박)　　다 같은 백성인데 이다지 불공평하다니.
客窓重誦鳲鳩篇(객창중송시구편)　　객창에 우두커니 앉아 시구편을 거듭 읊노라.
출처: 시인 손경자의 블로그(http://blog.daum.net/awse7208/16495973).

　　정약용은 『목민심서』에 이 시를 짓게 된 연유까지 써 놓았다. "이 시는 가경(嘉慶) 계해(癸亥, 1803년) 가을에 강진에서 지었다. 노전(갈대밭)에 사는 한 백성이 아이를 낳은 지 3일 만에 군보(軍保)에 올랐다. 그러자 이정(里正, 세금 징수 관리)이 군포(軍布) 대신 그 집의 소를 빼앗아갔다. 남편은 칼을 뽑아 자신의 남근을 잘라버리면서 '나는 이 물건 때문에 이런 곤욕을 받는구나' 했다. 아내는 피가 뚝뚝 떨어지는 남근을 가지고 관가에 가 울면서 호소했으나 문지기가 막았다. 내가 이를 듣고 이 시를 지었다."

　　다산 선생이 살았던 시대에는 중앙과 지방의 모든 관아에서 기록이나 문서, 전곡(錢穀)을 관장하는 말단 행정에 종사하는 이속(吏屬)들이 조세를 가혹하게 거두어들여, 백성을 못살게 들볶는 가렴주구(苛斂誅求)가 극에 달했다고 한다. 갓난아이나 죽은 자에까지 군포(군 복무 대신에 내는 세금)를 물리는 실태(백골징포(白骨徵布), 황구첨정(黃口簽丁))가 허다했다고 한다. 물론 이때 양반들은 세금이 면제되거나 담세 능력에 비해 매우 적은 세금을 부과받았다(법에는 16세부터 60세까지의 평민 남자에게만 군역을 부과하여 역을 담당하거나 군포를 내도록 했고, 한 집의 두 사람에게 한꺼번에 군역을 부과하지 못하도록 했으나 법이 지켜지지 않았다).

　　조선 사회에서는 양반이 되면 병역의무도 군포 납부의무도 없어지는 등 각종 특권이 생기니 사람들은 수단 방법을 안 가리고 양반이 되려고 했다. 역사학자 이덕일의 조사에 따르면 족보가 비교적 잘 남아 있는 대구 지역의 경우 1690년(숙종)에는 양반이 9.2%, 양민이 53.7%, 노비가 37.1%였다. 약 100년 뒤인 1783년(정조)에는 양반이 37.5%, 양민은 57.5%, 노비는 5.0%로 되었다. 그 70년 뒤인 1858년(철종)에는 양반이 70.3%, 양민이 28.2%, 노비는 1.5%로 줄었다(이덕일, 『성공한 개혁 실패한 개혁』, 마리서사, 2005). 조선 말기에는 양반이 80~90%나 되었다고 한다. 조선의 양반과 일본의 영주, 사무라이, 유럽 귀족들 사이의 두드러진 차이는 조선의 양반계급은 병역, 납세 의무도 없고 특권만 있었던 데 반해, 일본과 유럽의 경우에는 최소한 공동체를 지키는 의무가 있었다는 점이다. 게다가 조선은 재산권(소유권)이 뚜렷하지 않아 양민이 힘써 얻은 재화를 지방 관리와 유력 양반 집안이 약탈해 가는 일도 비일비재했다고 한다. 이러니 문전옥답을 팔든, 딸자식을 팔든 기를 쓰고 양반 족보를 사서 양반이 되지 않을 수가 없었다. 그것이 안 되면 자신과 처와 자식 등 한 가족을 양반가에 통째로 팔아서(기록에 따르면 18세기 말 4~6인 가족의 몸값이 소 한 마리 값이었다고 한다) 병역, 납세의 의무로부터 해방되었다고 한다.

현대판 양반되기 경쟁

조선의 지배층은 양반이 되지 않으면 살 수 없는 사회구조를 혁파하지 않고, 다시 말해 양반의 특권과 특혜를 폐지하지도 않고, 권리와 혜택에 상응하는 의무와 부담을 지우지도 않고 양반을 변칙적으로 보편화시키는 방식을 취했다. 그것이 양반 증명서를 갖고 있거나 발급하는 기존 양반들과 왕실에 일시적 이익을 주었기 때문이다. 이렇게 되면 남아 있는 양인들의 부담은 점점 가중될 수밖에 없다. 이 악순환의 끝에서 터져 나온 단말마가 바로 애절양(哀絶陽)이며, 그 최종적인 귀결은 조선왕조의 멸망이었다. 왕조가 망한 지 10년이 안 되어 탄생한 대한민국 임시정부가 입헌군주국도 아닌 '민주공화국'을 헌법 제1조에 명시한 이유가 여기에 있다. 독립운동 시기에 근왕주의 세력이 거의 없었던 이유도 여기에 있다.

문제는 조선의 양반 문제 해결 방식이 지금도 반복되고 있다는 데 있다. 정규직, 대기업 및 공기업 직원, 전문직(자격증), 공무원(고시·공시 합격자), 좋은 대학 학생, 해외 학위 소지자 등의 과도한 특권과 특혜를 조정하지 않으니, 아니 그런 것을 확보하지 않으면 사람 대접 받으며 살기가 힘드니, 소득의 증가, 대학 입학 정원의 확충, 해외 유학(송금) 자율화 등에 따라 양반 되기 경쟁(地代=rent 추구 경쟁)이 널리 확산되어 버린 것이다. 세계 최고 수준의 대학 진학률과 고시·공시·유학 열풍, 정규직화 투쟁 등은 본질적으로 문전옥답 팔고, 딸자식 팔아서 양반이 되려는 시도의 재판이라고 보아야 한다.

나는 한국의 자칭 자유주의자, 시장주의자들이 반미·친북 좌파를 욕하는 소리는 많이 들었지만 재벌 및 대기업, 보수 언론의 불공정거래를 욕하는 소리는 듣지 못했다. 이명박 정부의 반시장적·반자유주의적 행보를 욕하는 소리도 듣지 못했다. 그렇다면 이는 반공주의자 이상도 이하도 아니다. 나는 한국의 자칭 진보주의자, 좌파들이 부동산 투기와 고용 불안을 탓하고, 국가의 무책임성과 공동체의 붕괴를 한탄하는 소리는 많이 들었지만 좌우 이익집단에 의해, 또 국가의 방조나 이익집단과의 유착에 의해 황폐화된 가치생산 생태계를 한탄하는 소리는 듣지 못했다. 자신의 기득권을 보장하는 과소시장(경쟁)을 성토하는 소리는 듣지 못했다. 진보와 보수를 초월하여 정부 발주 용역사업 수주 조건에 들어 있는 정교수, 부교수, 조교수 몇 명이라는 철 지난 규정으로 인해 실력은 있지만 곤궁한 시간강사·박사들이 소작인처럼 착취당하는 현실을 시정하려는 움직임도 보지 못했다. 지식인 사회의 계급사회적 요소를 혁파하려는 움직임도 보지 못했다. 교수, 교직원, 재단의 품위 있는 삶을 보장해 주지만 졸업과 동시에 대부분이 실업자 대열에 들어설 제자들의 앞날을 위해, 청년과 비기득권자들이 도전할 수 있는 공정한 경쟁 환경을 만들기 위해 노심초사하는 교수들을 보지 못했다. 진보의 길과 보수의 길에 대해서 품위 있게 설교하는 식자는 많이 보았지만 자기 발 아래서 벌어지고 있는 엄청난 모순과 부조리를 해결하기 위해 몸부림치는 진짜 식자는 보지 못했다. 그리고 남근 끊는 사회를 만든 책임은 약간 적을지라도, 남근 끊는 사회의 마지막 수혜자이자, 남근 끊는 사회를 혁파할 역사적 책임이 있는 386세대의 자기반성의 목소리도 듣지 못했다. 대선, 총선, 보궐선거 같은 장이 서면 공천이 곧 당선인 지역에 공천을 받겠다고 길게 늘어선 참신한(?) 애국지사(?)들은 많이 보았지만 정치적 독과점 체제를 뚫고 제대로 된 정치를 하기 위해 형극의 길을 걸으려는 정치인은 거의 보지 못했다. 자유, 시장, 민주, 진보, 공화, 공동체, 복지를 얘기하는 사람들은 넘치지만 모든 것의 기초인 공정과 공평이라는 불편한 진실을 얘기하는 사람도 보지 못했다.

히틀러의 사형 집행인들

그런 점에서 이 시대를 사는 대부분의 잘난 사람들은 히틀러의 충직한 사형 집행인들과 다를 바 없다. 히틀러의 사형 집행인들은 자신에게 일용할 양식과 편한 잠자리를 주신 하나님께 감사하며 일터에 나와서 정교하게 짜인 분업구조 속에서 제각기 맡은 소임을 다했다. 자신이 분업구조에서 수행하는 조그마한 일의 최종적인 귀결이 무엇인지 잘 알지도 못했고, 알려고 하지도 않았다. 알면 마음이 불편하다는 것 정도는 알고 있었기 때문이다. 유대인, 집시, 러시아 전쟁포로들을 주 대상으로 한 히틀러의 대학살은 나쁜 정치·경제·사회 구조 속에서 제각기 맡은 소임을 다하는 착한 사람들에 의해 이루어진 것이다. 그런 점에서 지금 한국에서 돈이든, 권력이든, 매체든, 학위·학벌이든, 단결력이든 뭐든 한칼을 가진 잘난 사람들은, 히틀러의 사형 집행인들이 그랬듯이 나쁜 정치·경제·사회 구조하에 놓인 정교한 분업구조를 통해서 청년 세대, 미래 세대, 사회적 약자, 북한 인민, 민족 공동체 전체의 희망과 활력을 학살하고 있다. 세계 최저 출산율, OECD 최고의 자살률, 북한 기아 사태라는 비명에도 의연한 사람들이 말 없는 자연환경을 그냥 둘 리 없다. 대통령 기록물 유출 시비를 벌이고, 주경복의 7년치 이메일을 뒤지고, 참여정부 인사들의 단골식당을 뒤지고, 노무현과 가까운 사람들의 약점을 찾으려 털고 또 털어댄 정치 검사들은 한술 더 떠서 피로 세워 올린 원칙과 상식과 신뢰라는 사회적 자본까지 모조리 학살하고 있다.

시대와 현실을 통탄하면서 손가락질할 때, 집게손가락은 상대를 향하지만 엄지는 하늘을, 나머지 세 손가락은 자신을 향한다. 지금은 정말로 자신을 향하고 있는 세 손가락의 의미를 깊이 새겨야 할 때다. 우리의 소박한 꿈, 약간의 속물근성, 오래된 관성이 신애절양 사회의 근원이기 때문이다.

02

노무현과 참여정부

01 참여정부 평가의 양지와 음지

노무현과 참여정부는 거대한 지적 보물창고다. 너무 많고 소중한 타산지석의 교훈을 남겼기 때문이다. 그런데 이 보물창고 문을 따고 들어가 곳곳을 누비면서 보물을 쓸어 담는 사람은 많지 않아 보인다. 외환위기, 신용카드 대란, 대구 지하철 화재, 숭례문 화재, 태안 기름 유출 사건 등 대형 사고가 생기면 온 나라가 야단법석을 떨다가 몇몇 사람에게 모든 책임을 떠넘겨버리고 백서 하나 남기지 않고 덮어버리는 행태가 여기서도 반복되지나 않을까 걱정된다. 내가 비교적 자신 있게 확언할 수 있는 것은 참여정부의 배신을 말하는 자, 신자유주의 운운하는 자, 친북 좌파 운운하는 자, 노무현의 거친 말과 리더십 또는 통치 기술에서 실패의 원인을 찾는 자는 역사의 퇴물일 가능성이 크다는 것이다.

박정희 이후 전통적으로 중시되어 오던 정부 성과 평가의 기준으로 보면 노무현 정부의 실적은 독보적이다. 한국은행 통계(기준 연도 2005년)에 의하면, 김대중 정부 말기인 2002년 1인당 국민소득GNI은 1만 2100달러였다. 이것이 2003년에는 1만 3460달러, 2004년에는 1만 5082달러, 2005년에는

1만 7531달러, 2006년에는 1만 9722달러를 거쳐 참여정부 말기인 2007년에는 2만 1695달러에 이르렀다. 참여정부 5년 동안 79.3%가 오른 것이다. 이것이 이명박 정부 첫해인 2008년에 1만 9231달러로 떨어졌다. 싱가포르 같은 도시국가를 제외하고 2차 대전 이후 독립한 나라로서 국민소득 2만 달러를 돌파한 나라는 아직 없다. 각 정부의 집권 4년 간(집권 첫해는 전임 정부의 영향권에 있어서 증가율 계산에서는 뺀다)의 실적을 비교하면 노무현 정부에서는 1인당 국민소득이 61.2% 증가하였다. 김대중 정부에서는 7364달러(1998년)에서 1만 1585달러(2002년)로 57.3% 증가하였다(기준 연도 2000년). 김영삼 정부에서는 8184달러(1993년)에서 1만 1241(1997년)달러로 37.4% 증가하였다. 3저 호황기를 낀 노태우 정부에서는 4259달러(1988년)에서 7189달러(1992년)로 68.8% 증가하였다. 전두환 정부에서는 2195달러(1983년)에서 2547달러(1987년)로 16% 증가하였다. 1인당 소득이 1만 달러가 넘으면 대체로 소득 증가율이 체감하는 것을 감안하면 참여정부 시절의 소득 증가율이 얼마나 높았는지 알 수 있다.

참여정부 집권 기간인 2003년 실질 국내총생산 증가율은 2.8%였다. 이는 신용카드 버블에 힘입어 2002년에 7.2% 급성장한 후과이다. 하지만 버블이 해소되고 난 2004년에는 4.6%, 2005년에는 4.0%, 2006년에는 5.2%, 2007년에는 5.1%로 평균 4.3%의 실질 성장률을 기록하였다. 주요 선진국이 1만 3000달러에서 1만 7000달러에 머물던 시절, 일본의 연평균 실질 성장률이 3.4%(1986~1987년), 영국이 2.6%(1988~1990년), 미국이 3.2%(1981~1985년), 독일이 2.7%(1987~1990년), 프랑스가 3.2%(1987~1990년), 캐나다가 4.1%(1985~1988년)였음을 감안하면 4.3%의 성장률은 결코 낮은 것이 아니다.

　수출은 2002년 1624억 7000만 달러에서 2003년 1938억 2000만 달러를 거쳐 2007년에는 3714억 9000만 달러에 이르렀다. 연평균 20%에 가까운 증가율을 기록한 것이다. 김대중 정부 집권 기간 동안은 수출이 연평균 3.6%, 김영삼 정부 동안에는 12.2%, 노태우 정부 동안에는 10.1%, 전두환 정부 동안에는 16.7%(1983~1987년) 늘어난 것을 감안하면 이 역시 여간 높은 수준이 아니다.

　경상수지도 큰 폭의 흑자 행진을 이어갔다. 당연히 외환보유액도 2002년 1214억 달러에서 2007년 2622억 달러로 증가하였다. 하지만 2008년 들어 무려 610억 달러가 줄어든 2012억 달러로 되었다. 종합주가지수도 2003년 679.8이었으나 2007년에는 1712.5가 되었다. 이 역시 2008년에는 1529.5로 떨어졌고, 2009년에는 더 떨어질 전망이다. 기업 실적도 개선되어 제조업의 부채 비율이 떨어지고 이익률도 개선되었다. 보수 세력이 전통적으로 중시해 오던 평가 기준에 비추어 보면 노무현 정부의 실적은 정말 탁월하다. 그럼에도 불구하고 좌파 시비, 무능 정부 시비가 끊이지 않았다는 것은 아이러니가 아닐 수 없다.

　한편 보는 관점에 따라 '그 정도면 훌륭했다'고 할 만한 것도 있고, '그것밖에 못했느냐'고 힐난할 것도 있다. 실업률, 부동산 가격 상승률, 사회복지비 증가율 및 사회복지 예산 비중, 지니계수와 소득 5분위 배율 등이 그것이다. 따지고 보면 모든 성적표는 다 그런 시비가 가능하지만, 어쨌든 박정희 이래 중시되어 온 지표에 관한 한 노무현 정부의 성적표는 논란의 여지가 없을 정도로 좋다.

물론 참여정부의 짙은 그늘을 알려주는 지표도 적지 않다. 이는 대체로 진보와 보수를 초월하여 한국 지식 사회와 정치권이 별로 주목하지 않아 온 지표이다. OECD 최고 수준의 자살률이 대표적이다. 7~8년째 제자리 걸음을 하고 있는 자영업자들의 총소득(개인 영업잉여)도 그런 것이다. 공공 부문이 청소년들의 선망 직장이 되고, 고시·공시족이 100만을 넘고, 대학의 고시원화가 심화된 것도 참여정부의 짙은 그늘이다. 비경제활동 인구 세부 통계에서 나타난 현상, 즉 취업 준비자가 2003년 14만 3000명에서 2007년 32만 6000명으로 늘어나고, '그냥 쉬었다'는 사람도 2003년 90만 7000명에서 132만 1000명으로 늘어난 것도 빼놓을 수 없는 짙은 그늘이다. 100만에 가까운 외국인 노동자들로 인해 식당 잡역부와 공사판 단순 노무직 등 하층 일자리에 종사하는 사람들의 고통이 극심해진 것도 빼놓을 수 없는 짙은 그늘이다.

이처럼 참여정부의 그늘은 박정희 이래 중시되어 온 지표가 아니라, 한국 사회가 평소 거의 주목하지 않았던 지표들을 봐야 드러난다. 한마디로 전통적으로 중시하고 중점 관리한 지표보다는 평소 중시하지 않은 지표가 심각한 문제라는 것이다. 이는 평소에는 대수롭지 않게 여겼던 어떤 문제들이 참여정부 기간에 급부상했음을 의미한다.

한편 참여정부가 성과처럼 내세우는 어떤 지표 중에는 성과라기보다는 오히려 심각한 문제로 인식해야 할 것도 있다. 80%를 넘어선 고등교육기관 진학률이 그런 것이다. 이는 대학 수학능력이 안 되는 학생들이 유행 따라 대학을 진학하여 1억 원 가까운 교육비를 소비하면서 20대 초반을 썩히는 사람이 그만큼 많아졌음을 뜻하기 때문이다. 또 별로 중요하게 관리할 만한 가치가 없는데도 무슨 핵심 선진화 지표처럼 관리되어 온 것도 있다. 초중고 학급당 학생 수 또는 교사 1인당 학생 수가 그런 것이다. 이는 사교육비 문제, 시간강사 문제, 높은 등록금 문제, 사학재단의 불투명 경영과 전횡 문제 등에 비해 상대적으로 덜 심각한 문제인데도 이상하게 중시되어 왔다. 공공임대주택 비율도 그렇게 중시할 만한 지표인지 의문이다. 한국 사회는 부동산 시장이 제대로 작동하지 않아 주거 비용과 임대료가 너무나 높고 그 때문에 국가경쟁력이 심각한 타격을 받고 있다. 이를 감안하면 정부가 주거 복지 차원에서 노인층, 저소득층이 주 수혜 대상이 되는 공공임대주택 비율을 중요하게 관리하는 것은 안이하다 하지 않을 수 없다. 국민기초생활보호 대상자의 숫자가 복지 선진화 지표처럼 인식되는 것도 의아한 일이다. 지금 한국에서는 국민기초생활보호 대상자로 지정되는 것이 엄청난 행운으로 인식된다. 한 번 선정되면 중도에 탈락하는 일이 거의 없고, 해당자가 빠져나올 이유도 별로 없다. 당연히 형식적 요건의 미비로 인해 정작 국가의 보호를 받아야 할 사람이 보호받지 못하는 경우가 비일비재하다. 이들의 불만이 하늘을 찌르는 것은 당연하다. 공공부문의 연구개발 예산이 늘어나는 것도 그리 자랑할 만한 일은 아니다. 지금은 이 예산의 효과와 효율성이 심각하게 문제되는 상황이기 때문이다. 공공기관의 비정규직 6만여 명을 정규직으로 전환한 것도 당사자들에게는 엄청난 행운이지만 망할 염려가 없는 정부로서는 그리 자랑할 만한 일이 아니다.

   나는 참여정부가 했거나 하려고 한 일, 예컨대 이라크 파병, 대연정, 한미 FTA, 개헌, 비정규직법, 기자실 폐쇄 등에 심각한 오류가 있었다고 생각하지는 않는다. 다 잘했다는 얘기가 아니라 적어도 심각한 오류는 있지 않았다는 것이다. 오히려 충분히 할 수 있었는데 잘 몰라서 안 한 일에서 심각한 오류가 있었다고 생각한다. 따라서 참여정부의 양지와 음지, 혹은 성과, 한계, 오류에 대해서는 참여정부 주체들도 잘 모르고, 그 비판자들도 잘 모른다는 데 문제의 심각성이 있다고 생각한다.

참여정부의 핵심 가치와 국정과제

3대 국정지표

참여정부를 포함해 역대 정부는 국민의 요구와 자신의 미션, 비전, 전략을 국가이상, 국정지표, 국정과제로 집약했다. 전두환 정부는 '정의사회 구현, 선진조국 창조'를, 노태우 정부는 '위대한 보통 사람들의 시대'를 내걸었다. 김영삼 정부는 국가이상으로 '신한국창조'를, 국정지표로는 '깨끗한 정부, 튼튼한 경제, 건강한 사회, 통일된 조국'을 내걸었다. 김대중 정부는 국가이상으로 '민주주의와 시장경제의 병행 발전'을, 국정지표로는 '국민과 함께하는 정치, 민주주의와 경제 발전 병행, 21세기 정보화 사회 준비'를 내걸었다. 노무현 정부는 국가이상으로 '평화와 번영의 동북아 중심국가 건설'을, 국정지표로는 '국민과 함께하는 민주주의, 더불어 사는 균형 발전 사회, 평화와 번영의 동북아시대'를 내걸었다.

참여정부는 이전 정부와 달리 4대 국정원리를 공표했다. '원칙과 신뢰, 공정과 투명, 대화와 타협, 분권과 자율'이 그것이다. 또 대통령직인수위원회 시절에는 국정과제를 12개 범주(12대 국정과제)로 나누고, 얼마 후에는 100대 정책과제를 확정·추진했다. 국정과제의 성격상 여러 부처의 합심 노력이 필요하다 보니 부처 횡단 조직인 13개의 국정과제위원회도 운영했다.

참여정부에게 국정지표나 국정원리는 교실 벽에 덩그러니 걸어는 놓았어도 의식하는 사람이 거의 없는 '학급 급훈' 같은 문구가 아니었다. 참여정부는 국정원리를 뚜렷하게 의식했다.

'국민과 함께하는 민주주의'는 집권 초기 젊은 검사들과의 TV 생중계 토론이라는 파격적인 형태로 선보인 후 간간히 '편지'나 '기고'라는 형태로 계속되었다. 따지고 보면 '참여정부'와 '열린우리당'이라는 명칭 자체가 바로 '국민과 함께하는 민주주의'의 반영이라고 할 수 있다. 참여정부의 주요 정책을 다루는 각종 위원회는 사회 각계각층의 전문가나 이해관계자가 참여할 수 있는 기회를 그 어떤 정부보다 많이 제공했다. 단적으로 열린우리당에서는 일반 당원이나 기간 당원의 참여가 대폭 확대되었다. '더불어 사는 균형 발전 사회'는 지역, 산업, 계층 간 균형 발전과 양극화 해소를 큰 정치, 사회적 현안으로 부각시켰다. 이것은 '비전 2030'과 '동반 성장론'으로 집대성되었다. 또한 행정복합도시 건설, 공공기관 지방 이전 등 꽤 급진적인 정책으로도 구체화되었다. 나아가 비록 입법화까지는 가지 못했지만 비대한 검찰 권력에 대한 견제와 균형 차원에서 '공직비리수사처'도 신설하려고 하였다. '평화와 번영의 동북아시대'는 김대중 정부의 외교 안보 정책 및 동북아 정책의 기조를 계승한 것으로 볼 수 있다. 미국과의 관계에서 다소 거친 비외교적 표현이 튀어나오긴 했지만, 이라크 파병, 미군의 전략적 유연성 인정, 용산 미군기지 평택 이전, 작전계획 5029 등 미국의 전략적 요구 사항을 거의 다 수용했고, 한미동맹이 퇴보한 징후는 조금도 없다.

4대 국정원리

4대 국정원리는 참여정부가 처음으로 정식화했다. 노무현 대통령은 4대 국정원리를 뚜렷하게 의식하였다고 알려져 있다. 그런 점에서 참여정부의 성과, 한계, 오류가 모두 포함된 특징을 가장 잘 보여주는 지점의 하나가 4대 국정원리가 아닐까 한다.

'원칙과 신뢰'는 정치인 노무현의 정수이자 나머지 국정원리를 포괄하는 최상위의 가치. 사실 그의 별명인 '바보 노무현'은 지역주의, 기회주의, 힘센 자들의 부당한 폭력에 맞서 미련하게 보일 정도로 꿋꿋하게 원칙을 지켜온 일관된 면모에서 얻어진 것이다. 이렇게 형성된 대중적 신뢰와 매력이 그를 대한민국 16대 대통령으로 만들었다고 해도 과언이 아닐 것이다.

노무현은 최도술 총무비서관이 비리로 구속이 되었던 2003년 가을, 대통령 재신임 투표를 자청했다. 2004년 3월에는 수적 우세를 등에 업은 야당의 탄핵 위협에 굴하지 않아 본의 아니게 대통령 탄핵 사태를 초래했다. 이는 2004년 총선에서 열린우리당이 압승함으로써 결과적으로 정치적 승부수가 되었다. 아파트 분양 원가 공개 반대도 시장원리에 대한 그의 신념의 과시였다. 선거를 앞두고 정치적 목적으로 흔히 쓰기 십상인 경기부양책도 고집스럽게도 쓰지 않았다. 그를 바보로 보이게 한 것도, 정치 9단처럼 보이게 한 것도 다 원칙과 신뢰에 대한 고집 내지 원칙에 대한 비타협적인 태도에서 나왔다는 것은 의심할 여지가 없다.

노무현의 원칙 고수는 참여정부의 아마추어 시비, 오만·독선 시비의 원천이다. 범진보와의 극심한 대립·갈등의 원천이기도 하다. 대연정과 한미 FTA는 지지층에 연연하지 않고 맡은 바 소임을 다하겠다는 '대통령으로서의 원칙' 없이는 추진할 수 없는 과제이다. 검찰 등 권력기관을 정치적으로 독립시키려 하고, 국가기관의 과거사 진상을 규명하고, 인위적 경기 부양책을 거부하는 등 거의 모든 극심한 갈등의 논란 뒤에는 노무현 대통령 나름의 원칙이 있었다.

문제는 이 원칙이 올바른 철학이나 (역사적 맥락에 근거한) 현실 감각에서 나왔느냐는 것이다. 본래 원칙이 바로 서면 대단히 유연하고 건설적인 힘으로 작용하지만, 그렇지 않으면 대단히 경직되고 파괴적인 힘으로 작용하기 마련이다. 나는 참여정부가 범한 오류를 거칠게 표현하면 잘못 세운 원칙으로 인해 국정과제의 우선순위를 헷갈렸기 때문이라고 생각한다. 참여정부가 중시한 원칙은 한국 사회의 뿌리 깊은 모순 및 부조리와 정치적, 정책적 제약 조건을 직시하지 못하였다고 생각한다.

'공정과 투명'은 인터넷 등 정보통신 기술에 대한 노무현의 높은 이해와 도덕성의 기본 요건인 투명에 대한 신념이 상승 작용하여 만들어진 가치일 것이다. 어쨌든 공정과 투명을 국정원리로 내세운 참여정부는 역대 어느 정부보다 많은 것을 공개하였다. 청와대 업무 처리 전산 시스템인 이지원(e 知園)을 도입하고, 청와대 홈페이지를 통해 대통령이 읽은 보고서의 상당 부분을 공개하고, 역대 대통령이 남긴 모든 기록물을 합친 것보다 월등히 많은 825만여 건의 기록을 남기고, 사학의 지배·운영 구조를 투명하게 하기 위해 사립학교법을 개정하고, 공정거래위원회를 강화하려는 시도는 공정과 투명을 뚜렷하게 의식한 소치가 아닐 수 없다.

'대화와 타협'은 2003년 참여정부 초기에 터져 나온 화물연대 파업, 그리고 교육정보화NEIS와 관련한 전교조의 단체행동에 대한 인내와 관용에서 잘 드러났다. 또한 인수위원회 시절에 잡은 '노사관계 개혁' 방향(주로 국가의 개입과 억압을 해소하는 것이었다)에서 그 일단이 보였다. 대화와 타협의 정신은 지율 스님의 죽음을 불사한 단식에 밀려 천성산 터널 공사를 일시 중단하고, 부안 원전센터(저준위방사성폐기물 매립장) 건립 과정 등에서 불거진 각종 집단 시위에 대한 공권력의 유화적, 관용적 태도에서도 드러났다. 사실 참여정부의 연성 정부, 무능 정부 이미지는 상당 부분 여기서 발원한다. 대연정이나 거국내각 제안도 이 신념의 발로로 보아야 할 것이다.

'분권과 자율'도 '원칙과 신뢰' 못지않게 참여정부의 특징을 선명하게 드러낸 가치이다. 노무현은 제왕적 대통령의 권한을 스스로 버렸다. 특히 국가정보원, 국세청, 검찰, 경찰, 감사원 등 핵심 권력기관과 여당에 대한 통제력을 스스로 버렸다. 단적으로 대선 자금 수사를 계기로 검찰이 정권의 눈치를 보는 관행과 불법적 정치자금 제공 관행을 획기적으로 근절시켰다.

'분권과 자율'은 '원칙과 상식'과 더불어 참여정부의 정수라고 해야 할 것이다. 권위주의를 혁파한 원리이기 때문이다. 따라서 참여정부의 성과, 한계, 오류가 여기에 집약되어 있다고 할 수 있다. 권력자의 입장에서 가장 어려운 것이 자신에게 주어진 권력과 권위를 포기하거나 자제하는 것이다. 이것이 힘들기 때문에 지금도 세계 도처에서 반독재 민주화 투쟁이 일어나고, 한국도 수십 년에 걸쳐 엄청난 희생을 치르면서 민주화운동이 일어난 것이다. 그런데 노무현은 이것을 실천했다. 바로 이 때문에 야당과 언론으로부터 극심하게 무시와 폄하를 당했다고 할 수 있다. 그럼에도 불구하고 노무현 정부는 일반 국민과 마찬가지로 정정 보도 요구 이상의 대응은 하지 않았다. 아니, 할 수가 없었다. 재정에서도 참여정부 기간에 지방정부의 재정이 중앙정부의 재정을 능가하였다. 그 동안 중앙정부가 주도적으로 해 온 사업과 행사해 온 권능을 지방으로 내렸기 때문이다. 또한 새천년민주당 시절부터 정당 개혁의 원칙 중의 하나인 당정 분리도 실현하였다.

'원칙과 신뢰' 만큼이나 '분권과 자율'의 원리는 짙은 그늘을 가져왔다. 당장 대통령이 놓아 버린 권력을 둘러싸고 권력기관들 간의 다툼이 일어났다. 여기에는 1948년 이후 내전, 분단, 전쟁으로 이어진 체제 위기 상황에서 이상 비대해진 검찰 권력의 재조정을 둘러싼 다툼이 포함되어 있다. 그런 점에서 '분권과 자율'은 마치 주나라 왕실의 권위 실추에 따라 춘추전국시대가 도래한 것처럼 역사적 국면을 더욱 촉진시킨 측면도 있다. 한국의 역사적 국면은 강력한 보수·진보 기득권 세력과 싸워 법과 제도를 먼저 바로 잡아놓고(하드웨어 개혁을 먼저하고) 분권화, 자율화, 탈권위, 평가체계 개선 등(소프트웨어 개혁)을 해야 하는 상황이었다. 그러나 서둘러 분권화, 자율화, 탈권위를 추진했고 이로 인해 진보와 보수 기득권층의 잔칫상만 풍성하게 만들어 준 측면이 있다. 이에 대한 민심의 반발이 2007년 대선 결과를 초래하는 데 적지 않은 기여를 했다고 해도 그리 비약은 아닐 것이다.

'분권과 자율'은 참여정부의 정체성을 나타내는 '참여'라는 가치와도 밀접하게 연결되어 있다. 그런데 참여라는 가치는 대개 '무엇을 할 것인가'가 아니라 '어떻게 할 것인가'에 대한 응답이다. 무엇을 할 것인지가 명명백백할 때, 즉 대립물이 명백할 때, 이를 극복하기 위한 정치·사회·지적 동원을 끌어내는 가치라고 할 수 있다. 그래서인지 과거나 지금이나 참여를 중시하는 정치·사회 조직들은 연대, 투쟁, 동원에는 관심이 많았지만 국가 개조의 비전과 전략 문제에 대해서는 관심이 적었다.

그런데 참여정부 시기는 '어떻게' 보다는 '무엇'이 문제가 되던 시기였다. 다시 말해 박정희, 김대중이 주도적으로 틀을 잡은 발전 패러다임을 대체할 새로운 발전 패러다임을 정립하는 것이 시대적 과제로 되던 시기였다. 이는 '참여'의 확대, 강화로는 결코 해결되지 않는 과제이다. 아무리 위키피디아 방식과 같은 웹 2.0에 기반한 집단 지성이 위력적이라고 하더라도 정치 지도자 고유의 통찰, 즉 가치·정책의 우선순위 문제나 비전 문제는 해결하기가 곤란하기 때문이다.

요컨대 참여정부가 중시한 가치들은 대체로 한국인의 독특한 성정이나 역사적 맥락(모순·부조리 구조)으로 볼 때 작동하지 않거나 반동적으로 작동할 가능성도 적지 않았다. 단적으로 '대화와 타협'은 무망하고, '분권과 자율'은 반동적으로 작동할 가능성이 높고, 참여는 '비전'과 '길'과 '우선순위' 문제를 해결하지 못하기 때문이다. 반면에 '공정과 투명'은 과거나 지금이나 가장 위력적이고 진보적이고 개혁적인 가치가 아닐까 한다.

12대 국정과제

참여정부의 인수위원회가 설정한 12대 국정과제는 크게 4개 범주로 나누어져 있다.

- 외교·통일·국방 : ① 한반도 평화체제 구축

● 정치 · 행정 : ② 부패 없는 사회, 봉사하는 행정 ③ 지방 분권과 국가 균형 발전 ④ 참여와 통합의 정치 개혁
● 경제 : ⑤ 자유롭고 공정한 시장질서 확립 ⑥ 동북아 경제 중심국가 건설 ⑦ 과학기술 중심사회 구축 ⑧ 미래를 열어가는 농어촌
● 사회 · 문화 · 여성 : ⑨ 참여 복지와 삶의 질 향상 ⑩ 국민 통합과 양성 평등의 구현 ⑪ 교육 개혁과 지식 문화 강국 ⑫ 사회 통합적 노사관계 구축

12대 국정과제는 대통령 선거 직후에 만들어졌기 때문인지 주요 유권자 집단인 농어민, 노동자, 여성, 빈곤층(복지 수요층), 지방민이 범주 설정의 기준 역할을 하고 있다. 12대 국정과제는 인수위원회에서 정식화되었지만 참여정부 전 기간에 걸쳐서 관리 · 추진되지는 않았다. 이는 참여정부의 초기 인재 풀 내지 인수위원회의 국가 경영 이념이나 정책 등이 매우 취약했다는 증거이다.

12대 국정과제의 허점은 한두 가지가 아니지만 대표적인 것이 2003~2004년부터 심각한 사회적 현안으로 부상한 민생 문제를 사전에 거의 포착하지 못한 점이다. 단적으로 실업자, 반실업자, 자영업자는 범주 설정의 기준 역할조차 하지 못하였다. 반면에 임금근로자의 10%에 불과한 조직노동, 그것도 대기업 및 공기업 조직노동의 주요 관심사인 단체행동권 제약 철폐가 주요 범주를 차지하고 있었다. 그러나 참여정부가 출범하고 얼마 안 있어 벌어진 화물연대 파업, 철도 파업, 교육정보화NEIS 반대 투쟁 등을 계기로 참여정부는 이들 조직노동자 집단 전반과 상당한 긴장 관계를

형성했다.

또한 12대 국정과제에는 2003년 인수위원회 출범 당시 참여정부와 범진보의 안목이 얼마나 협소했는지를 보여주는 사례들이 수두룩하다. 예컨대 참여정부 중반 이후 가장 심각하고도 중요한 국정 현안이 된 일자리 문제가 12대 국정과제에 포함되지 못했다. 단지 '사회 통합적 노사관계 구축'이라는 항목 아래 조금 언급되어 있을 뿐이다. 또 참여정부 출범 초기에만 하더라도 (4% 내외의 실업률이 아니라) 낮은 고용률 문제, 영세 자영업자 문제, 청년 실업 문제, 청년 인재의 공공부문으로의 쏠림 문제 등도 그리 중요한 현안으로 부상하지 않았다. 비정규직 문제도 대기업 및 공기업 조직 노동의 단체행동권 제약 문제에 밀려 있었다. 일종의 시한폭탄이었던 부동산 문제도 마찬가지였다. 공공병원 확충 등 공공의료를 30%로 강화하자는 정책은 관료와 공공부문 종사자들에게는 더없이 좋은 정책이긴 하지만 소요되는 예산에 비해 정책의 효과와 효율성은 의문스러운 정책이었기에 제대로 추진되지 않았다. 전반적으로 12대 국정과제에는 민주노동당이나 북유럽 사회민주주의의 사상 및 이념이 짙게 배어 있었다. 실제로 그런 정체성을 가진 다수 인사들이 참여정부 인수위원회를 비롯한 각종 위원회에 참여했다. 재계에서는 이런 사람들을 보고 초기 참여정부를 베네수엘라 차베스 정부 같은 무슨 '혁명 정부'처럼 백안시했다고 알려져 있다.

100대 정책과제

100대 정책과제는 12대 국정과제를 구체화한 것이 아니라 사실상 새로 작성한 것이다. 100대 정책과제를 효과적으로 추진하기 위해 위원회별로 과제를 묶고 각 과제에 번호를 부여했다. 이를테면 '동북아시대위원회'는 5. 제주도의 동북아 평화 거점화 대책(통일부·외교부), 6. 금융 관련 제도 개혁 및 인프라 구축(재정경제부·금융감독위원회), 8. 공항·항만 확충 및 배후 단지 개발(건설교통부, 해양수산부) 등 13개 정책과제를 총괄했다. 그리고 '정부혁신지방분권위원회'는 14. 정부 기능과 조직의 재설계 및 성과 중심의 행정시스템 구축, 15. 행정 서비스 전달 체계 강화 및 민원제도 개선(행정자치부·국민고충처리위원회), 18. 공직 부패에 대한 체계적 대응 및 공직 윤리의식 함양(행정자치부·부패방지위원회), 22. 투명·공정한 선발 시스템과 전문성 강화를 위한 경력개발체계 구축, 23. 보수 합리화와 공무원 삶의 질 향상 등 총 23개 과제를 총괄했다.

그리고 '국가균형발전위원회'는 16개 과제, '고령화 및 미래사회위원회'가 9개 과제, '지속가능발전위원회'가 6개 과제를 총괄했다. '빈부격차·차별시정위원회'는 12개의 과제를 총괄했는데 주요 내용은 73. 부동산 보유 과세 개편, 75. 부동산 시장 안정 기조 유지(재정경제부·건설교통부), 76. 자영사업자 소득 파악 강화 지원(재정경제부·국세청), 77. 사회보험 형평성 제고(보건복지부·국세청), 78. 사회적 일자리 창출(노동부·보건복지부), 82. 적극적 고용 평등프로그램 도입(노동부), 84. 기초생활보장 내실화 등 취약 계층 보호지원 강화(보건복지부·건설교통부) 등이었다.

'교육혁신위원회'는 모두 4개 과제를 총괄했는데 주요 내용은 85. 학교교육체제 혁신(교육인적자원부·보건복지부), 86. 대학입학제도 개혁 및 대학교육력 제고(교육인적자원부), 87. 직업교육체제 혁신(교육인적자원부·산업자원부·노동부), 88. 지역 교육력 강화(교육인적자원부·행정자치부) 등이었다. 그 외에 '농어업농어촌특별대책위원회'가 5개 과제, '과학기술중심사회추진기획단'이 5개 과제, '사람입국신경쟁력특별위원회'가 2개 과제를 총괄했다.

100대 정책과제의 수행 주체는 전적으로 정부 부처였기 때문에 과제 자체에 직업 관료의 체취가 강하게 묻어 있을 수밖에 없었다. 관료는 퇴임 후 자리 등을 매개로 접근하는 재벌 및 대기업에 약하다. 또한 자신들의 특권과 특혜를 침해하는 개혁안도 피해간다. 또한 성향이 안전 위주이기 때문에 오랜 관행과 틀을 획기적으로 바꾸지 않는다. 한편 관료는 공공성을 체현한다고 강변하는 공공기관에 특히 약하다. 대개 그런 곳에서 관료의 퇴임 후 자리를 보장해 주기 때문이다.

그 때문인지 100대 정책과제에서는 공공부문에 대한 하드웨어적 개혁이 실종되어 민영화, 경쟁 강화, 구조조정 등이 사라졌다. 그대로 놔두면 얼마 안 있어서 한 해 수조 원의 세금을 잡아먹을 공무원연금 개혁이 실종되고 대신에 '(공무원) 보수 합리화와 공무원 삶의 질 향상'(23번)이 들어갔다. 공직비리수사처 등 공무원에 대한 강력한 감시 시스템 도입은 뒷전으로 밀리고 솜방망이나 다를 바 없는 '공직 부패에 대한 체계적 대응 및 공직 윤리의식 함양'(정책 과제 18번)이 들어갔다. 공정거래 문제와 벤처·중소기업에 대한 획기적인 지원도 뒷전으로 밀렸다. 이는 재벌 및 대기업의 체취가 아닐 수 없다. 교육 관련 정책 과제는 4개인데 문제의 심각성에 비해 뻔한 이야기뿐이었다. 학생, 학부모, 임시 교사, 시간강사의 기대를 불러일으킬 만한 것이 없었다. 정치적 고려가 전혀 없다는 얘기다. 부동산 문제도 주거비 부담의 인하, 부동산 가격의 하향이 아니라 '부동산 시장 안정

기조 유지'(75번)가 들어갔다.

반면에 지방 토호들의 놀이터가 된 지방정부(지방의회)와 관련해서는 꽤 급진적인 분권 정책이 거론되었다. 중앙 권한의 지방 이양 및 사무구분체계 개선(28번), 교육자치제도 개선 및 자치경찰제도 도입(29번), 지방자치권 강화 및 지방정부의 책임성 확보(30번) 등이 그것이다. 그러나 기존 국가경찰이나 중앙부처가 권한(예산, 조직)을 잘 내놓지 않았기 때문에 예컨대 자치경찰제도 같은 꽤 급진적인 분권 정책은 사실상 무산되었다. 100~200만 명 규모의 일자리 창출 사업인 '사회서비스 일자리 창출' 과제는 사라지고 지금까지 해 오던 취로사업 식의 '사회적 일자리 창출'(78번), '자활 지원 사업 활성화'(79번)가 들어갔다. 정책과제를 보면 큰 외과수술이 필요한 중환자에게 운동요법, 식이요법, 한방치료 같은 처방을 했다고 할 수 있다.

03 비전 2030
– 참여정부 정책의 정수

참여정부를 넘어서려면 비전 2030을 넘어서야

비전 2030은 참여정부 정책 담당자, 직업 관료 및 그들과 가까운 진보·중도 학자의 정책적 총화였다고 할 수 있다. 비전 2030에 흐르는 철학·가치·정책은 2009년 5월 발표된 '뉴민주당선언'에도 면면히 흐르고 있다.

'비전 2030'의 정식 명칭은 '비전 2030-함께 가는 희망한국'이다. '비전 2030'은 2005년 6월경 추진이 시작되어 한 달 뒤 60여 명의 전문가로 민간 작업단이 구성되고, 1년에 걸친 합동 작업을 거쳐 2006년 8월에 정부·민간 합동작업단 명의로 발표되었다.

'비전 2030'의 추진 동기와 핵심 문제의식은 간략하게 서술된 머리말 속에 집약이 되어 있다.

'비전 2030-함께 가는 희망한국'은 국민 누구나 희망을 갖는 기회의 나라를 만들기 위해 내놓는 국가 미래 전략입니다. (중략) 우리나라의 복지는 경제 규모에 비해 매우 낮은 수준입니다. GDP 대비 재정 규모가 선진국에 비해 턱없이 작고, 그 중에서도 복지 지출 비중은 이들 나라의 절반에도 미치지 못합니다. 이러다 보니 국민의 삶의 질은 OECD 국가 중 최하위권에 머물고 있습니다. 특히 외환위기 이후 더욱 심화되고 있는 양극화가 장기적인 성장에 걸림돌이 될 우려가 있고, 저출산, 고령화도 세계에서 가장 빠른 속도로 진행되고 있습니다. 이제 복지가 제대로 되지 않으면 지속가능한 성장도 어려운 시대로 접어들었습니다. 성장과 복지가 함께 가는 동반 성장의 국가 발전 패러다임이 필요합니다. 무엇보다 복지는 소비가 아니라 미래를 위해 사람을 키우는 투자라는 인식 전환이 중요합니다. 참여정부는 복지를 성장의 일환으로 채택하고 사회정책과 경제정책을 통합하여 이를 국가 성장의 동력으로 만들고 있습니다. (중략) 비전 2030은 …… 단순히 미래상만을 제시하는 데 그치지 않고 이를 실현하기 위한 구체적인 방법을 찾아내는 데 중점을 두었습니다. 5년, 10년 후의 모습뿐만 아니라 2030년까지 내다보는 국가경영지도를 만들어 체계적으로 준비해 나가자는 것입니다.

본문에는 비전 2030의 핵심 중의 핵심을 딱 두 줄로 요약해 놓았다.

'先성장 後복지'의 기존 패러다임으로는 성장자체가 한계에 봉착할 뿐 아니라 분배개선도 곤란. 동전의 양면관계인 성장과 복지가 함께 가는 '동반성장'으로 전환

기존 박정희식 성장 패러다임이 양적 투입 위주, 불균형 성장, 정부 주도 성장이라면 비전 2030 패러다임은 혁신 주도형, 균형 성장, 시장 주도라는

것이다. 이 패러다임에서 정부의 역할은 '성장과 복지의 조화'이다. 복지 전략의 핵심은 '정부의 역할 제고와 미래를 위한 투자'이다. 여기서 말하는 투자는 주로 '인적·사회적 자본 투자'를 의미한다. 인적·사회적 자본 투자는 영국 노동당 등 유럽의 집권 좌파(신중도) 정치 세력이 케인즈주의 복지국가 패러다임과 신자유주의 패러다임을 지양하여 내놓은 '사회투자 국가론'의 정수이다.

동반 성장 전략은 '뉴민주당선언'에서 발전 전략으로 내놓은 '포용적 성장' Inclusive Growth과 '기회의 복지' Opportunity Welfare 개념과 거의 일치한다. 포용적 성장은 "사람 중심의 경제, 성장의 과실이 전 국민에게 골고루 돌아가는 경제, 환경을 두루 감싸는 질 좋은 성장"이며, 기회의 복지는 "만인에게 도전하고 재기할 수 있는 기회를 제공하는 복지를 뜻한다"고 되어 있다.

대한민국 역사상 처음 만든 장기 재정 계획

비전 2030은 대한민국 역사상 처음으로 25년을 내다보고 만든 장기 재정 계획이다. 비전 2030의 최대 의의는 동반 성장 패러다임이 아니라 경제사회 지표의 동태적 변화와 재정을 연계하여 컴퓨터 시뮬레이션을 거쳐 세운 장기 재정 계획이라는 것이다. 만약 비전 2030이 제시하는 주요 목표들이 장기 재정 할당 계획으로 뒷받침되지 않았다면, 사회복지 학자들이 늘 하는 좋은 얘기 이상이 아니었을 것이다.

이 장기 계획은 김대중 정부에서 틀이 완성된 복지·교육 제도를 대체로 인정하고, 연금 소득대체율 하향 조정, 보험료율의 상향 조정, 비과세·감면 축소, 과세 투명성 제고, 세출 구조조정 등 제도 혁신과 선제적 추가 투자(모두 GDP의 2%)를 통해 고용률을 올리고, 건강보험 보장성도 올리고, 혁신형 중소기업과 세계 일류 상품도 늘리고, 인구 구조도 젊게 하여 세원을 확대하고 재정 절감을 이루는 것을 전제로 하여 도출된 장기 재정 추세선을 기본으로 각종 복지, 교육 목표를 그린 것이다.

이 계획은 2010년까지는 증세 없이 추진하고, 이후에도 국민적 논의를 통해 국채 발행이나 증세를 통해 재원을 조달하도록 되어 있다. 정말 장기간에 걸쳐서 너무나 점진적으로 앞으로 나아가는 비전인 것이다. 그 결과 2030년에는 복지·노동·경제 등의 지표들이 2000~2005년의 선진국 수준에 도달한다는 것이다. 비전 2030에 의하면 2010년의 1인당 국민소득은 2005년 가격 기준으로 2만 3000달러, 2020년에는 3만 7000달러, 2030년에는 4만 9000달러가 되는데, 현재의 추세대로라면 2010년에 달성하겠다는 2만 3000달러를 2013년에도 달성하기가 어려울 듯하다.

차별화하려는 정책 패러다임의 문제

비전 2030은 보수 언론에서 비판했듯이 가까운 미래 예측조차 크게 어긋나버렸다거나 재원 조달 계획이 없는 장밋빛 비전이라거나 세금 폭탄을 떨어뜨리는 계획이 절대 아니다. 비전 2030의 문제는 무엇보다도 차별화 대상 내지 극복 대상으로 이미 존재하지 않는 낡은 패러다임을 잡은 데 있다. 비전 2030이 차별화 대상으로 잡은 것은 '선 성장 후 복지'로 요약되는 박정희 패러다임이다. 하지만 그것은 더 이상 존재하지 않는 패러다임이다. 사실 뉴민주당 선언도 비슷한 문제를 가지고 있다. 뉴민주당 선언은 시장만능주의와 정부만능주의를 주된 극복 대상으로 삼았다. 극복할 대상을 너무 낮은 수준으로 잡으면 거의 모든 것이 긍정된다. 혁신을 할 필요도 없다. 그런 점에서 차별화 대상을 낮은 수준으로 잡는 것만큼이나 자신을 편하게 하고, 그러면서도 후지게 만드는 사고방식은 없을 것이다.

비전 2030이 넘어서야 할 패러다임은 박정희 패러다임이 아니라 김대중 패러다임이었다. 김대중 패러다임은 참여정부도 공유하는 패러다임이다. 양재진은 『노무현 시대의 좌절』(한반도경제사회연구회 엮음, 창비, 2008)에서 김대중 패러다임의 핵심 지주에 해당하는 생산적 복지 패러다임의 문제점을 다음과 같이 정리했다.

김대중 정부는 노동시장의 유연화를 추구했고, 이로 인한 양극화 문제는 4대 보험의 전국민적 확대적용을 통해 1차적으로 해결하고자 했다. 그러나 IMF 경제위기 속에 퇴출당한 직장인들이 퇴직금을 털어 자영업자로 대다수 변신하여 영세 사업장이 늘어나고 노동시장 유연화로 비정규직이 늘어가는 상황에서 사회보험이 제 기능을 할 리가 없다. 사회보험의 수혜 자격은 사용자와 근로자가 일정기간 보험료를 납부할 때 주어지기 때문이다. 사용자가 보험료 지불 능력이 있는 사업장의 정규직 근로자인 경우, 큰 문제없이 사회보험의 혜택을 받는다. 그러나 그렇지 않은 경우, 사회보험은 '그림의 떡'이다. 게다가 고용 불안정과 저임금에 허덕이는 비정규직이나 영세사업장 근로자는 전과 달리 일해도 빈곤을 벗어나지 못하는 근로빈곤에 빠지고, 청년실업과 실망실업자가 늘어나며, 소득격차도 늘어만 가는 부조리에 대해서도 무기력하기만 했다. 경제와 노동시장의 구조가 급변하는데 이에 걸맞은 사회보장 체제를 고안해 내지 못했기 때문이다. (112쪽)

따라서 비전 2030이 반드시 짚어야 할 것은 노인과 3비층(비경제활동인구, 비정규직, 비임금근로자) 대부분이 포함된, 사회보험의 거대한 사각지대 문제였다. 앞에서 언급한 정규직과 비정규직의 격차, 청년 인재의 공공부문 및 전문 자격증 분야로의 쏠림 현상, 재벌·대기업·대형 마트의 횡포, 부동산 가격을 획기적으로 낮추는 문제, 정부의 재벌·대기업 편향성 문제도 다루어야 했다. 관료 특유의 관리 편의주의(큰 프로젝트를 대기업에 발주하고, 그를 통해 중소기업을 관리하면서 심각한 중간착취를 방조한다) 행태는 고용 창출의 견인차인 벤처·중소기업의 창업률과 생존율을 높이는 데 걸림돌이 아닐 수 없다. 하지만 비전 2030에는 이런 문제에 대한 해답이나 비전이 거의 없다.

비전 2030에서 다룬 것도 너무 안이하거나 초점을 잘 못 맞춘 것이 상당수였다. 예컨대 비전 2030은 노령 연금 수급률을 2005년 17%에서 2010년 30%, 2020년 47%, 2030년 66%로 정했다. 하지만 노인들의 엄청난 자살률을 감안하면 이는 너무나 안이한 해법이다. 개혁하지 않으면 얼마 안 있어 한 해 수조 원의 재정을 들어먹을 공무원연금 적자에 대한 언급도 없다. 주거 문제 관련 비전은 노인 복지 차원에서 제시했는데, 공공임대주택 비율을 2005년 5.1%에서 2010년 10.1%, 2020년 16%, 2030년 16%로 늘리는 것이었다. 국가경쟁력을 짓밟고, 서민과 중산층의 삶을 팍팍하게 만들고, 민간 소비를 위축시키는 과도한 주거 비용 자체를 획기적으로 낮추는 비전은 온데간데없고, 저소득층과 노인들의 주거 복지 차원에서 주택 문제를 바라본 것이다.

교육 문제와 관련해서는 교육 공급자들이 집요하게 주문해 온 초등학교

학급당 학생 수 축소를 주요 비전으로 삼아 2005년 32명에서 2010년 30명, 2020년 27명, 2030년 23명을 제시했다. 사교육비에 대해서는 방과후 활동 수혜율 향상으로 응답하여 2005년 32%에서 2010년 67%, 2020년 72%, 2030년 75%를 제시했다. 교육 환경과 관련해서는 학생의 다양한 학교 선택권이 보장되는 사회, 즉 공영형 혁신학교, 자립형 사립고, 대안학교 등의 활성화를 제시했다. 대학교육 문제에 대해서는 대학교육 사회부합도(IMD, 60개국)를 잡았다. 2005년의 52위에서 2010년에는 40위, 2020년에는 20위, 2030년에는 10위로 끌어올리기로 했다. 여기에서 보듯이 비전 2030은 사교육(비) 문제에 대한 안이한 인식을 드러내고 있으며, 과도한 대학 진학률 문제, 유학 열풍 문제, 전임교수와 시간강사 간의 불합리한 처우 격차 문제, 사학재단의 불투명한 경영 문제 등 심각한 교육 문제와 정면 대결을 한 것이 없다.

기업과 관련해서는 규제 완화를 대표 상품으로 내놓았다. '규제 완화로 기업하기 좋은 환경 조성' 이 기업인에 대한 비전을 집약한 것이다. 세부 내용을 보면 이렇다.

> (기업 환경) 시장에서 공정한 경쟁이 보장되고, 기업 규제가 적은 사회
> 기업 규제(IMD, 60개국): 2005년 43위 → 2010년 30위 → 2020년 20위 → 2030년 10위
> (협력적 노사관계) 협력적 노사관계가 정착되고 기업인이 존경 받는 사회
> 파업으로 인한 근로 손실 일수: 2005년 56일 → 2010년 42일 → 2020년 26일 → 2030년 15일

(기술 향상) 우리 상품과 기술이 세계 어디서나 인정받는 사회

세계 일류 상품 : 2005년 505개 → 2010년 1000개 → 2020년 1550개 → 2030년 2000개

부품 개발 기술 수준(일본=100) : 2005년 84 → 2010년 94 → 2020년 98 → 2030년 105

혁신형 중소기업 : 2005년 1만 개 → 2010년 3만 개 → 2020년 6만 개 → 2030년 9만 개

(대·중소 기업 상생) 대기업과 중소기업이 서로 도우며 협력하는 사회

한국은 소수지만 잘 조직된 이익집단, 이를테면 재벌 및 대기업, 조중동, (재경부) 모피아, 사학재단, 직능협회, 대기업 및 공기업 노동조합 등의 정치적·정책적·이념적 영향력이 강하다. 규제 완화를 기업인을 위한 비전으로 전면에 부각시키고, 학급당 학생 수 축소를 교육 관련 비전으로 주요하게 제시한 '비전 2030'에서는 이런 잘 조직된 이익집단(경제단체와 교육 공급자 집단)의 입김을 느낄 수 있다. 그래서 역설적으로, 한국적 현실을 고려하며 비전 2030에는 우월적 지위에 있는 존재들이 일삼는 불공정거래 행위에 대한 가혹한 징벌과 공공 구매 시 벤처·중소기업에 대한 배려, 그리고 벤처·중소기업을 잘 이해하고 배려하는 금융시스템, 모든 경제 사회 주체들에게 요구되는 투명성 등을 주요하게 포괄해야 한다는 것을 알 수 있다.

한나라당의 17대 대통령선거 정책공약집 『일류국가 희망공동체 대한민국』(북마크, 2007)에는 '벤처 및 중소기업 육성'(43~45쪽)이라는 제목하에

꽤 구체적인 비전과 공약이 언급되어 있다.

현재 OECD 29개국 중 28위인 창업 단계, 소요 기간, 비용을 OECD 최상위 수준으로 개선 …… 아이디어 상업화 센터 설립, 1원 미니기업, 1인 법인 활성화 등을 통해 혁신형 중소기업의 설립을 활성화 …… 산업은행 등 국책은행을 민영화하여 마련되는 재원으로 중소기업을 지원 …… 신용보증기금, 기술보증기금, 상호저축은행 등 중소 금융기관의 기능을 강화 …… 중소기업의 가장 큰 애로 사항인 제품 판로 개척의 문제를 해결하기 위하여 정부나 공공기관이 중소기업 물품을 구매하는 공공구매제도를 확대(58조 원→100조 원)…… 중소기업 전용 홈쇼핑 채널 및 인터넷 쇼핑몰을 개설 …… 중소기업 법인세를 13~25%에서 10~20%로 대폭 낮추겠습니다. …… 전국에 임차료가 저렴한 소규모 사업장인 SOHO를 건립·운영할 수 있도록 지원…… 읍면동사무소 등 정부 및 공공기관의 유휴공간을 창업공간으로 활용할 수 있도록 POHO Public Office Home Office 프로그램도 운영하겠습니다.

한나라당과 이명박 정부가 이런 공약을 실제로 실천하는 것 같지는 않지만, 어쨌든 기업, 산업 현장의 막힌 곳을 참여정부와 범진보 세력보다는 훨씬 잘 아는 것처럼 보인다.

양극화 프레임에서 벗어나지 못하다

비전 2030에서 꼽을 수 있는 또 하나 치명적인 문제는 '양극화 심화'에 대한 진단이다. 양극화 발생 메커니즘에서 '제대로 작동하지 않는 시장의 문제'를 빼놓은 것이다. 비전 2030은 양극화 메커니즘을 다음과 같이 정식화했다.

> 세계화, 기술변화 등 환경변화에 대한 적응능력 격차로 산업·기업·지역, 고용·소득의 양극화 지속·심화, 즉 산업·기업 간 격차 → 소득·고용 격차 → 혁신 기반 격차 → (다시) 산업·기업 간 격차로 연결

세계화, 기술 변화, 글로벌 무한 경쟁이 양극화 압력으로 작용한다는 것은 세계 문명국이 공통적으로 경험하는 사실이다. 복지를 통한 재분배와 기회 균등 기능이 원활하면 이 격차가 완화되는 것도 사실이다. 한국은 이 기능이 약하기 때문에 양극화의 충격이 큰 것이다. 그런 점에서 비전 2030의 동반 성장 정책의 기회의 복지 정책은 백 번 지당하다. 문제는 한국의 양극화는 너무 잘 작동하는 시장뿐 아니라 제대로 작동하지 않는 시장에서도 크게 기인하고 있다는 사실이다. 다시 말해 각종 불합리한 장벽과 우월적 지위에 있는 존재들의 약탈에 크게 기인한다는 것이다. 이것을 보지 못하면 양극화 해소를 제대로 할 수가 없다.

비전 2030이 주목받지 못한 이유

비전 2030은 쏟은 노고와 정리된 자료에 비해 별로 주목받지 못했다. 지금도 마찬가지다. 한나라당과 조중동의 왜곡, 폄하와 열린우리당과 민주당의 무지와 무시에서 그 원인을 찾는 사람도 있지만 설득력이 없다. 비전

2030의 핵심 문제는 실물 현장의 부글부글 끓는 고통·불만·획기적인 개혁 요구와 아이디어에 둔감하고, 기존 패러다임을 조금 개선하고 관리하는 데 익숙한 '직업 관료'의 상상력을 거의 넘어서지 못한 데 있다. 그리고 2005~2006년 시점에서는 노무현 전 대통령 역시 최상위 '직업 관료'였을 뿐이다. 민간 전문가 60명이 관계했다지만 정치인이 자신의 대담한 상상력을 제도·정책으로 구체화시키기 위해 관료와 학자들을 틀어쥐고 끌어가지 않는 한, 직업 관료가 불러 모은 그 민간 전문가들은 관료들의 문장·자료 도우미 이상이 되기 어렵다.

하지만 오해하면 안 된다. 한국의 중장기 비전, 전략의 문제는 직업 관료와 학자들의 무능에서 오는 것이 아니라 압도적으로 정치의 무능에서 오는 것이다. 지금 대부분의 정치인들은 비전 2030에 관계했던 사람들보다 정치적 상상력과 문제의식이 더 낫다고는 할 수 없을 것이다. 유시민은 비전 2030을 한 정당의 기본 정책으로 써도 손색이 없을 만한 정책 조합으로 여긴다. 그는 비전 2030이 실현되지 않은 것은 이를 받아 안는 정치 세력이 없었기 때문이라고 말한다.

노무현 대통령은 열린우리당 부설 정책연구원이 장기 정책 비전을 만들 역량이 없다는 사실을 고려해 직접 '국가 비전 2030'이라는…… 한 정당의 기본 정책으로 써도 손색이 없을 만한 정책 조합을 만들었다. 그런데 여당 국회의원이나 정책연구원 실무자들이 작업에 참가하지 않았다. 여당 지도부는 '국가 비전 2030'을 세금 폭탄으로 규정한 보수 언론의 보도가 난무하는 상황을 보고 너무나 위축된 나머지 이것을 공식 발표하는 보고회에 참석하기를 거부해버렸다. 결국……'국가 비전 2030'은 정치 무대에서 완전히 자취를 감추었다. …… 확고한 정치 세력이 없이는 어떤 정부의 정책 지향도 제대로 실현하기 어렵다는 사실을 생생하게 입증하는 사례라 하겠다. (『후불제 민주주의』, 345쪽)

그러나 비전 2030은 직업 관료 특유의 조심스러움과 치밀함을 바탕에 깔고, 김대중이 주도적으로 만든 경제 사회의 기본 틀을 크게 건드리지 않고, 점진적으로 재정을 늘려서 문제를 해결하겠다는 전략이다. 따라서 다수 국민들을 옥죄는 모순·부조리의 심각성에 비추어 보면 너무나 안이한 비전이자 해법이라고 할 수 있다. 이 방식이 크게 호응을 받았다면 지난 대선과 총선 같은 결과가 나오지 않았을 것이다. 물론 유권자들 중에서 '비전 2030'을 읽어 본 사람이 거의 없겠지만, 범진보 세력의 정치 행태를 보면서 문제의 핵심을 파악했을 것이다. 평범한 사람이라 할지라도 인상을 보고 그 사람의 인생과 영혼을 보며, 정당이 하는 행태 몇 건만 봐도 그 정당의 이념적·정책적 본질을 보는 법이다. 드물게도 '비전 2030'을 꼼꼼히 살펴본 전병유 교수(한신대)는 "성장 전략이 제시되지 않은 채 복지국가의 비전만 보여주는 데 급급"했으며, "복지가 투자적 성격을 가진다는 점을 강조하는 '사회투자국가'에서도 구체적인 성장 전략은 찾아보기 어려웠다"고 평가했다. (『노무현 시대의 좌절』, 92쪽)

거칠게 보면 지난 대선 때 참여정부와 정동영의 핵심 메시지는 '갈아봐야 별 수 없다', '민주적이고 도덕적인 우리 이상 국가 경영을 잘할 자가 없다'며 '참고 기다리면 비전 2030의 세상이 온다'는 것이었다. 하지만 대중은 '이대로는 못 살겠다', '그렇게는 못 기다리겠다' 면서 이명박을 선택해 획기적인 변화를 도모했다. 그런 점에서 '비전 2030'은 이를 뒷받침하는 정치 세력이 없어서 죽은 것이 아니라, 이 자체가 대중에게 꿈과 기대를 주지 못해서 죽었다고 보아야 한다.

비전 2030에서 보듯이 참여정부는 직업 관료의 상상력과 문제의식으로 운영되었다. 참여정부는 직업 관료의 창의와 열정을 꽤 높은 수준에서 발휘하도록 하였다. 이것은 참여정부의 잘 알려지지 않은 치적 중의 하나이지만, 그것은 참여정부의 한계이기도 하다. 호랑이 없는 곳에 여우가 왕이라고, 제대로 된 정치인과 정당이 없는 상황에서 관료가 선생 노릇 하는 것이 당연하다. 그래서 '직업 관료에 의한, 직업 관료를 위한, 직업 관료의 정부'라는 비판을 받았다.

바로 이 때문에 직업 관료의 상상력을 뛰어넘고, 나아가 이들을 휘어잡아 청계천 복원과 버스중앙차로제를 밀어붙인 '일할 줄 아는' CEO 대통령을 뽑았다고 할 수 있다. 그런데 이 CEO 대통령은 서울시장이 한계인지, 대중의 기대를 무참히 배신하고, 국가 경영에 요구되는 대담한 상상력은 거의 발휘하지 못하고 있다. 설상가상으로 공무원을 휘어잡느라 참여정부가 겨우 살려놓은 그들의 적지 않은 창의와 열정을 죽이고 있다. 더군다나 이명박 주변에는 권력을 무슨 비즈니스 모델로 생각하는 듯한 먹튀 이권 세력이 겹겹이 포진하고 있다. 이들의 재정·자리 노략질은 정말 가관이다. 참여정부는 권력을 갖고 좌지우지할 수 있는 재정·자리가 어디에 얼마나 있는지 알지도 못했다고 해도 과언이 아니다. 그런데 이명박 주변 세력들은 이를 너무나 잘 찾아낸다. 정연주를 몰아내고, 노무현 측근들을 초토화할 때 보여주었듯이 검찰, 감사원, 국세청의 합동 작전도 잘 조직한다. 구석구석 먹을 것을 잘도 찾아낸다. 절차와 관행을 무시하고 예산에 잘도 반영한다. 전국일주 자전거 도로 구상이나 4대강 개발 관련 예산이 불과 몇 개월 사이에 5조 원가량 뻥튀기 되는 것은 먹튀 이권 세력의 위대한 합동 작전을 빼놓고는 설명하기 어렵다.

새로운 진보 패러다임이 필요하다

노무현 정부가 내놓아야 할 비전은 비전 2030 수준이 아니었다. 박정희가 만들고 김대중이 크게 뜯어고친 경제사회(복지) 모델을 다시 크게 뜯어고쳐서 내놓았어야 했다. 양재진 교수는 그것이 노무현 정부의 시대적 과제였다고 말한다.

> 노무현 정부가 성립된 2003년은……'한강의 기적'을 가져온 개발연대식 발전모델은 수명을 다했으므로 새로운 발전전략이 필요한 상황이었다. (중략) 김영삼 정부는 '세계화'를 모토로 신자유주의를 적극 받아들이고, 김대중 정부도 시장질서 확립과 투명성 제고라는 질서자유주의 틀에서 경제개혁에 나섰지만 경제, 노동, 복지, 교육 등을 포괄하는 새로운 발전 패러다임 속에서 이루어진 것은 아니었다. 노무현 정부의 시대적 과제는 새로운 경제 발전 모델과 이에 부응하는 복지모델을 제시하는 것이었다. 새로운 성장과 복지 모델을 통해 경제의 활력과 사회 안정의 기틀을 다지는 것이었다.(『노무현 시대의 좌절』, 111~112쪽)

양재진 교수는 지난 대선과 총선에서 진보 개혁 세력이 맥도 못 추고 무너진 이유를 "산업화 시기 발전국가시대에 형성된 우리나라의 경제 발전 체제와 복지체제의 패러다임적 변화를 이뤄내지 못하여, 인상적인 경제성장도 사회 양극화 대체에도 뚜렷한 성과를 내지 못한 것"에서 찾는다.

박정희 모델을 확실히 대체할 '새로운 성장과 복지 모델'은 여러 분야에 걸쳐 오래된 틀, 즉 헌법, 선거법에서부터 교육·부동산·세금 제도, 재정 할당 관행, 노동 관행 등을 바꾸는 대담한 외과수술적 개혁을 담으면서 생활 습관, 마음가짐 개선 등 기존 틀 내에서 그 생산성을 최대한 높이는 개혁도 담아내야 한다.

물론 다양한 분야와 층위에서 일관되고, 통일되고, 지속적인 개혁을 수행하기 위해서는 각각의 해당 분야에 깊이 뿌리를 내린 정치·사회 세력이 있어야 한다. 그리고 이들을 묶어내고 일관성, 통일성, 지속성을 부여하기 위해서는 공유하는 이념이 있어야 한다. 정치적 동원(지지층 형성)을 위해서도 새로운 이념이 절실히 필요하다. 그런데 한국 정치권이나 지식사회에서는 대체로 새로운 이념의 중요성을 간과하고 있다. 국가 경영 콘텐츠(노하우)의 중요성을 강조하는 사람들은 좀 있지만, 대체로 개별적 전문성, 특히 경제정책 관련 전문성에 대한 강조에 그치고 있을 뿐 다양한 개별 정책들을 총화한 새로운 이념 정립의 중요성까지 인식하는 사람은 드물다. 더군다나 이념을 유지·발전시키고, 구현할 정치 조직과 정치 생태계의 중요성까지 인식하는 사람은 더더욱 드물다.

박정희 패러다임과 김대중 패러다임을 뛰어넘는 새로운 진보 패러다임을 만드는 것은 참여정부와 범진보 세력의 실력에 비해, 아니 대한민국 전체의 실력에 비해서 너무나 어려운 과제이다. 이 문제를 해결하지 못하는 이명박 정권도 참여정부처럼 맥도 못 추고 무너질 수 있다. 참여정부에 이어 이명박 정부까지 맥도 못 추고 무너진다면 대한민국은 엄청나게 뒤처질 것이다. 그래도 노무현은 새로운 진보주의 연구로, 또 노무현으로 상징되는 위대한 가치·기풍·세력을 뿌리째 뽑으려 드는 야만에 맞서 자결로써 대한민국이 후퇴하는 속도를 늦췄다. 그러면 우리는 무엇으로 후퇴하는 대한민국을 구할 것인가?

04 참여정부의 수수께끼

서 있는 위치의 행운과 불운

큰 산 계곡 깊숙이 있는 사람은 그 산의 전체적인 윤곽을 보지 못한다. 산 정상에 오른 사람, 또는 운이 좋아서 헬리콥터나 비행기를 타고 적당한 높이에 오른 사람은 산의 전체적인 윤곽을 볼 수 있다. 그나마 보는 사람의 눈이 좋고, 큰 산을 감싸는 안개나 구름이 걷히는 행운이 따라야 한다. 1912년 북대서양을 항해하다가 빙산과 부딪혀 침몰한 타이타닉호의 위기를 가장 먼저 피부로 느낀 사람은 아무래도 배 밑창 기관실과 화물칸 사람들이었을 것이다. 그쪽으로 북대서양의 얼음 같은 바닷물이 콸콸 쏟아져 들어왔을 테니까.

이렇듯 사람은 서 있는 위치가 좋으면 지형의 전체 상이나 조직의 위기를 조기에 포착하는 행운을 누릴 수가 있다. 바꿔 말하면 서 있는 위치가 위기가 먼저 밀어닥치는 약한 고리에서 멀거나, 실물과 거리가 멀면 꽤 통찰력이 있는 사람이라 할지라도 임박한 위기를 조기에 포착하기는 어렵다. 한국은 사회의 여러 부문·층위에서 올라오는 수많은 경험, 정보, 징후를 종합하는 정치와 언론과 지식사회의 구조와 문화가 여간 후진적인 것이 아니다. 그러므로 서 있는 위치가 더욱 중요해져 버렸다.

내가 이 책을 쓸 수 있었던 것은 여러 좋은 인연의 도움을 받았기 때문이기도 하지만 근원적으로는, 한국 사회를 타이타닉호라고 했을 때, 차가운 바닷물이 맨 먼저 쏟아져 들어오는 배 밑창 화물칸 근처에 내가 있었기 때문이다. 한국 사회가 큰 산이라면 그 전체 상을 볼 수 있는 산 정상 가까이 있었기 때문이다. 지난 20여 년간을 돌아보니 나는 누적된 모순이 먼저 폭발하는 약한 고리에 소속되는 행운 아닌 행운을 많이 누렸다. 1980년대 말~1990년대 초의 구로·독산 지역의 중소기업들과 노동조합운동은 울산·창원 지역의 그것에 비해서 매우 약한 고리였다. 이 지역의 중소기업들은 1990년대를 거치면서 대부분이 사라지거나 주력 생산기지를 해외 또는 지방으로 이전했다.

2000년을 전후한 시기에는 대우그룹과 대우자동차가 상대적으로 약한 고리였다. 여기서 세계 경영과 자산 기준 재계 2위 등극-워크 아웃-그룹 해체-대우자동차 부도-대량 정리해고-GM 매각 등이 일어났다. 이 같은 일련의 사건은 한국 개발연대의 빛나는 상징이 산화하는 과정이었다.

나는 1995년 초부터 2004년 초까지 대우자동차에 근무하면서 한국 재벌, 자동차 산업, 금융산업, 조직노동, 지식사회, 정치의 위기를 뚜렷하게 느끼게 되었다. 이 위기를 해석하는 과정에서 찾아낸 사고 프레임이 바로 가치생산 생태계, 사회적 평가보상체계, 정의와 공평(가치생산 사슬의 균형), 경제적 지대, 과잉시장과 과소시장의 이중구조, 화전민과 도적떼 심리, 조로사회 등이다. 또 자동차라는 제품은 원래 환경(특히 이산화탄소와 재활용)

규제와 유가가 사활적인 변수다 보니, 기후환경 변화와 석유 위기 문제도 일찍부터 주요한 관심사였다. 이런 식으로 자동차회사를 통해 배운 것을 열거하면 수십 쪽은 서술할 수 있을 것이다.

 2006년 이후에는 진보 개혁 세력 전체가 약한 고리였다. 나는 추락하는 진보 개혁 세력의 비주류 중에서도 비주류였다. 그래서 아무런 이해관계 없는 일반 대중의 눈으로 진보 개혁 세력 전체를 관찰할 수 있었다. 지금은 없는 사람들끼리 십시일반으로 마련한 몇 푼 안 되는 기금으로 사회디자인연구소를 만들어 사실상 풍찬노숙하면서 공공담론을 생산하고 있다. 이렇듯 정치 생태계의 가장 약한 고리에 있다 보니 이 생태계의 구조적 문제점을 예민하게 느끼지 않을 수 없다. 어쩌면 나는 진보 개혁 진영의 담론 생산자 중에서 가장 열악한 환경에 놓인 사람 중의 하나일 것이다. 객관적으로 볼 때, 돈 안 되는 공공담론 생산에 뛰어들 여건이 도저히 안 되는 사람이 굳이 이런 일을 하는 것은, 나 같은 사람의 관점과 통찰을 제도권 담론 생산자들이 거의 갖고 있지 않기 때문이다. 이는 이들이 지나온 길과 현재 서 있는 위치가 천의 얼굴을 가진 한국 사회를 바로 보기에는 좋지 않아서가 아닐까?

 내 경험으로 한국 사회의 모순과 부조리를 가장 잘 볼 수 있는 곳 중에 하나가 자기만의 기술력이 없는 중간 규모의 자동차 부품회사이다. 이런 곳은 자동차회사와 노동조합의 횡포에도 치이고, 금융기관의 횡포에도 치이고, 최저임금 수준, 비정규직법, 외국인 산업연수생법 등에도 대단히 예민하다. 또 한국 사회의 중하층 노동력(고졸, 전문대졸 등)을 많이 활용하는 만큼 사회의 병리 현상, 즉 가치생산 생태계의 피폐, 한국 사회의 모든 갑·

을 관계의 위기, 중하층 인력의 정신적 피폐, 하층의 가족과 희망의 붕괴 등을 훨씬 예민하게 느낀다. 나는 대우자동차에서 협력업체를 많이 상대하면서 협력업체 직원들이 보는 세계를 어깨 너머로 보았다.

그 외에도 보건의료 관련 상품과 서비스를 제공하고 보험 재정(건강보험심사평가원 등)을 타가고, 수많은 공적 규제에 묶여 있고, 사회의 약한 고리(육체적·정신적 병자, 의료 보호 환자 등)를 주로 상대하고, 노동조합도 강력하고, 자동차회사 이상으로 복잡한 가치생산 사슬을 가지고 있는 중규모 이상의 병원 종사자도 한국 사회의 핵심 문제점을 비교적 잘 볼 수 있는 위치에 있는 것처럼 느껴진다. 또한 학원 경영자, 시간강사, 대기업과 대형 마트의 횡포에 우는 영세 하청기업인 등도 한국 사회의 모순과 부조리를 비교적 잘 느낄 수 있을 것이다.

그런데 실물로부터 멀어진 지 오래인 정치인, 공무원, 언론인, 교사, 교수, 대학생, 변호사, 시민단체 활동가들은 한국 사회의 전체상과 바닥 현실 및 속살을 그리 잘 볼 수 있는 위치에 있는 것 같지 않다. 따라서 시대적 과제나 시대정신을 조기에 정확하게 포착하기에는 좋은 위치가 아니다. 나는 노무현과 참여정부, 열린우리당, 진보 개혁 세력의 많은 논객들이 빠진 오류는 자신이 지나온 길과 서 있는 위치의 한계를 의식하지 않은 것과 밀접한 관련이 있다고 생각한다.

사후적 평가의 한계

참여정부를 평가할 때 가장 어려운 점은, 정치에서 가장 중요한 일인 가치·정책의 우선순위 설정의 오류를 찾아내는 것이다. 모든 것이 명확해진 뒤에는 삼척동자도 오류를 찾아낼 수 있다. 하지만 사후적 평가는 당사자들에게 반성적 성찰을 주는 데 한계가 있다. 초등학생에게 고등학생 문제를 못 푼다고 꾸중할 수는 있지만, 초등학생은 결코 그 꾸중을 마음으로 수용하지 않는다. 의미 있는 비판과 평가는 주체의 인식 및 역량의 한계를 어느 정도는 인정해야 한다.

나는 2003년 가을경부터는 보수 세력은 말할 것도 없고 참여정부도 허상과 곁가지를 좇고 있다고 비판해왔다. 한국 사회의 모순·부조리를 빙산에 비유한다면 참여정부는 수면 위로 드러난 10%의 빙산만 보고, 수면 아래 있는 90%의 빙산을 보지 못하고 헛발질을 해댄다고 비판했다. 10%의 수면 위 빙산은 노무현이 정치 인생을 걸고 싸운 무원칙과 몰상식 즉, 힘센 자들의 반칙, 특권과 사회에 만연한 기회주의·지역주의·불신 풍조·천민성 등을 의미한다. 수면 아래 있는 빙산 90%는 정의롭지 못한 정치, 경제, 사회 구조이다. 이 중심에는 1948년, 1961년, 1987년, 1997년을 계기로 형성된 시대적 소명을 다한 법과 제도, 정책(재정 할당 구조), 관행, 리더십 등이 있다. 이는 기본적으로 제대로 작동하지 않는 민주주의와 공화주의 문제이다. 특히 기득권 집단의 이해와 요구에 편향된 무능하고 정의롭지 못한 공공(정치, 관료, 사법 등)의 문제이다. 정말 한국은 헌법, 선거법에서부터 수많은 하위 법률, 명령, 조례, 시행령에 이르기까지 애초부터 사회적 강자나 이익집단의 농간이 짙게 배어 있는 합법화, 제도화된 불의가 적지 않다. 한때 정당하고 유효했지만 시대적 소명을 다한 것들도 적지 않다. 그나마 사회적 강자들은 시퍼렇게 살아 있는 법, 제도를 무시하는 경우도 많았다.

지역주의가 수면 위의 빙산이라면, 권력에 의해 너무 많은 자원이 지연·학연·혈연 같은 연고에 따라 분배되는 현실은 수면 아래 빙산이라고 할 수 있다. 제왕적 대통령의 작폐가 수면 위의 빙산이라면, 다양한 층위의 하위 권력(검찰, 언론 등)들에 대한 허술한 민주적 통제 장치와 이들의 몸에 밴 단기적이고 협소한 이익 추구 문화는 수면 아래 빙산이라고 할 수 있다. 조중동의 편파·왜곡 보도와 진보 이익집단의 집단이기주의가 수면 위의 빙산이라면, 찰나의 이익을 위해 가치생산 생태계를 파괴하는 화전민 충동과 기여·부담에 비해 훨씬 많은 권리·이익을 누리려는 도적떼의 충동이 모든 유능한 개인과 집단의 몸에 밴 현실은 수면 아래 빙산이라고 할 수 있다.

이렇게 본다면 참여정부가 받아 안아야 할 시대정신은 2002~2004년 당시 폭넓은 공감대를 형성한 민주화의 제도적·문화적 완성(4대 국정원리, 참여, 민주주의, 탈권위, 균형, 4대 개혁 등)이 아니라 한국 사회의 기본 틀을 총체적으로 바꾸는 구조 개혁이 된다. 이는 바로 박정희 패러다임과 김대중 패러다임을 뛰어넘는 새로운 발전 패러다임을 만들고 정착시키는 것이다.

하지만 이런 시각(직관)이 설득력을 갖지 못했다. 범진보가 처절한 좌절을 맛본 지금도 공감의 폭이 넓지 않은데, 하물며 2003~2004년 시점에서는 사회의 약한 고리에 있는 몇몇 사람들의 통찰이 집권 세력의 핵심 가치·정책으로 될 리가 없었다. 그런 점에서 이런 통찰은 부동산 가격을 잡는 데 결정적인 역할을 한 금융 규제, 즉 주택담보인정 비율(LTV) 규제와 총부채상환비율(DTI) 규제와 비슷하다. 금융에 정통한 몇몇 학자들이 오래전부터 그런 아이디어를 가지고 있었을지 모르지만, 그 지지세가 너무 약하여 정부 정책으로 되기에는 역부족이었기 때문이다.

물론 지식사회에서 일정한 지지세를 얻지 않고 바로 채택되는 정책도 있다. 그것은 대체로 선진국에 전례가 있고 권력자가 몸소 느낀 경우이다. 박정희가 주도적으로 한 결단들, 예를 들어 신중상주의, 한일 국교 정상화, 월남 파병, 경부고속도로와 포항제철, 방위산업 육성과 중화학공업화 등은 대체로 비스마르크, 스탈린, 히틀러, 일본 메이지 유신 세력, 1930~1940년대 만주국 개발 세력 등에 의해 추진된 전례가 있다. 게다가 박정희는 일본 최고의 국가 기획가들이 설계한 신생국인 만주국을 가까이서 지켜보았고, 1950년대 당시 한국 사회에서 가장 현대화된 조직인 군을 거쳤고, 무엇보다도 무소불위의 권력을 갖고 있었다.

그런데 내가 주장하는 한국 사회의 특수성에 근거를 둔 좌우 개혁 병행론(근대적 개혁과 탈근대적 개혁 병행론), 정치 주도의 대대적인 구조개혁론, 마키아벨리즘 활용론 등은 김대중 정부가 어느 정도 구현하기는 했으나 2002년 시점에서는 그 후유증이나 패악이 선명하게 드러났다. 김대중 정권의 핵심부에 호남 기득권 세력이 많이 포진하고 있다 보니 정권 말기에 이들의 비리에 대한 원성이 들끓었다.

또한 참여정부 출범 시점을 전후해서는 김대중 정부의 거친 4대 구조(하드웨어) 개혁, 즉 기업·금융·공공·노동 개혁의 그늘이 선명하게 드러나고 있었다. 이른바 개혁 피로감이 만연한 상황이었던 것이다. 이래저래 김대중 정권이 모범이 될 수 없는 형편이었다. 게다가 선진국에서 좌우 개혁 병진의 모범을 찾기가 쉽지 않았다. 선진국은 긴 시간을 두고 좌파가 집권해서 좌파적 개혁, 우파가 집권해서 우파적 개혁을 번갈아 가며 한 경우가 대부분이었다.

이런 상황에서 국회와 정당 기반이 취약한 참여정부가 구조 개혁의 고삐를 늦춘 것은 자연스러운 행보였다. 나아가 구조 개혁으로 내달리던 말머리를 돌려 정신·문화(소프트웨어) 개혁으로 달려간 것도 그리 놀라운 일은 아니다. 그 결과 참여정부가 들어서면서 공공부문에 대한 하드웨어 개혁이 사라졌다. 역대 정부에서 숱하게 바뀌어 온 교육정책은 기존 정책 유지 자체를 개혁으로 삼았다. 경제·금융에는 부당한 간섭 배제가 개혁 기조였다. 부동산 가격은 인하가 아니라 안정화로 잡고, 시장 원리 존중을 강조하였다.

공공·교육·경제·부동산 정책에서 보인 이런 태도들은 현실에 둔감하거나 보수적이라는 비판을 받지 않을 수 없었다. 또한 기존 구조를 바탕으로 운영의 묘를 살리는 것으로 개혁 기조를 잡다 보니 지역 균형 발전 및 부동산 관련 법과 제도 외에 참여정부에서 새로 만들어진 굵직굵직한 법과 제도는 의외로 적었다. 개혁 기조가 이렇게 보수적, 소극적으로 잡힌 것은 참여정부 초기 절대적 세 불리 상황의 국회 지형도 있고, 초기 정권 주변에 많았던 사회민주주의 성향 인사들의 이념적, 정책적 영향도 있을 것이다. 하지만 가장 결정적인 것은 노무현과 참여정부 핵심들이 파악한 민심이자 시대정신일 것이다.

현대 민주 정치는 대중의 지적·정서적 수준을 한참 앞서 갈 수도 없고 앞서 가서도 안 된다. 민심이 개혁 피로감을 느끼면 정당과 정부는 개혁의 고삐를 늦춰야 한다. 해류는 표층과 심층이 뚜렷이 구분되지만, 민심은 그 구분이 모호하다. 박정희처럼 쿠데타로 정권을 잡은 사람은 국민들의 심층 심리를 자의적으로 해석하여 정권의 사명을 '수단 방법 안 가리고 국민들을 배부르고 등 따습게 하는 것'이라고 생각하겠지만, 선거를 통해 겨우 몇 년간의 권력을 부여받은 정치인은 표층 심리와 공약을 충직하게 받드는 것이 너무나 자연스럽다. 어쨌든 현대 민주 정치에서 가치, 정책의 우선순위나 시대정신은 '현자' 나 '예언자'의 통찰보다는 대중과 지식사회의 통찰에 의해 크게 영향을 받는다.

요컨대 한국 사회의 성장과 통합의 핵심 걸림돌이 무엇인지 안다 할지라도 대중의 의식 성숙과 일정한 위기의 성숙, 즉 뚜렷한 징후의 표출을 기다려야 한다. 그런 점에서 참여정부의 오류는 초기의 낭만적이고 비현실적인 개혁 기조에서 찾을 것이 아니라 민심의 대전환 내지 시대정신의 대전환이 확연한 시점인 중기(탄핵·총선) 이후의 개혁 기조에서 찾아야 한다.

고귀한 한계 – 노무현의 계약 100% 완수 의지

노무현과 참여정부에 대한 자부심과 사랑이 깊은 사람들이 가장 곤혹스러워하는 것은 참여정부가 자신을 출범시킨 다수 국민들의 요구와 기대에 성과적으로 부응했음에도 불구하고, 집권 중·후반기에 대한 평가가 그리 높지 않다는 사실이다. 게다가 노무현을 대통령으로 만들고, 열린우리당에 과반 의석을 몰아 준 표심이 요구한 것은 경제 성장, 양극화 해소, 총체적 구조 개혁과 새로운 발전 패러다임의 구현이 아니었다. 국민들이 요구한 것은 원칙과 상식이 통하는 세상, 반칙과 특권이 통하지 않는 세상, 힘센 자가 약한 자를 마구 짓밟지 못하는 세상을 만들어 달라는 것이었다. 노무현도 자기를 지지한 표심을 그렇게 이해했다.

(대선 때) 공정한 경쟁을 무력화하는 반칙의 시대, 특혜의 시대, 그걸 좀 청산하자고 했지 않았나, 지금 얼추 다 되어 가지 않느냐. …… 정부서는 검찰이 좀 센 편이고 정부 바깥에서는 아무래도 제일 센 것이 재계고 그 다음이 언론 아니냐. …… 특권 구조, 유착의 구조를 저는 거부하고 그것을 해체해 나가자는 민주주의 발전 전략을 갖고 있기 때문에 특권을 갖고 있는 집단과는 충돌할 수밖에 없다. (2006년 12월 27일 '부산 북항 재개발 종합계획 보고회' 후 가진 오찬에서. 연합뉴스 홈페이지 http://yonhapnews.co.kr 기사 검색.)

역사의 진보는 인간의 자유와 평등의 권리가 확산되고 권력이 보통 사람들에게 나누어지는 것이며, 이러한 진보의 동력은 민주주의에서 나오는 것이다. …… 4·19는 역류했으나 87년 6월항쟁은 문민정부 시기의 하나회 척결을 통해 군사독재로 되돌아갈 수 없게 되었다. …… 그 다음 과제는 특권과 유착을 통한 부정부패를 척결하고 지역주의와 권위주의를 해소하는 것이었으며, 이러한 과제는 참여정부 들어 상당히 진전되었다. …… 민주주의의 다음 과제는 자율적이고 창조적이며 상호 헌신과 관용에 기초한 대화와 타협의 민주주의로 가야 하는 것이며, …… 이를 위해 신뢰라는 사회적 자본 축적이 무엇보다 중요하다. …… 권력이 소수에 집중되지 않고 소비자인 일반 국민이 시장과 정치를 지배하는 소비자 주권의 시대가 올 것이다. (2006년 12월 28일 대통령자문정책기획위원회 신규 위원들과 오찬에서. 연합뉴스 홈페이지 http://yonhapnews.co.kr 기사 검색.)

사실 인생 역정으로 보나, 선거 과정으로 보나, 숱하게 한 발언으로 보나 노무현이 국민과 한 계약의 핵심은 '원칙과 상식의 회복'이었다. 그것은 반칙과 특권의 타파, 정경유착·권언유착 폐절, 법 앞의 평등, 기회주의·지역주의·학벌주의·권위주의 타파, 사정기관의 정치적 중립화, 당내 민주주의 정착, 국가기관에 대한 도덕적 신뢰 회복과 억울하게 빼앗기고 짓밟히고 죽어간 자들의 명예 회복(伸寃) 등으로 나타났다. 이는 기본적으로 준법, 존법, 정상화라고 할 수 있다. 여기에서 한 발짝 더 나간다면 국가보안법 등 냉전 잔재 청산, 남북 화해·협력 체제 정착을 바탕으로 한 동북아 평화 체제 구축, 대등한 한미 관계와 협력적 자주국방까지도 포괄할 수 있을 것이다.

이렇게 본다면 노무현은 참여정부를 만들어 준 표심에 충실히 부응했다. 뿐만 아니라 역대 정부가 전통적으로 중시하는 성과 지표도 탁월하다. 참여정부의 양지와 음지가 뚜렷하기에 성과에 관한 한 이견이 있을 수 있겠지만 노무현은 가진 모든 것을 걸고 자신과 국민이 맺은 계약을 충실히 이행하려고 했다. 이것이 바로 참여정부에 대한 자부심과 애정의 원천이다.

문제는 참여정부 집권 중반쯤에 국민들이 2002년의 계약을 잊거나 만족하거나 경시하고 새로운 계약서, 아니 요구서를 들이밀었다는 사실이다. 하지만 노무현은 2002년의 계약서를 결코 가벼이 하지 않고, 100% 이행하기 위해 치열한 노력을 기울였다. 이런 노력을 기본으로 하고 양극화 해소, 민생 문제 해결, 동반 성장이라는 새로운 국민적 요구에 부응하려고 하였다. 노무현과 참여정부의 비극은 바로 여기서 시작됐다.

냉정하게 따져보면 2002년의 계약은 노무현이 대통령에 당선되면서 7할 이상 이행된 것이나 다름없다. 노무현이 대통령으로 있는 한, 힘센 자가 힘

약한 자를 마구 짓밟을 수 없다. 법을 함부로 어길 수가 없다. 정경유착, 권언유착, 반칙과 특권 등의 고질병들도 잠수하거나, 후미진 뒷골목 밤거리를 눈치 보면서 배회하는 불량배 신세가 될 수밖에 없다. 기회주의, 지역주의, 학벌주의 역시 정면으로 맞서 왔던 노무현의 당선과 더불어 무색해질 수밖에 없다. 제왕적 대통령의 패악은 대통령이 헌법과 법률이 정하는 범위에서 권력을 행사하면 사라지게 되어 있다. 이런 것들은 기본적으로 존법, 준법, 정상화 사안인 것이다. 따라서 노무현 당선 자체가 노무현이 정치 인생을 걸고 추구해 온 많은 가치의 승리이자 완성이라고 할 수 있다.

'외환위기 조기 극복'(김대중) 이나 '100억 달러 수출 1000달러 소득'(박정희)이나 '7%성장, 1인당 소득 4만 달러, 7대 강국'(일명 747) 같은 계약이라면 권력을 장기간 행사하여 이행해야 하지만, 노무현이 계약한 비전은 그가 최고 권력자로 앉아 있기만 해도 상당 부분 달성되는 것이다. 이것이 노무현이 가진 비전의 특수성이다. 이는 본질적으로 사회운동가의 비전이다.

권위주의 청산, 국민 참여 활성화, 사정기관의 정치적 중립, 냉전 유산 청산, 과거사 진상 규명 등은 2002년에 맺은 계약의 남은 20~30%에 해당한다. 그런데 이 20~30%는 기본적으로 정신과 문화 개혁 사안이다. '자율적이고 창조적이며 상호 헌신과 관용에 기초한 대화와 타협의 민주주의 정착' 과 이를 위한 '신뢰라는 사회적 자본 축적' 을 의미하기 때문이다. 남은 과제는 상당한 시간이 걸리는 것들이다.

참여정부 시기에 무원칙과 몰상식의 선봉은 조중동으로 대표되는 보수언론과 노무현을 대통령으로 인정조차 하지 않는 일부 보수 세력이었다.

시도 때도 없이 국정의 발목을 잡아 온 한나라당은 이 '반칙 왕' 내지 '몰상식 왕'의 후견자였다. 노무현은 한국 사회에 무원칙과 몰상식(편파, 왜곡, 거짓, 야비, 기회주의)이라는 오물을 끊임없이 쏟아내는 보수 언론에 대해, 의외다 싶을 정도로 많은 정치적 자원을 동원하여 오랫동안 전투를 벌였다. 그것은 무원칙과 몰상식의 본산을 고립시키거나 정상화시켜야 2002년의 계약을 완전히 이행할 수 있다고 보았기 때문일 것이다. 또한 '상호 헌신과 관용에 기초한 대화와 타협의 민주주의 정착'과 '사회적 자본 축적'을 위해서 이 전쟁은 피할 수도 없고, 피해서도 안 된다고 보았기 때문일 것이다.

참여정부가 엄청난 정치적 자원을 투입한 곳은 공무원 마인드 혁신을 포함한 정신·문화 개혁이었다. 이는 대를 이어가면서 추진해야 할 장기적 과제이다. 따라서 건강한 정신, 문화를 체현한 매체, 정치 세력, 경제사회 세력이 필수불가결하다. 바로 그 때문에 언론 정상화를 위해 엄청난 노력을 기울였을 것이다. 구태여 임기 말에 기자실 폐쇄를 강행한 것은 그 일환일 것이다. 하지만 결과적으로 참여정부는 그런 정론지나 노무현의 정신과 가치를 계승한 정치·사회 세력을 만들지 못하였다. 그런 맹아들이 커 올라 올 수 있는 생태계도 만들지 못하였다.

열성 지지층은 '무원칙과 몰상식 섬멸 전쟁'에 엄청난 화력을 동원하는 노무현의 전략적 판단에 동의했을지 모르지만, 다수 국민들은 결코 그러지 않았다. 2002년의 계약에 관한 한 '그만하면 됐다'고 생각하고 더 중요하고 시급한 문제의 해결을 원했기 때문이다. 노무현에 대한 국민들의 짜증은 바로 여기에서 시작되었다. 동시에 유례없는 추모 열기도 바로 여기에서 시작되었다. 국민들은 노무현이 치열하게 추구하던 가치(2002년의 계약)

를 기본 중의 기본으로 생각했지, 불필요하다고는 전혀 생각하지 않았기 때문이다. 그런데 2007년 이후 2년여에 걸쳐서 이명박 정부와 보수 세력은 이런 민심을 망각하고 '잃어버린 10년' 운운하면서 2002년의 시대정신과 그 상징을 무참히 짓밟았다. 이명박 정부 출범과 동시에 참여정부 기간 동안 후미진 뒷골목 밤거리를 배회하던 무원칙, 몰상식, 기회주의, 위선, 부적절한 유착, 야비함, 치졸함 등 온갖 깡패·양아치들이 한꺼번에 몰려나와 대한민국의 기본 중의 기본이라고 여기던 2002년의 시대정신을 벌떼처럼 달려들어 때려 죽였다. 깡패·양아치들이 설칠수록, 세상이 혼탁하고 위선적일수록 그들과 가장 대비되는, 소탈하고, 서민적이고, 상식적이고, 원칙적인 노무현이 미치도록 그리워질 수밖에 없다. 그를 지켜주지 못한 미안한 마음도 폭풍처럼 일어나지 않을 수 없다.

시대정신의 대전환 – 총체적 구조 개혁

참여정부의 비극은 임기 중에 급격하게 바뀐 시대정신이다. 시대정신의 대전환이 일어났다는 것은, 2002년 당시 자타가 공인하던 시대정신이 불과 몇 년 뒤인 2007~2008년의 대선과 총선에서 흔적도 없이 사라진 것을 보면 알 수 있다. 이런 일은 현대 정치사에서 흔한 일이 아니다. 이는 정치·사회적 대격변이나 환경적 대재앙이 휩쓸고 간 나라에서나 일어나는 현상이다.

지난 대선과 총선에서 국민들이 참여정부와 범진보 세력을 싸잡아 외면한 것은 참여정부가 2002년의 계약을 제대로 이행하지 못해서가 아니다. 당초 공언한 성과가 적어서가 아니다. 오히려 정반대다. 당선과 더불어 계약의 70~80%가 이행되어 버리는 상황에서, 국민들은 참여정부가 계약의 100% 완수에 너무 치열하게 매달렸기 때문에 외면했다.

그런 점에서 참여정부의 불운은 집권 중반기에 시대정신의 대전환이 일어나면서 시작되었다는 것은 명백하다. 그런데 왜 그렇게 급격한 전환이 일어났을까? 이유는 네 가지다.

첫째, 앞에서 여러 차례 말했듯이 노무현과 국민이 맺은 2002년의 계약은 노무현 당선으로 이미 70~80%가 이행되었기 때문이다. 국민들은 과거의 계약이 이행되면 새로운 계약을 요구하기 마련이다.

둘째, 불법, 탈법, 무원칙, 몰상식 같은 후진국형 문제가 해결되면 합법적·제도적 불의와 새로운 원칙과 상식 문제 같은 중진국형(근대적) 문제가 급부상하기 마련이기 때문이다. 대한민국을 떠받치는 일부 법, 제도, 정책은 한때 유효했지만 급변한 환경과 맞지 않았다. 애초부터 힘 있는 집단의 농간이 짙게 밴 법과 제도도 있었다. 그럼에도 불구하고 합법적·제도적 불의가 심각한 정치·사회적 현안으로 떠오르지 않은 이유는, 그런 것들이 오랫동안 힘센 자들의 불법, 탈법, 편법, 변칙 관행에 가려 있었기 때문이다. 수면 위에서 날뛰던 불법, 탈법 관행이 참여정부 출범으로 급속히 퇴조하자 잠복해 있던 합법적·제도적 불의가 수면 위로 급부상했다. 탄핵 사태를 초래한 공직 선거법 9조 문제, 관습헌법을 제정하는 괴력을 발휘한 헌법재판소 문제, 대통령 5년 단임제 문제, 검찰의 비대한 권력 문제, 사학재단의 전횡이 가능한 허술한 규제 및 감독 문제, 부동산 관련 규제 문제 등이 대표적이다.

한편 가치 측면에서 보면 공정성(기회·조건·출발선의 평등) 문제에 가려 있던 공평성(경쟁 결과의 합리적 불평등, 특권·특혜의 적정화) 문제가 수면 위로 부상했다. 토건 분야에 대한 지나친 재정 할당 문제, 민자 유치 사업 등을 통한 재정 약탈 문제, 거대한 부동산 불로소득 문제, 정규직과 비정규직 문제, 원청 대기업과 하청 중소기업 문제, 전임교수와 시간강사 문제, 조직된 육체노동에 의한 지식노동 약탈 문제, 국민연금 사각지대 문제와 공무원연금 적자 문제, 사교육 문제 등이 그런 것들이다.

17대 국회 개원과 동시에 상정된 국가보안법, 사립학교법, 과거사진상규명법, 언론관계법 등 4대 개혁 입법에는 민주주의의 제도적·문화적 완성(준법, 존법, 정상화)의 범주에 속하는 과제(국가보안법, 과거사진상규명법)와 새로 부각된 합법적·제도적 불의 혁파 범주에 속하는 과제(사립학교법, 언론관계법)가 혼재되어 있었다. 그런 점에서 4대 개혁 입법 투쟁은 시대정신의 분수령 근처에서 일어난 투쟁이라고 할 수 있다.

보수 세력의 격렬한 반발을 불러일으킨 것은 국가보안법과 과거사법이었다. 보수 세력의 물질적 기득권에 실질적으로 타격을 가하는 법안은 사립학교법과 언론관계법임에도 불구하고, 국가보안법과 과거사법은 범보수 세력의 공포심을 자극하여 싸우기 좋은 소재였기 때문이다. 국가보안법과 과거사법은, 내 식으로 표현하면, 2002년에 맺은 계약 중에서 아직 이행하지 못한 20~30%이자 정신과 문화 개혁이라는 중장기 과제이기 때문에 국민적 지지 기반이 튼실하지 않았다. 그런 점에서 정치공학으로 볼 때 범보수의 전술적 판단은 적중했지만, 범진보의 그것은 시대착오적이었다. 4대 개혁 입법의 지지부진으로 참여정부와 열린우리당은 큰 타격을 입었다. 그래서 4대 개혁 입법 추진 과정에서의 혼선, 분열, 좌절에 큰 의미를 부여하는 사람도 있다. 하지만 4대 개혁 입법을 전면에 내세운 것도, 혼선이 일어난 것도 근원적으로는 시대정신의 대전환을 눈치 채지 못한 데서 일어난 필연적인 오류와 실패였다. 문제는 원내 전술의 오류가 아니라 역사적 감각의 오류인 것이다.

노무현 전 대통령은 범진보 진영에 속한 정치인 중에서는 시대정신의 대전환을 가장 빨리 알아 챈 사람의 하나이다. 그는 유효성을 다한 법과 제도의 심각성을 인식하고 원 포인트 개헌과 선거제도 개편을 전제로 한 대연정을 시도했다. 검찰 권력에 대한 견제 장치 마련을 위해 공직비리수사처 설립과 검찰·경찰의 수사권 조정을 시도했다. 국가의 중장기적 비전과 전략의 필요성을 절감하고 '비전 2030'을 만들었다. 낡은 진보의 문제를 절감하고 유연한 진보, 새로운 진보주의를 역설했다. 그럼에도 불구하고 시대정신의 대전환에 늑장 대응하고, 관료적 감각과 상상력으로 안이하게 대응했다는 사실이 바뀌는 것은 아니다. 이는 뒤에 설명하겠지만 정의관, 인간관 같은 철학적 문제와 역사 및 현실에 대한 통찰력의 문제가 참여정부를 포함한 범진보 세력에게 있었기 때문이다.

셋째, 잠복하던 각종 모순·부조리들이 참여정부 집권 기간에 국내외 여러 요인들과 중첩되어 화산처럼 폭발했기 때문이다. 위에서 열거한 공평성 문제 외에 신용카드 대란, 자살률 급증, 출산율 급감, 영세 자영업의 피폐, 양극화 심화, 청년 인재의 국제 비경쟁 영역으로의 쏠림(고시·공시족 폭증), 청년 실업 문제, 벤처 창업률 감소 문제, 수도권 집중 문제 등 수많은 모순들이 그것이다. 이는 기본적으로 1948년, 1961년, 1987년, 1997년을 기점으로 형성된 제반 시스템의 모순이 폭발한 결과이다.

관점을 달리해서 보면 기본적으로 급변하는 국내외 환경과 변화에 굼뜬 시스템, 무능하고 사익 추구적 공공 리더십과 전 세계에서 위기 및 기회에 가장 역동적으로 대응하는 경제사회 주체들의 대충돌로 나타난 것이라고 할 수 있다. 국내외 환경 변화에 충격이 큰 것은 기본적으로 한국이 대외의 존도가 높고, 세계 경제의 지각 변동의 진앙인 중국에 인접해 있고, 미국과 긴밀히 연계되어 있어 세계 경제 변화에 영향을 많이 받을 수밖에 없기 때문이다. 경제사회 주체들이 역동적인 것은 학력 수준도 높고, 세속적 욕망도 강하고, 정보도 많고, 온라인을 통한 결사도 쉽고, 국가 및 사회 지도층에 대한 불신도 높고, 4·19와 광주항쟁·6월항쟁·촛불시위 등 주체적으로 역사의 물줄기를 틀어 온 경험이 있기 때문이다.

넷째, 이 모든 문제들이 참여정부에 와서 부각된 것은 객관적으로도 상황이 심각하긴 했지만, 보수와 진보를 막론하고 참여정부를 공격하며 모든 문제를 정도 이상으로 침소봉대했기 때문이다. 보수 언론은 친북 좌파라고, 진보 언론은 신자유주의자라고, 진보 지식사회는 얼치기 운동권이라고 폄하했다. 게다가 노무현의 거친 말이 입방아 찧기에는 너무 좋은 소재였다. 단적으로 '반미면 어떠냐?'라는 말, '좌파 신자유주의'라는 농담, '시장으로 권력이 넘어갔다'는 말 등 대수롭지 않은 말 가지고 얼마나 입방아를 찧었던지!!! 또 하나 국민들이 참여정부에게 한꺼번에 너무 많은 것을 기대한 측면도 있을 것이다.

화산처럼 폭발한 민생 문제들은 노무현의 말대로 참여정부가 만든 것이 아니라, 이전에 만들어져서 참여정부에 와서 터진 것이다. 그럼에도 불구하고 원성은 당시 정부와 집권 세력에게로 날아올 수밖에 없다. 이는 기본적으로 참여정부의 불운이긴 하지만 그 못지않게 경제·사회적 재난 경보 체계의 문제도 있다. 마치 집중 호우나 태풍은 불운이지만 그 피해의 수준은 재난 경보, 대처 능력에 의해 결정되는 것처럼…….

합법적·제도적 불의의 문제든, 자연 재해처럼 밀어닥친 민생 문제든 문제들을 해결하는 데에는 4대 국정원리도, 참여·균형·민주주의 같은 핵심 가치도 별 쓸모가 없었다. 참여정부를 좌파 신자유주의로 비아냥대던 진보 좌파 세력의 핵심 가치, 즉 고용안정·비정규직 철폐·최저임금 대폭 인상·부자 증세와 복지 재정 대폭 확대 등도 이들 문제 해결에 쓸모 없긴 마찬가지였다.

너무 빠른 변화에 당하다

국가보안법, 사학법, 공무원연금법, 지역균형발전 관련 법(행정수도 관련 법 등), 부동산 관련 법, 비정규직법 개정 과정에서 보았듯이 오랫동안 합법화·제도화된 모순과 부조리를 개혁하려면 기득권자들이 완강하게 저항하기 마련이다. 게다가 수많은 유관 법·제도·정책·재정·관행·문화 등을 동시에 개혁해야 한다. 국지적 개혁이 전체 시스템의 퇴행을 초래하는 경우도 많다. 그러므로 새로운 발전 패러다임 없이는 해결 방향조차 잡을 수 없는 난제들이 많다. 새로 급부상한 문제들을 해결하려면 한강의 기적을 연출한 박정희 패러다임과 외환위기 조기 극복이라는 신화를 연출한 김대중 패러다임을 뛰어넘는 새로운 발전 패러다임을 염두에 두어야 한다. 정부 주도의 과감한 구조 개혁, 재정 할당 행태의 과감한 변화, 부동산 폭등을 잠재울 실효성이 있는 규제의 도입, 헌법과 선거법 개정, 각종 법안의 조속한 통과를 위해서 여야 국회의원들과의 다양한 형태의 정무적 거래, 직업 관료와 공기업 등 공공부문 장악, 적절한 마키아벨리즘 등 유연한 정치력이 동원되어야 한다. 한마디로 이 문제들은 정치권력이 주도할 수밖에 없는 대담하고 정교한 한국 사회 대수술이 필요한 사안들이다. 이 문제들은 진보·보수 이익집단과 관료들이 향유해 온 기득권 구조를 개혁하는 문제이자, 풍선 효과와 복잡한 연쇄반응을 예측해야 하는 기술적인 문제들로서 난제 중의 난제였다. 이와 관련해서는 참여정부만이 아니라 대한민국 전체가 아직도 해법을 가지고 있지 못한 문제가 많다.

준법·존법 문제, 즉 기존 질서의 정상화 문제가 구악(舊惡)이라면 합법적·제도적 불의 문제는 신악(新惡)이다. 환경, 시스템, 리더십, 주체의 대충돌 문제 역시 신악의 범주에 포함시킬 수 있다. 신악 해결은 곧 새로운 질서의 창조이다. 따라서 기존 법·제도의 수혜자이자, 단순한 집행자에 불과한 직업 관료들로서는 도저히 해결할 수 없다. 그런데 참여정부는 문제의 핵심을 대체로 준법·존법 문제로 보아서인지 제왕적 대통령이 쓸데없는 간섭 안 하고 부당하게 억누르지만 않는다면 직업 관료와 국회의원들의 창의와 열정이 꽤 좋은 세상을 만들 수 있다고 본 듯하다.

어쨌든 참여정부는 오랜 통법부 문화에 찌든 국회의원들보다는 한 수 위인 직업 관료와 진보 및 중도 학자들과 합동으로 '비전 2030'이라는 발전 패러다임을 만들었다. 하지만 그것은 문제의 심각성에 비해 너무나 보수적이고 안이했다. 사실 새로운 발전 패러다임을 내오는 일은 역량 부족으로 하지 못한다 하더라도 집권 세력이 바닥 현실을 꿰뚫고 있으면 개혁의 급소를 정확히 찔러 큰돈 들이지 않고, 소리 없이 세상을 바꾸는 개혁은 많이 할 수 있다. 이를테면 중등학교에서 사무 행정과 교육 기능을 분리하고, 공무원 임용 조건 및 공기업 입사 조건으로 투표 참여를 제시하여 청년층의 투표 참여율을 높이는 등이다. 그러나 참여정부도, 그에 비판적인 진보 지식사회도 바닥 현실을 잘 몰랐다. 진보 이익집단들은 좀 알았겠지만, 무슨무슨 정책 저지·반대를 기조로 잡은, 반신자유주의 투쟁하느라 참여정부와 함께 개혁할 기회를 놓쳐버렸다. 반면에 참여정부는 저항은 거세면서도 서민들이 잘 체감하지 못하는 개혁(국가보안법과 기자실 폐쇄)을 하느라 변죽을 올린 적이 많았다. 결국 시간이 흐르면서 모순은 심화되고, 비기득권층(3비층, 청년 세대, 하청 중소기업, 시간강사 등)의 어려움은 날로 더해갔다. 참여정부와 이를 이념적으로 공격한 진보 세력도 초록이 동색이니 한꺼번에 외면당하는 것은 당연했다.

참여정부는 과거 패러다임의 대성공자들이 그랬듯이 너무 빠른 패러다임의 변화에 당했다고 할 수 있다. 과거 패러다임에서의 주적, 즉 무원칙, 몰상식, 반칙, 특권, 기회주의의 마지막 보루와 같은 조중동, 사학재단, 불건전한 문화 풍조를 소탕하기 위해 모든 것을 걸고 싸우고 있는데, 어느덧 패러다임이 바뀌면서 새롭고 강력한 적들이 뒤에서 덮친 것이다. 그런데 따지고 보면 이들은 마지막 보루라기보다는 빙산의 일각이었다.

결국 참여정부, 열린우리당, 민주노동당, 진보 언론 등 범진보의 동반 좌절은, 비유적으로 말하면 화산이 폭발하고 지진이 일어났는데 이를 예민하게 감지하지 못하고 이전처럼 행동했다는 데 원인이 있다. 지진과 화산을 조기 포착하지 못한 것은 단지 둔감성의 문제만은 아니다. 철학적·역사적 통찰력과도 관련이 있다.

본래 지진과 화산 폭발은 지각 깊숙한 곳에서 일어난 어떤 균열이나 충돌로 인해 엄청난 에너지가 장기간 축적되면서 표출된다. 화산 폭발과 지진은 대개 일어나기 전에는 잘 모른다. 하지만 일단 표출되면 그 이전의 모든 문제들이 뒷전으로 밀린다. 시대정신의 대전환이 일어나 버린다고 할 수 있다. 물론 민심이라는 화산은 진짜 화산보다는 터지는 시기나 양상을 비교적 쉽게 예측할 수 있다. 민생 현실을 알려주는 각종 계기판을 잘 들여다보고, 정치인과 지식인들이 실물 현장을 많이 누비고, 서로 다른 분야 간의 소통을 원활하게 조직하고, 좋은 인식틀로 세상을 관찰하면 지각 깊숙한 곳에 엄청난 에너지가 축적되는 양상을 조기에 감지할 수 있다. 잘만 하면 제도·정책을 통해 고통·불만 에너지를 사전에 해소하여 지진과 화산 폭발을 예방할 수도 있다. 그런데 참여정부나 범진보는 세상을 보는 프레임이 낡았고, 민생 현실을 알려주는 계기판도 시원치 않았고, 주요 인사들은 실물과 다소 유리되어 있어서 문제 인식이 대체로 둔하고 흐릿했다.

집권 세력의 도살장

21세기를 전후한 한국 사회는 엄청난 수압이 걸린 작은 호스와 같다고 할 수 있다. 이 수압의 근원은 절절한 일자리 열망, 불공정과 불공평에 대한 불만, 높은 교육 수준이 낳은 높은 기대 수준과 비판 의식이며, 4·19, 광주항쟁, 6월항쟁, 촛불시위 등을 연출했다. 호스는 곧 구조적으로 무능하고 이익집단에 휘둘리는 공공(정치, 관료, 언론)과 지식사회이다. 수압을 단기간에 쉽게 낮출 수 없고, 호스 역시 크게 늘릴 수 없기에 격렬한 좌우상하 요동은 필연이다. 그런 점에서 한국은 정말 정부와 여당의 도살장이라고 해도 과언이 아니다. 이승만, 박정희 이후 역대 정부들이 바보라서 집권 말기에 험한 꼴을 당한 것이 아니다.

참여정부는 정치의 구조적 무능과 당면한 엄청난 난제를 인식하지 못하고, 광복 이후 60년의 작폐를 일거에 정리하여, 정치적 신기원을 이룩하려고 하였다. 그러나 전임 정부들과 차별화하려고 하면 할수록, 획기적인 무언가를 과감하게 하면 할수록 무능·교만·독선은 더욱 돋보이게 되어 있다. 이는 이명박 정부에게도 그대로 해당된다. 이명박 정부는 더 나쁘게도 이권 추구에 너무나 능한 보수 세력을 딛고 있다. 한국 사회는 참여정부가 보여주었듯이 지혜롭지 않으면 좋은 의도를 나쁜 결과로 갚는 일이 너무나 많은 사회이다.

대한민국을 희망과 활력이 없는 조로 사회로 만들고, 억울함과 불신과 증오와 환멸이 넘치는 사회로 만든 것은 한국 사회를 끌어가는 유능한 개인 및 집단이다. 더 정확하게 말하면 사회를 규율하는 질서를 만드는 정치 세력이다. 그런데 범진보도, 범보수도 이 문제를 해결하기 위해 필요한 지적·정치적 역량을 갖고 있지 않다. 아니 한국 정치·지식 사회 전체가 이런 문제를 해결할 수 있는 역량을 가지고 있지 않다. 참여정부와 이명박 정부가 지지율의 롤러코스터를 타는 것은 이 때문이다. 이를 더욱 악화시키는 것은 어떤 집착으로 인한 보색효과, 이를테면 노랑 바탕에 있는 검은색이 선명해 보이는 효과 때문이다.

참여정부는 지독한 반칙, 특권, 무원칙, 몰상식이 판치던 상식 이하의 지독한 야만 시대를 오랫동안 살아오면서 생긴 한이 두터워서인지 정신·문화 개혁 의지 때문인지 무원칙, 몰상식과의 전쟁을 꽤 요란하게 지속했다. 그런데 조중동 입장에서는 법률에 허용된 권한만 갖고 언론을 상대하는 노무현은 결코 버거운 상대가 아니었다. 어쩌면 즐겼는지도 모른다. 그래서 도발은 늘 조중동이 했고, 참여정부는 자의반 타의반 말려들었다. 어쨌든 무원칙, 몰상식을 상대로 벌이는 요란한 전쟁(이는 조중동의 침소봉대와 말 뒤틀기가 결정적이다)과 날로 악화되어가는 민생 문제에 대한, 쇼맨십 하나 없는 차분한(?) 대응은 선명한 대비를 이루어 적지 않은 국민들을 짜증나게 했다.

  이명박 정부는 가시적 성과에 대한 집착 때문인지, 10년 동안 굶은 한 때문인지, 아니면 열등감 때문인지 사실상 ABR_{Anything But Roh} 노선으로 일관하여 필요 이상으로 참여정부를 부정하면서 열심히 민심을 돌아앉게 하고 있다. 현명한 국민들은 원래 왼쪽 주머니에는 노무현과 진보개혁 세력의 합리적 핵심 가치를 채워 넣고, 오른쪽 주머니에는 이명박과 보수 세력의 합리적 핵심 가치를 채워 넣고 싶어 했다. 이 민심을 지난 대선, 총선에서 보였다. 그런데 이명박과 보수 세력은 좌파 정부 10년 운운하면서 국민들의 왼쪽 주머니에 든 가치들을 마구 털어냈다. 그러면서도 오른쪽 주머니에는 넣어준 것이 거의 없었다. 그래서 총체적인 문명 역주행 정부가 된 것이다. 지난 1년 반 동안 민심을 거스르는 행위를 끊임없이 해 온 것을 감안하면 바닥을 긴다는 이명박 정부와 한나라당의 지지율은 아직도 오히려 높다고 해야 할 것이다.

05 참여정부의 오류

철학적 오류

참여정부의 정치적 노선은 큰 틀에서 바른 방향이었지만 현실에서 실패했다. 그 이유는 무엇인가? 나는 그것을 인간관과 정의관 등 철학적 오류 때문이라고 생각한다.

첫째로, 인간관에서 유가적 편향이 있었다. 인간을 움직이는 동인으로서 상벌체계의 중요성을 간과하였기 때문이다. 노무현은 권력자가 인간(중간 지도자)을 다스리는 유력한 수단인 욕망(정치적 거래)과 공포(채찍)를 너무 멀리하는 등 정치적으로 지나치게 순진했다. 상대적으로 법·제도·구조 개혁보다 지도자의 모범과 도덕적 신뢰와 공무원의 자각을 중시했다. 이런 철학으로 인하여 상벌체계 개혁보다 사고방식, 마음가짐의 개혁을 중시했다. 또한 다양한 개혁의 종착역인 문화 개혁과 언론 개혁에 지나치게 많은 정치적 에너지를 쏟았다. 본래 사고방식과 생활양식의 총체적 변화는 정치적으로 견인하기가 가장 어렵다.

곰곰이 생각하면 참여정부의 가장 핵심적인 오류는 앞에서 설명한 시대

정신(역사·현실 감각) 파악의 오류와 인간관의 오류로 압축할 수 있다. 인간관의 오류는 다양하게 나타났다. 정무 기능에 대한 지나친 경시도 그 중 하나이다. 그로 인해 당정 갈등을 불필요하게 키웠다. 또 하나는 도덕적 자부심이 지나쳐서 꿀릴 것이 없다고 생각해서인지 레임덕 걱정을 하지 않은 것이다. 이런 순진한 사고방식으로 인해 모든 공무원들이 몸을 숙이고, 집권 세력과 코드를 맞추려고 안간힘을 다하는 정권 초기에 중대한 개혁을 전격적으로 추진해야 한다는 생각 자체를 구시대적인 것으로 치부했다. 또 하나는 좌파도 우파도 아닌 태생적으로 실용주의적인 공무원들이 주도적으로 만든 국가 비전, 전략이 정권 교체와 상관없이 계승되리라고 생각한 것이다. 마지막으로 정책 마케팅을 너무 등한시한 것이다. 참여정부는 꽤 생색을 낼 만한 일을 해 놓고 생색 내지 못한 것이 너무 많다. 이것은 진실 혹은 진정성은 반드시 알아줄 것이라는 순진한 사고 탓이기도 하고, 소비자에게 깊이 어필하고, 소비자의 선택을 받기 위해 생사를 걸고 경쟁하는 시장 마인드가 정치 분야로 너무 늦게 들어온 탓이기도 할 것이다. 어쨌든 이런 순진한 사고는 진실과 진정성을 무참히 왜곡, 폄하하는 언론 전반에 대한 깊은 실망으로 이어졌다. 이는 정권 말기의 기자실 폐쇄와 무관하지 않을 것이다.

둘째, 정의관이 협소했다. 정의관은 사건과 사물을 인식하는 프레임인데, 이것이 협소하여 한국 사회의 모순과 부조리를 정확하게 파악하지 못했다. 노무현은 정의를 반칙에 대한 부정, 그리고 법 앞의 평등을 훼손하는 특권에 대한 부정으로 본 듯하다. 이는 '유전무죄 무전유죄'를 울부짖는 법적 약자들이 분노하는 불평등으로, 법률가적 '정의관'과 일맥상통한다.

물론 이는 노무현뿐만 아니라 한국 지식사회 전반이 공유하고 있는 것이기도 하다. 참여정부는 '사회투자국가론' 등으로부터 철학적 뒷받침을 받으면서 경쟁의 입구(경쟁 기회·조건, 출발선의 평등=공정) 관리는 매우 중시했다. 그러나 경쟁의 출구(경쟁 결과의 합리적 불평등=공평) 관리와 경쟁 목적과 방식의 정합성 문제는 등한시했다. 그 결과 유효성을 잃은 지대(자릿세)가 광범위하게 온존되어 가치, 자원의 흐름을 왜곡하고 있는 현실의 심각성을 뒤늦게 흐릿하게 인식했다. 이로 인해 사회적 상벌체계와 가치생산 생태계 문제를 경시하였다. 즉 한국 사회의 성장과 통합의 최대의 걸림돌이 진보와 보수 이익집단의 농간과 제대로 작동하지 않는 국가의 방조 및 결탁에 의해 왜곡된 사회적 가치, 자원의 흐름임을 간파하지 못했던 것이다. 물론 참여정부는 '균형 발전'을 특별히 중시하긴 했으나 이를 다소 협소하게 해석하여 수도권과 지방, 권력기관 간 견제와 균형으로 보았다. 협소한 정의관은 참여정부뿐 아니라 한국 정치와 지식사회 전반이 공유하고 있다.

셋째, 한국의 현실은 좌파적 개혁과 우파적 개혁을 병진할 수밖에 없는데, 모순될 수밖에 없는 정책 기조를 묶어 통일성과 일관성을 부여해 주는 중심 가치가 없었다. 참여정부가 강조하던 중심 가치인 원칙, 상식, 사회·경제적 민주화, 복지 등은 모순된 정책에 일관성과 통일성을 부여해 주지 못했다. 그로 인해 큰 틀에서 제대로 된 노선(일명 좌파 신자유주의 또는 사회자유주의)을 취하고도 개념 없이 좌충우돌하는 정부처럼 여겨졌다.

역사·현실 인식의 오류

노무현은 불법, 탈법, 편법의 중심에는 법 위에 군림하는 제왕적 대통령이 있다고 본 듯하다. 그는 당과 정부 등 수많은 하위 권력기관의 창의와 열정을 제왕적 대통령의 권력 독점욕이 억누르고 있다고 생각하고 제왕적 권력의 원천인 사정기관과 정보기관과 여당에 대한 통제를 포기했다. 그 백미는 검찰 권력이 대통령의 눈치를 보지 않도록 한 것이었다. 노무현은 '검사와의 대화', 거침없이 솔직 담백한 서민적 언어 구사, 언론의 왜곡보도에 대한 소송 등 파격적인 행보를 통해 제왕적 대통령의 풍모를 지우기 위해 노력했다. 선진국 대통령처럼 자신이 법 아래에 있고, 법이 허용하는 범위 내에서 권력을 행사하는 존재임을 각인시키려 했다. 이는 일종의 문화 혁명 시도였다.

그런데 참여정부가 엄청난 정치적 자원을 투입하여 해결하려고 한 과제, 그것이 반칙과 특권이든, 지역주의든, 두터운 불신 풍조든, 후진적인 사고방식이든 그 과제들은 대통령이 법과 상식의 자리에 복귀한다고 해서 획기적으로 개선될 정도로 뿌리가 얕지 않았다. 검찰은 애초부터 제왕적 대통령이 아니면 민주적 통제가 불가능한 독점 권력이었다. 따라서 대통령의 통제가 느슨해지자 검찰은 무소불위의 권력이 되어버렸다. 법원은 대법원장이 인사권을 지렛대로 강력한 통제를 하는 시스템이었다. 요컨대 검찰을 포함한 사법 권력은 정치적 중립이 문제가 아니라 권력기관 간의 견제와 민주적 통제가 문제였다.

한국의 역사, 현실을 감안하면 원칙과 상식이 분명히 선 대통령 권력은 골목골목의 깡패, 양아치, 마피아들이 소탕되고 나서 마지막에 스스로, 제도적으로 청산해야 할 권력이어야 한다. 그런데 개혁의 앞뒤가 바뀌고, 엘리트 권력을 견제하는 제도를 갖추지 않다 보니 민주적 제왕의 위세에 눌려 잠깐 숨어들었던 깡패, 양아치, 마피아들은 자신들과 죽이 비교적 잘 맞는 정부를 맞아서 더 나쁘게 변해서 활개를 치고 있다.

참여정부는 고정관념을 깨뜨리려 하거나, 정신과 문화를 바꾸려는 시도를 많이 했기 때문에 문제 제기 방식은 파격적인 경우가 많았다. 하지만 실제 법·제도 개혁은 관료의 정치적 상상력과 이해관계를 크게 벗어나지 않았다. 한마디로 문화적 행보는 급진적이었으나 법·제도·정책적 행보는 결코 급진적이지 않았다.

참여정부가 내세울 법·제도적 성과는 한미 FTA와 행정복합도시를 제외하면 대중들의 뇌리에 인상 깊게 남을 것이 별로 없어 보인다. 종합부동산세도 무력화되었고, 대연정의 전제인 선거법 개정 문제는 현안조차 되지 않고 있다. 개헌 논의는 아직 살아 있지만, 설사 개헌이 된다 하더라도 노무현의 2007년 초 개헌 시도의 의미를 대중적으로 인정받기는 어렵다.

무엇보다도 참여정부는 새로운 산업(예컨대 사회 서비스 산업)을 일으킨 것도 없고, 새로운 유형의 일자리도 많이 만들지 않았다. 그래서 '노무현의 아이들'이라고 부를 만한 직업군이나 경제사회 세력을 만들지 못했다. 직업 관료로 하여금 창의와 열정을 발휘할 수 있는 환경을 조성한 것은 큰 치적이지만 정신, 문화 개혁처럼 가시적인 치적이 될 수가 없다. 그나마 꽤 의미 있는 치적조차 1960~1970년대식 기업 문화에 익숙한 이명박 정부에 의해 급속히 허물어지고 있다. 외교적 성과 등 유형적인 치적도 뚜렷하지 않다. 10·4 남북정상회담은 이명박 정부에 의해서 부정되었다. 전통적으로 보수가 중시하던 지표, 예컨대 수출, 경상수지, 종합주가지수, 외환보유고 등에서는 발군의 성적을 기록했으나 노무현 정부의 독보적 성과로 인정하기에는 좀 머뭇거릴 수밖에 없다. 노무현의 경제 정책은 인위적인 경기부양책을 쓰지 않고 기업에 대한 부당한 간섭을 하지 않는 소극적인 것이었기 때문이다. 결국 참여정부는 미국의 지미 카터 정부와 비슷하게 인식될 가능성이 높다. 실제로 도덕적이었고, 도덕적 신뢰를 특별히 강조했고, 인간적으로 훌륭한 사람을 많이 썼고, 뭔가 획기적인 전환을 해보려고 했으나 뚜렷하게 이뤄놓은 것이 없는 정부로…. 물론 이명박 정부는 총체적 역주행 정부로 인식되지 않을까 한다.

둔감과 분절 - 자영업자 문제

앞에서 언급했듯이 한국의 임금근로자 총소득이 2000년 259조 원에서 2007년 449조 원으로 오르는 동안 자영업자 총소득은 101조 원에서 거의 110조 원으로 답보 상태다(42쪽 참조).

그러면 세금은 어떤 상황이었을까? 참여정부 초기인 2003년을 100으로 놓으면 2007년의 국내총생산GDP은 124다. 같은 기간 부가가치세는 경제성장률에 조금 못 미치는 122, 법인세는 기업의 좋은 실적을 반영하여 138이다. 근로자들이 주로 내는 소득세 원천분은 157, 자영업자들과 재산 소득자들이 주로 내는 소득세 신고분은 244다. 반면에 소비 진작책으로 탕감했기 때문인지 특별소비세는 109에 불과하다.

소득세 신고분은 종합소득세와 양도소득세로 이루어져 있다. 자영업자들이 주로 내는 세금은 종합소득세다. 따라서 종합소득세 추이를 살펴야 자영업자들의 세금 부담을 좀 더 정확히 알 수 있다. 2007년 현재 소득세 신고분은 17.5조 원인데 이 중 종합소득세는 65%인 11.3조 원이다. 종합소득세 추이를 보면 2003년이 100이라면 2007년은 179다. 같은 기간 GDP가 124로, 법인세가 138로 늘어난 것을 감안하면 많이 늘어난 것이다. 한편 소득세 신고 인원은 211만 5000명에서 307만 4000명으로 45% 늘어났다. 조세 저변이 확실히 확대된 것이다. 이는 신용카드 사용 확대와 각종 거래 투명화 조치와 관련이 있을 것이다. 신용카드 사용액은 2003년 161조 9000억 원에서 2007년 254조 8000억 원으로, 2008년에는 300조 9000억 원으로 뛰었다. 2007년 현재 종합소득세 과세 대상 소득 대비 14.6%가 세금이다. 근로소득세는 12.6%다. 이 역시 탈루 소득을 감안하여 약간 높게 책정해 두었을 것이다.

〈표 2-1〉 종합소득세 신고 인원·결정세액 추이

	1998	1999	2000	2001	2002	2003	2004	2005	2006	2007	'07/'03	'02/'98
신고인원(만명)	122.6	134.2	161.6	178.2	201	211.5	223.6	227.9	273.6	307.4	145%	164%
소득금액(조원)	21.4	24.7	32.2	36.4	42.2	45.2	49.2	54.1	65	77.1	171%	197%
결정세액(조원)	3	3.6	4.8	5.5	5.7	6.3	6.9	7.4	9.2	11.3	179%	190%
세액/소득금액	14.0%	14.6%	14.9%	15.1%	13.5%	13.9%	14.0%	13.7%	14.2%	14.6%		

출처: 국가통계포털 홈페이지(http://www.kosis.kr)〉재정·금융〉재정〉국세 통계.

소득세 원천분의 구성은 더 복잡하다. 물론 가장 큰 부분은 근로소득세가 차지한다. 총 21.4조 원 중 근로소득세가 64%인 13.7조 원이다. 나머지는 퇴직소득(0.7조), 사업소득(1.3조), 이자소득(3.0조), 배당소득(1.7조), 기타 소득(0.7조) 등이다. 근로소득세만 놓고 보았을 때 2003년을 100으로 하면 2007년은 186이다. 이는 소득세 원천분으로 뭉뚱그려 계산한 수치 154보다 부담이 더 가파르게 증가했음을 의미한다. 근로소득세 신고 인원은 1154만 7000명에서 1337만 6000명으로 16% 늘었다. 종합소득세 신고 인원이 45% 늘어나는 동안 근로소득세 신고 인원은 16% 늘었으니 자영업자들의 불만이 높아질 만하다. 게다가 자영업이 수혜자로 되는 대책은 별로 없다. 세우기도 힘들다. 중소도시로 동네 골목으로 밀고 들어오는 대형마트 대책이 별로 없는 데서 그것을 엿볼 수 있다.

세금 추이를 길게 설명했지만, 자영업자를 결정적으로 힘들게 한 것은 세금이 아니라 세계화, 지식정보화, 유통 현대화, 중국의 부상으로 인한 충격이었을 것이다. 이 충격은 자영업자를 비롯한 '3비층'에 거의 집중되었다. 그런데 참여정부는 말할 것도 없고, 보수도 진보도 이 문제의 심각성을 제대로 인식하지 못했다. 하지만 원망은 집권 세력인 참여정부에게 집중될 수밖에 없다.

참여정부의 세입 추이를 보면 정치적 고려는 적고, 원칙은 흔들림 없이 관철시킨 것 같은 인상을 지울 수 없다. 법인세, 특소세는 당당하게 내려주고, 소득세, 상속세, 증여세, 증권거래세는 법과 원칙에 따라 당당하게 걷었다. 특히 종합부동산세는 엄청난 마찰음을 내면서 그야말로 '강부자에게서 세금 더 걷는다'고 동네방네 소리 치고 돌아다니다시피 하면서 거뒀다.

참여정부 기간에는 국민연금과 의료보험료도 소득 증가폭보다 더 큰 폭으로 올랐다. 국민연금은 15.6조 원에서 21.7조 원으로 139가 되었다. 전체적으로 GDP가 100에서 124로 늘어날 때 국세는 143으로, 지방세는 131로 되었다.

더욱이 참여정부 기간에는 대체로 세금이 예산보다 더 많이 걷혔다. 2007년의 경우 예산보다 14.2조 원(총국세의 9.6%)이 더 걷혔는데, 이 중 소득세는 6.1조 원(예산 총소득세의 18.5%), 법인세 4.9조 원(예산 총법인세의 16.1%) 더 걷혔다. 하지만 부가가치세는 예산에 비해 0.2조 원이 덜 걷혔다. 이런 엄청난 오차가 단순한 실수는 아닐 것이다. 예산보다 많이 걷히면 관료의 재량이 커지면 커졌지 작아지지는 않을 것이기 때문이다. 참여정부는 이렇듯 깐깐한 세금 정책을 펴면서 표를 계속 깎아먹었지만, 법과 원칙대로 거둔 세금을 기반으로 증세 없이 비교적 풍족하고 건전한 재정을 확보할 수 있었다.

하지만 그 어떤 나라보다 거대한 한국의 '3비층'(비경제활동인구=실업자, 비임금근로자=자영업자, 비정규직)은 극심한 고통을 겪었다. 이들은 후진적인 법, 제도, 관행의 사슬에 묶인 채 세계화(해외 소비의 폭증), 지식정보화와 교통의 발달, 유통 현대화(할인점과 인터넷·홈 쇼핑 유통), 값싼 중국 수입품 등의 파도에 얻어맞고, 신용카드 확산과 회계 투명성 강화로 인해 발가벗기고, 사회안전망의 보호도 받지 못했다. 사회안전망의 혜택은 기초생활보호 대상자를 제외하면 대체로 연금, 보험료를 내야 받는데, '3비층'은 연금, 보험료를 제대로 내지 못하기 때문이다.

참여정부가 사심 없이 의욕적으로 부지런히 개혁을 추진했으면서도 낮은 평가를 받는 이유는 명백하다. 김영삼 정부의 '외환금융 자율화'처럼, 김대중 정부의 신용카드 자율화, 아파트 분양가 자율화, 의약분업처럼 의욕적으로 추진한 많은 개혁이 낡은 연관 시스템과 국지적으로 선진화된 시스템의 충돌을 해결하지 못하였기 때문이다. 이로 인해 때로는 시스템 전체의 퇴행과 거의 예외 없는 사용자의 짜증을 초래하였다.

비유하자면 참여정부가 의욕적으로 추진한 많은 개혁 또는 선진화는 자전거 프레임(소득 파악 미비, 소득 신고 누락 등 탈세를 전제로 한 높은 세율 등)에 유럽산 오토바이 바퀴를 끼우는 식이었다. 특히 참여 정부는 단기적 성과에 연연하지 않으려 하고, 중장기에 걸쳐 효과가 나타나는 과정process, 관행, 마인드, 문화 혁신에 전투적으로 매달렸다. 지지층의 단기적이고 협소한 이해와 요구에 초연하려고 하고, 국민 다수의 이해와 요구를 고집스럽고 요란하게 앞세웠다. 그러다 보니 자전거 프레임에 오토바이 바퀴를 끼우는 일을 더 과감하게 벌였다. 그 결과 시스템 간 모순은 더 격렬해지고 패악도 더 커 보였다. 더 큰 문제는 민주노동당, 진보신당, 진보 언론의 정책적 해법은 아예 자전거 프레임에 자동차 바퀴를 끼우는 식이었다는 데 있다. '가짜 진보(좌측 깜박이 우회전 세력)가 망가지면 진짜 진보가 뜬다'는 신념을 가지고 이를 쉬지 않고 흔들어댄 진보 좌파 세력은 공히 합법화·제도화·관행화된 오랜 불의를 그대로 두고, 일부 상부구조나 표피 혹은 자신에게 불편을 주는 일부만 개혁하려고 했다고 해도 과언이 아니다.

   그 이유는 명백하다. 한국 사회는 정말로 종합적 통찰력이 필요한 표리부동하고 복잡다단한데, 정치 집단과 이들을 뒷받침하는 지식인 집단의 안목은 분절적이고 표피적이기 때문이다. 반면에 이익집단들은 단기적이고 협소한 이익을 추구하는 데 유능하다. 특히 그들은 자율화, 분권화, 탈권위, 공공성 강화 등 선진적 가치로 사익을 포장하는 데 능하다. 문제는 정치 집단의 무지 무능과 사익 집단의 유능 구도는 이명박 정부에 와서도 조금도 흔들리지 않았다는 데 있다. 이명박 정부하에서는 모든 것이 참여정부 때보다 더 악화될 가능성이 높다. 그간의 행보로 보면, 이명박 정부는 단기적이고 협소한 이익을 추구하는 이익집단과의 유착은 더욱 공고하고,

수뇌부의 학습 능력과 위기 대응 능력은 떨어지고, 복잡한 개혁을 일관되고 세련되게 추진할 정책 컨트롤 타워는 없는 것처럼 보이기 때문이다.

참여정부와 진보 세력

진보 좌파들은 참여정부를 사이비 진보, 신자유주의 정부로 몰아쳤다. 그러나 그들의 비판이 힘을 받지도 못하고 개혁에 대한 대안 제시도 못한 이유는 무엇인가? 한국 사회 진보의 오류는 무엇인가?

첫째, 노동과 자본의 대립 구도를 사회의 기본 모순으로 보다 보니 노동자가 아닌 실업자, 반실업자, 영세 자영업자와 소비자의 이해와 요구를 제대로 포착하지 못했다. 노동과 자본의 대립 구도로 세상을 바라보는 사람들이 벤처·중소기업가나 지식노동의 이해와 요구를 돌아보기는 쉽지 않다.

둘째, 한국 대기업와 공공부문에 주로 포진한 조직노동의 독특한 위상과 기형성을 보지 못하고, 신자유주의 반대로 집약되는 이들의 이해와 요구를 가감 없이 추종했다.

셋째, 참여정부가 추진한 자유주의, 시장주의 정책을 신자유주의로 몰아붙였다. 한국의 독특한 역사, 현실은 자유주의, 사회민주주의 이전에 '원칙과 상식'이라는 기본적인 개혁이 필요하다는 것을 인식하지 못하였다. 이렇듯 시장주의, 실력주의에 대한 오해 내지 피해의식이 있어서 이것이 갖고 있는 건강한 힘을 제대로 활용하지 못하니 제대로 된 개혁 방안을 낼 수가 없었다.

넷째, 한국 사회의 노동과 자본 내부의 엄청난 분화(이해관계 대립)를 바로 보지 못하고 있다. 공공부문과 민간부문, 대기업 및 공기업과 민간 중소기업, 육체노동과 지식노동의 이해와 요구 대립을 선명하게 보지 못했다. 대체로 진보 좌파는 '노동조합 또는 단결 투쟁을 통해서 자신의 삶의 조건을 개선할 수 있는, 양적으로는 얼마 안 되는 소수지만 힘 있는 노동'의 이해와 요구는 주의 깊게 보는 경향이 있다. 하지만 적정한 규제(최저임금제 등) 위에서 잘 작동하는 노동시장을 통해서, 한마디로 공정 경쟁을 통해서 삶의 조건을 개선하려고 하는 압도적 다수의 힘없는 노동의 이해와 요구는 거의 주목하지 않았다.

노동 내부의 분화뿐 아니라 자본(기업)의 다양한 스펙트럼에 대한 이해도 너무나 낮다. 기업과 시장에 대한 이해가 너무나 떨어지다 보니, 이들의 눈에는 제대로 작동하지 않는 시장 문제의 심각성이 보이지 않는다. 단지 과잉시장(경쟁)만 보고, 시장에 재갈을 물리고, 시장 폭력 완충 장치를 만들고, 비시장적 거래를 활성화시키는 솔루션뿐이라고 해도 과언이 아니다. 또한 진보의 정체성인 양, 최저임금 대폭 인상, 비정규직 관련 엄격한 규제 등을 부르짖지만, 그로 인해 엄청나게 늘어날 실업자들을 어떻게 구제할지, 과연 고부가가치 산업이 흡수할 수 있는지는 면밀히 따져보지 않는다. 기계, 기술, 상품, 작업장, 기업, 직업, 산업 등 모든 존재들의 수명이 짧아지고, 모든 경제 주체들이 빠르게 반응하는 시장 환경에 대한 천착이 없다 보니, 토대의 변화에서 나온 유연성, 유동성 요구를 모조리 신자유주의로 해석하였다.

다섯째, 정책 대안은 대체로 심각한 고비용 저효율의 구조를 혁파하지 않은 채 주로 세금과 재정을 늘려 문제를 해결하는 방식이 기조를 이루었다. 그래서 방만하고 귀족적인 공공부문을 성토하는 여론을 외면했다. 결국 한 쪽에서는 증세를 무색하게 만들면서 다른 한쪽에서는 증세를 부르짖는 우를 범하였다.

참여정부와 열린우리당은 기본적으로 국가 경영 경륜이 부족한 상태에서 출범했다. 특히 열린우리당은 새로운 정치 실험으로서 지구당 중심의 조직 원리상 직능단체와의 연계도 취약할 수밖에 없었다. 이런 상황에서는 바닥 현실과 개혁의 급소를 잘 알 수 있는 위치에 있는 전교조 등 진보 이익집단들의 역할이 매우 클 수 있었다. 그러나 끊임없이 참여정부와 각을 세운 신자유주의 반대 투쟁으로 인해 참여정부와 손잡고 쉽게 할 수 있는, 수많은 의미 있는 개혁들을 놓쳐버렸다.

또한 주요 진보 언론과 지식사회는 한국의 독특한 바닥 현실의 모순과 부조리, 예컨대 가치 전도가 일어나고 있는 학교 현실, 삼성 비자금으로 불거진 총수 지배체제의 이면, 지방 공항, 민간 투자 사업 등으로 불거진 재정 할당 실태, 불공정 하도급 거래, 후진적인 정당 운영 실태 등을 잘 모르고, 사안의 경중 완급도 잘 모르면서 스스로가 단기적이고 협소한 이익을 추구함으로써 참여정부를 포함한 제반 정치 세력의 정치적·정책적 무능을 더욱 악화시키는 데 크게 일조했다. 진보 정당을 자임한 민주노동당은 '가짜 진보와 선명하게 선을 그으면 진짜 진보에 대한 신뢰가 회복된다'는 착각에 빠져 한나라당과 합동으로 참여정부를 공격하기도 하였다. 이는 결국 한국의 정치적·사회적 제약 조건을 제대로 인식하지 못하고 주체 역량을 과대 평가한 결과라고 할 수 있다.

적지 않은 진보 인사들은 자신들이 원래 올바른 진보 노선이 있었는데 노무현과 집권 386들의 오만, 독선, 코드 인사에 가로막혀 실현하지 못하였다는 생각을 피력하곤 한다. 그러나 이들이 비판과 대안으로 제시하는 이념, 정책을 뜯어보면 인재 풀을 협소하게 운영했다는 비판은 그리 틀린 것 같지 않지만, 진보의 운명을 반전시킬 만한, 노무현을 넘어선 진보 노선을 제시한 사람은 없었다고 생각된다. 노무현 참여정부뿐 아니라 범진보도 길을 잃었던 것이다. 그 와중에 이명박과 범보수가 선택을 받은 것은 노무현과 범진보와는 확연히 다른 해법을 가지고 있었기 때문이다.

03

노무현의 숙제에 답하다

01 노무현이 남긴 숙제

　노무현 대통령을 제외한 역대 대통령들은 모든 문제를 대통령 리더십 문제로 환원하게 만들었다. 제왕적 권능을 행사했기 때문이다. 그런데 노무현은 고집스레 헌법과 법률이 허용한 권력만 행사했다. 그러다 보니 대통령 리더십의 문제에 가려 있던 각종 시스템의 문제들이 수면 위로 드러났다. 이것들은 노무현 전 대통령으로 인해 선명해진 만큼, 그가 한국 사회에 남긴 숙제라고 할 수 있다. 이 숙제들은 정치적 좌절의 증거일 수도 있고, 개혁의 근거가 될 수도 있다.

　흥미롭게도 시스템에 관한 숙제들은 대통령 탄핵 사건에 집약되어 있다. 이 희대의 사건은 결과적으로 입법부와 중앙선거관리위원회와 헌법재판소가 공조해서 공직선거법이라는 실정법을 근거로 '대통령이 명백한 위법·위헌 행위를 하더라도 말로는 정치적 중립인 것처럼 하라'는 통치자의 위선을 강요했다. 이 사실에 대해서 유시민은 『후불제 민주주의』에서 다음과 같이 서술한다.

홍길동은 아버지를 아버지라 부를 수 없기 때문에, 진실을 입에 올릴 수 없기 때문에 괴로움을 견디지 못하고 집을 떠났다. 그런데 대한민국 대통령은 집을 떠날 수도 없으니 홍길동보다 더 답답하다. …… (역대 대통령들처럼) 이명박 대통령이 측근과 참모를 통해 한나라당의 2008년 18대 국회의원 선거 후보 공천을 좌우지했다는 것도 만인공지의 비밀이다. 대통령들은 예외 없이 여당의 국회의원 후보 공천을 좌우했고 여당의 총선 승리에 도움을 주기 위해 애썼다. 정치 중립은 고사하고 선거 중립조차 지키지 않았다. (탄핵 재판 과정에서 밝힌) 중앙선관위와 헌법재판소의 견해를 받아들이면 그들은 모두 공직선거법 제9조가 규정한 공무원으로서 명백한 위법·위헌 행위를 한 것이다. 그런데 대통령들은 이 진실을 입에 올리지 않았다. 그래서 선거법 위반이라는 비난을 받지도 않았고 탄핵을 당하지도 않았다. …… 노무현 대통령은 이러한 위선을 거부하고 자기를 지지하는 정당이 잘 되기를 바란다는 소망을 공개적으로 말했다. …… 중앙선관위와 헌법재판소는 대통령을 일반 국가공무원과 똑같이 취급하면서 대통령의 정치적 발언을 선거법 위반으로 규정했고……. 대통령의 논리적 반박까지도 헌법을 무시하는 행위로 단죄했다. (206~207쪽)

대통령 탄핵 사건은 대한민국 대통령이 왜 전근대의 제왕적 리더십을 요구받는 초법적이며 위선적인 존재가 되어야 하는지 깨닫게 했다. 그러나 노무현은 그것을 거부하면서 헌법에 명시된 대통령의 권한, 국회의 권능, 사법 시스템의 문제들을 일시에 드러냄으로써 자신에 대한 탄핵을 대한민국 시스템에 대한 전면적인 개혁의 필요성을 제기하는 역사적인 사건으로 만들었다.

노무현과 참여정부 주요 인사들은 재임 중에 사심 없이 열심히 국정을 운영했고 미래를 위한 새로운 시스템을 만들어 정착시켰다고 임기 말에 스스로를 긍정적으로 평가했다. 그러나 노무현의 가치를 구현하고자 창당된 열린우리당은 임기 중에 해체되었으며 범진보 진영은 동반 추락했고, 구시대를 대표하는 정치 세력에게 대선과 총선에서 참패했다. 이 불가사의한 실패 또한 숙제가 아닐 수 없다. 그가 남긴 숙제들을 요약하여 열거하면 다음과 같다.

첫째, 개헌을 18대 국회의 주요한 과제로 부각시켰다. 노무현 대통령은 2007년 1월 9일 '5년 단임제를 4년 중임제'로 바꾸는 이른바 '원 포인트 개헌'의 뜻을 밝혔다. 그의 핵심적 의도는 정치 시스템 개혁이었다. 이것은 다른 역대 대통령들이 대체로 권력 분점이나 권력 연장을 위한 개헌을 의도했던 것과는 명백한 차이가 있다. 결국 정치권과 언론으로부터 '뜬금없다', '정략적이다'는 비난을 받았음에도 불구하고 3개월 뒤에 '개헌 문제는 18대 국회 초반에 처리하기로 한다'는 당시 여야 6당 원내대표의 합의를 이끌어냈다. 만약 노무현 전 대통령의 거칠지만 몇 개월에 걸친 개헌 시도가 없었다면, 지금도 개헌 문제는 공론화되지 않았을 가능성이 크다.

둘째, 제왕적 대통령하에서는 대체로 국회가 거수기 노릇을 하면서 국회의 권능을 한국 사회가 잊고 있었는데, 노무현 전 대통령은 국회의 권능이 얼마나 중요한지 보여주었다. 노무현 전 대통령 재임 기간만큼 국회의 존재감이 부각된 적이 최근 수십 년 내에는 없었을 것이다. 국회는 대통령을 탄핵하고, 김두관 장관을 말도 안 되는 이유로 해임하고, 명분 없는 파업질

(법제사법위원회 · 본회의장 점거, 등원 거부, 의사 일정 합의 거부)을 일삼았다. 이로 인해 대통령이 헌법과 법률이 허용하는 권한만 행사한다면, 무엇보다도 국회가 유능하고 책임 있는 기관이 되어야 한다는 것이 대중적으로 확인되었다.

셋째, 대통령 탄핵, 행정수도 건설, 호주제, 직업선택의 자유(맹인 안마사), 새만금 개발과 천성산 터널 문제 등 정치와 사회에 파급력이 큰 사건들이 법원이나 헌법재판소에서 최종 매듭지어진 데서 보듯이 사법부의 거대한 권능이 확인되었다. 더 심각한 문제는 법원, 헌법재판소는 물론이고 검찰, 선거관리위원회 같은 주요 기관까지 단지 사법시험을 통과하여 약간의 실무 훈련을 받은 1만여 명의 엘리트들에 의해 배타적으로 장악되어 있다는 사실이다. 일부 진보 인사들은 '권력이 시장으로 넘어갔다' 는 노무현의 말 한 마디를 가지고 노무현의 변절을 부르짖었다. 그런데 그 와중에 소리 없이 엄청난 권력이 검찰, 법원, 헌법재판소, 선거관리위원회에 넘어가 버린 것이다. 이 역시 한국의 민주주의와 공화주의에 대한 새로운 설계를 고민하게 해주었다.

넷째, 사정기관, 대기업, 언론 등 선출되지 않은 권력에 대한 민주적 통제 장치를 숙제로 남겼다. 반민주적인 구시대의 악폐를 청산하고 새 시대 성숙된 민주사회의 초석을 만들고자 했던 노무현은 검찰, 국세청 등 사정기관을 정치적으로 중립화시키고, 정경유착을 단절하고, 언론에 대한 통제를 푸는 등 각종 민주화와 자율화 조치를 실행했다. 그러나 선출되지 않는 권력에 대한 자율적이며 민주적인 통제 장치가 정착되지 않은 상태에서 이러한 조치는 시기상조였다. 그들은 흡사 목줄을 풀어놓은 도사견 같은 행태를 주저하지 않았다.

다섯째, 열린우리당의 탄생, 분란, 소멸을 통해서 정당과 정치 생태계 문제에 대한 새 시대의 숙제를 남겼다. 열린우리당은 한국 정당정치에 있어서 민주적인 당원 참여와 전국적 지지 기반이라는 새로운 실험이었다. 그러나 제대로 된 국가 비전과 전략 콘텐츠가 없는 정당의 한계를 드러냈다. 또한 정경유착과 이권 개입을 단절한 상태에서 선출직 및 정무직 공무원의 박한 보수와 정치 자금 조달 문제가 부각되었다. 퇴임이나 낙선 후 정치적 경륜을 축적하고 공유하고 발전시켜 나갈 수 있는 제도적 뒷받침이 필요함을 보여주었다.

여섯째, 진보의 분열을 다양한 이념과 정책적 자산으로 만드는 과제가 중요한 숙제로 남았다. 노무현 대통령 재임 중 범진보로 뭉뚱그려져 있던 세력의 갈등과 분열이 일어났다. 그러나 이는 1987년 양김 분열처럼 정치 공학적인 분열이 아니라 상당 부분 정치 노선과 정책에 대한 차이에 따른 나름대로 건강한 분열이었다. 새로운 진보를 고민하고 모색할 수 있는 가능성을 연 것이다.

대한민국이 타고 갈 정책 플랫폼

자동차 플랫폼

플랫폼platform은 자동차회사에서는 아주 많이 쓰이는 단어다. 플랫폼은 원래 기차역의 철로 주변, 그러니까 사람이 타고 내리는 곳을 의미했다. 최근에는 윈도우나 리눅스 같은 컴퓨터 운영체제를 지칭하는 단어로도 쓰인다. 이로부터 플랫폼은 뭔가 소품(사람, 물건, 응용 프로그램 등)을 올려서 운용하는 토대나 환경이라는 의미가 있다는 것을 알 수 있다.

자동차는 크게 차대chassis와 차체body로 구분한다. 이는 마차 만들 때부터 쓰인 구분법으로서 차대는 바퀴가 달린 단단한 프레임이다. 달구지가 차대와 가장 닮았다(Chassis를 달구지로 번역했으면 사람들이 훨씬 쉽게 이해했을 것이다). 차체는 차대 위에 얹힌, 사람이 들어가 앉는 뚜껑이다. 자동차의 핵심 기능 부품들, 즉 동력 발생 장치, 동력 전달 장치, 조향 장치, 제동 장치, 현가 장치, 흡배기 장치, 휠과 타이어 등은 단단하고 조화롭게 결합되어 있다. 이것이 바로 자동차 플랫폼이다. 과거에는 큰 철골 프레임에 이들 부품들을 붙이고 차체와 붙였지만, 지금은 중량 저감을 위해서 얇은 철판을 겹쳐서 만든 차체(모노코크형)에 바로 붙인다. 어쨌든 차대=플랫폼만 있으면 볼썽사나워서 그렇지 달리고, 돌고, 서는 자동차 기능을 다 할 수 있다.

차체는 주로 보이는 부분 또는 사람과 접하는 부분을 총칭하는데, 크게 외관exterior과 내장interior으로 나눈다. 차체의 주된 기능은 차대를 덮어 보기 좋게 하고, 바람의 저항도 줄이고, 운전석으로 들어오는 비·바람·햇살·소음을 막고, 운전자가 편하게 앉도록 하는 것이다. 요컨대 차대가 차량의 본질적인 기능부라면 차체는 주변적인 기능부인 것이다. 차대가 본체라면 차체는 껍데기고, 차대가 몸이라면 차체는 옷이라고 할 수 있다. 차대, 즉 플랫폼은 자동차의 정체성을 결정한다. 플랫폼은 쉽사리 바꿀 수 없지만, 차체는 얼마든지 바꿀 수 있다. 자동차회사들은 하나의 플랫폼에 겉모양(차체)을 바꿔서 완전히 다른 차처럼 보이게 하기도 한다. 과거 대우가 만든 티코, 다마스(승합차), 라보(트럭)는 외관은 완전히 달라도 플랫폼은 같았다. 현대자동차는 스타렉스 플랫폼으로 1톤 트럭도 만들었다. 하나의 플랫폼으로 소비자의 기호에 맞게 다양한 외관의 자동차를 만드는 것은 자동차회사의 원가 경쟁력의 핵심적인 부분이다.

자동차 개발 비용의 대부분은 플랫폼 개발비다. 자동차회사의 연구개발 능력의 핵심은 훌륭한 플랫폼을 개발하는 능력이라고 해도 과언이 아니다. 차의 핵심 기능 부품을 결합하고 조화시켜서 원하는 차 특성을 창조하는 것이 그만큼 어렵기 때문이다. 예컨대 힘 좋은 차를 만들려면 배기량이 큰 엔진을 달면 된다. 하지만 고객이 차에 요구하는 품질 특성은 한두 가지가 아니다. 사실 고객이 자동차회사에 들이미는 요구나, 국민이 정부에게 들이미는 요구는 거칠게 표현하면 '돈 천 원 주면서 좋은 술, 담배, 안주 사고

거스름돈도 남겨와라' 는 식이다. 너무나 과도하고 모순적이다. 그럼에도 불구하고 자동차회사나 정부는 최대한 이 요구를 받아 안아야 한다.

고객이 연비 좋은 차를 원하면 배기량이 큰 엔진을 쓸 수 없다. 가능하면 작은 엔진을 쓰고, 차대와 차체를 줄이고, 최대한 가벼운 소재로 만들어야 한다. 그런데 가벼운 소재를 쓰면 원가가 올라가고 대체로 충돌 안전성이 떨어진다. 돈을 많이 들이면 거의 모든 품질 특성을 좋게 할 수 있지만, 살 사람이 없어서 회사가 망해 버릴 것이다. 또 수십만 대 이상 생산, 판매하는 회사는 엔진, 미션을 타 회사에서 사오는 경우가 거의 없다. 잘 팔지도 않을뿐더러, 용케 사온다 하더라도 원가 부담이 너무 크기 때문이다. 그래서 엔진, 미션은 자 회사 제품의 품질이 좀 떨어지더라도 그것을 써야 한다. 이 경우 플랫폼 설계 시에 엔진, 미션은 기본 상수로 되는 것이다. 엔진, 미션으로 인한 품질 문제는 다른 것(변수)으로 보완해야 한다.

정책 플랫폼

연비를 개선한다고 자동차 차대에 날렵한 자전거 바퀴를 끼우면 어떻게 될까? 당연히 바퀴가 일그러져서 제대로 달리지 못할 것이다. 오토바이 프레임에 비싸고 튼튼한 자동차 바퀴를 끼워도 비슷할 것이다. 잘 끼워지지도 않겠지만, 용케 끼웠다 하더라도 돈은 돈대로 쓰고 오토바이 성능은 더 떨어질 것이다.

자동차, 자전거, 오토바이가 적절한 프레임에 주요 기능 시스템과 부품들이 유기적으로 통합되어 제 기능을 발휘하듯이 복지, 노동, 교육, 부동산, 재정, 금융 관련 제도 및 정책들도 적절하게 유기적으로 통합되어야

제 기능을 발휘한다. 제동 장치, 조향 장치, 엔진 같은 기능 모듈들이 유기적으로 통합된 것이 자동차 플랫폼인 것처럼, 국가를 지탱하는 주요 제도, 정책들이 유기적으로 통합된 것이 정책 플랫폼 혹은 정책 패러다임이다.

오토바이 프레임에 자동차 바퀴를 끼우는 경우와 마찬가지로 복지, 노동, 교육, 부동산 관련 제도 및 정책들도 국지적 선진화가 주변 요소나 하위 요소들과 충돌하여 시스템 전체의 퇴행을 초래할 수 있다. 그런 최악의 사례는 아마 김영삼 정부가 주도한 외환금융 자율화와 대학 설립 및 정원 자율화일 것이다. 전자는 외환위기를 초래했고, 후자는 세계 최고의 대학 진학률, 콩나물 강의실과 부실 대학교육, 중·하층 노동력의 기근과 대졸 백수 폭증 사태를 초래했다.

그런 사례는 참여정부에서도 일어났다. 선분양제는 유지하고, 다주택 소유자에 대한 규제도 하지 않고 금융 규제도 하지 않은 채 저금리와 분양가 자율화와 혁신도시, 행정복합도시 건설이라는 선진화(?)를 추진하자 부동산 가격이 폭등했다. 소득 파악 미비, 소득 신고 누락 등을 전제로 한 높은 세율을 조정하지 않은 상태에서 신용카드 사용이 확대되고, 세정이 투명화·선진화되자 자영업자들의 세금 부담이 급속도로 늘어나면서 큰 폭의 민심 이반을 초래했다.

이런 어리석은 정책의 행진은 지금도 계속되고 있다. 이명박 정부는 정권 출범 초기부터 사교육비를 잡겠다고 심야 교습시간 제한 등 꽤 과감한 구상을 내놓았다. 그러나 현실은 사교육비가 더 늘어나고 있다. 이유는 명백하다. 한국은 좋은 직업, 좋은 직장, 좋은 대학이 가진 프리미엄이 너무나 크고, 10대 후반에서 20대 초반에 이 프리미엄 수혜 여부가 판가름 나기 때문이다. 설사 공교육이 학급당 학생 수를 지금의 절반으로 줄여도 사교육이 획기적으로 줄 수가 없다. 학업 성취도가 아니라 남보다 앞서는 것이 문제이기 때문이다. 따라서 적어도 현재의 경제사회 구조를 근본적으로 뜯어고치지 않는 이상 그 어떤 방식으로 교육을 개혁해도 사교육은 결코 줄지 않는다. 문제는 입시제도에 있는 것이 아니라 좋은 직업·직장·대학이 가진 프리미엄에 있기 때문이다.

노동정책이건, 교육정책이건, 복지정책이건 정상적으로 작동이 되려면 무수히 많은 제도, 정책들의 유기적 결합되어야 한다. 즉 정책 혼합policy mix으로 나타나야 한다. 단적으로 복지 정책은 조세·재정 구조, 산업·일자리 구조, 소득 분포, 인구 구조 변동, 세금과 공공부문에 대한 국민들의 인식과 밀접한 관련이 있다. 이를 면밀하게 고려하지 않는 복지 정책은 사상누각이다.

정책 플랫폼은 여러 개의 정책 패키지(모듈)가 일관된 철학, 가치, 비전 위에서 유기적으로 결합한 것이다. 이 플랫폼을 타고 5년, 10년, 25년을 달렸을 때 눈앞에 펼쳐지는 미래상이 바로 비전이다. 참여정부가 내놓은 비전 2030은 장기 재정 계획과 예산이 많이 소요되는 주요 정책 간의 모순을 해소하여 2005년부터 2030년까지 우리 삶의 개선 상을 주요 지표를 통해서 보여준 것이다. 그런 점에서 비전 2030은 재정과 경제사회 지표의 동태적 변화를 계산한, 한마디로 컴퓨터 시뮬레이션 정도는 거친 플랫폼이라고 할 수 있다. 한국 역사상 이 정도의 시뮬레이션이라도 거쳐서 만들어진 정책 플랫폼은 없었다.

자동차 플랫폼 개발 과정에서 고려하는 요소와 정책 플랫폼(패러다임) 개발 과정에서 고려하는 요소는 매우 흡사하다. 자동차 플랫폼을 개발할 때 주요하게 고려하는 변수는 고객 요구의 우선순위, 차 운행 환경, 경쟁사 제품의 강·약점, 법규, 제품 철학과 마케팅 포인트 등이다.

정책 플랫폼을 개발할 때 주요하게 고려하는 요소도 비슷하다. 모든 것의 중심에는 국민·유권자·핵심 지지층의 요구, 기대, 고통, 불만이 있다. 이를 좀 더 정확하게, 또 동태적으로 알기 위해 이 요구와 불만을 생애주기별로, 계층별로 분석한다. 또한 인구 구조, 산업·일자리 구조, 조세·재정 구조, 경제 통상 환경, 자산·소득의 분포와 격차, 교육 수준, 공적 존재들에 대중적 신뢰 수준, 사회문화 등을 분석한다. 이는 세계화, 지식정보화, 기후·환경·에너지 위기, 중국과 인도의 경제사회 발전 등 미래학이 제공하는 지식의 뒷받침을 받아야 한다. 물론 경쟁하는 정치 세력의 강·약점에 대한 고려도 빠질 수가 없다. 헌법, 선거제도, 복지제도, 교육제도, 노동 법규, 언론 환경, 주요 이익집단의 특성과 갈등 해결 방식 등 법률·문화적 환경도 중요하게 고려되어야 한다.

정책 플랫폼은 발전 패러다임이라고 부르기도 하고 이념이라고 부르기도 한다. 박정희 플랫폼(패러다임)은 외자도입-정부 주도의 자원 할당-관치 금융-재벌 위주 특권·특혜 할당-신중상주의-권위주의-일제식 국민계도주의-저곡가(농업 인구 축소)-저임금(노동 억압)-산업 분야로 인재 집중 유도(공공부문에 대한 강력한 통제)-이공계 대학과 공업고등학교 육성 등의 정책 패키지가 유기적으로 결합되어 있었다. 이는 냉전 상황에서 미국이 제공한 특혜적 통상 환경과 저부가가치 산업을 한국 같은 신흥 개발도상국에 이전하려는 미·일의 산업 구조 고도화 전략 등과도 서로 조응하고 있었다. 이들은 한데 어울려 한강의 기적을 연출했지만, 내적 모순과 1990년대 중반의 급변한 국내외 환경과 충돌하여 외환위기라는 결정타를 맞고 김대중 플랫폼에 의해 대체되었다. 김대중 플랫폼은 외환위기 조기 극복이라는 신화를 연출했지만, 이 역시 숱한 내적 모순과 외적 환경과의 충돌 문제를 안고 있었다. 노무현은 김대중 플랫폼을 관리, 개선했을 뿐이다. 물론 김대중 플랫폼을 대체할 새로운 플랫폼은 그 기본 얼개가 어떠해야 할지 아무도 모르고 있다. 지금도 백가쟁명 상황이라고 할 수 있다.

정책 플랫폼 혹은 국가 개조의 비전, 전략의 총체가 가시화·구체화된 것이 바로 사회경제 모델이다. 이는 비전이라고 할 수도 있다. 한국 보수는 사회경제 구조의 큰 틀을 손보아야 한다는 생각 자체가 없기에 비전으로 제시하는 사회경제 모델이 없다. 그냥 좌파적 요소를 적출하면 좋은 나라가 된다고 생각하는 듯하다. 반면에 한국 진보는 수입한 것이기는 하지만, 어쨌든 비전으로 제시하는 사회경제 모델이 있다. 또한 사회경제 구조의 큰 틀을 손보아야 한다고 말한다. 이들이 가장 선호하는 모델은 북유럽 모델이거나 독일식 사회적(조정) 시장경제 모델이다.

하지만 나는 이 모델들은 한국인의 성정, 문화와도 맞지 않고, 한국의 독특한 사회구조와도 맞지 않고, 시대의 거시 흐름과도 맞지 않다고 생각한다.

사회 콘셉트디자이너

자동차 플랫폼을 개발하기 위해서는 시장의 요구·지식은 물론, 각 분야 기술자의 요구·지식과 경영의 요구·지식을 총화하고 조정하여 차의 기본 콘셉트를 잡은 다음 기술자들을 동원해서 그 콘셉트를 구현해 내는 사람이 필요하다. 이 사람이 바로 콘셉트디자이너Concept Designer 또는 프로젝트매니저(Project Manager, 일명 PM)이다. 명실 공히 세계 최강의 자동차회사인 일본 도요타자동차는 세계 최강의 PM을 보유하고 있다. 아니 최강의 PM을 양성하는 교육·훈련 과정을 가지고 있다. 도요타는 종합적 통찰력과 학습 능력과 커뮤니케이션 능력이 있는 엔지니어를 뽑아서 20여 년에 걸쳐서 체계적으로 교육·훈련시킨다. 차체 설계, 차대 설계, 기본 설계 package design 등 주요 설계 파트와 상품 기획팀 등을 몇 년씩 거치도록 한다. 그래야 장차 PM이 되어 각 분야 설계팀과 상품 기획팀 등과 원활한 커뮤니케이션을 할 수 있기 때문이다. PM은 시장과 경영으로부터 나오는 수많은 모순된 요구를 적절히 거르고, 절충하여, 품질(성능) 목표치로 변환시켜 엔지니어링에 반영한다. 자동차 관련 기술과 프로세스를 잘 모르는 경영자 중에는 엄청난 시간과 비용이 드는 일이나 사실상 불가능한 일을 불쑥 불쑥 지시하여 차 개발을 엉망진창으로 만들어 놓기도 한다. 정책에도 이와 비슷한 일이 많이 벌어진다.

　정치인은 정책 콘셉트디자이너이다. 정책 플랫폼 개발을 지휘하는 PM이라고 할 수도 있다. 자동차 플랫폼 개발을 지휘하는 PM이 핵심 부품을 책임진 수많은 엔지니어들과 대화가 되듯이, 정치인도 국가 경영을 떠받치는 주요 분야의 전문가들과 대화가 되어야 한다. 종합적 통찰력과 학습 능력과 커뮤니케이션 능력은 기본이다. 스스로가 PM이 되기 어렵다면 참모라도 두어야 한다. 그것도 없으면 정당에라도 두어야 한다. 아니 모셔야 한다. 그래야 정책의 개념 내지 기조lay-out를 잡고 수많은 학자, 관료, 기업인, 컨설턴트, 시민단체 활동가들과 풍부한 커뮤니케이션을 통해 정책 플랫폼을 제대로 개발할 수 있다.

한국에서 정치를 하거나 정책에 관여하려고 하는 사람들 상당수는 시대에 맞고, 한국 현실에 맞는 정책 플랫폼 개발을 위해 무엇이 필요한지 잘 모르는 것 같다. 아니 정책은 정책 플랫폼 위에서 구현되어야 한다는 사실조차 모르는 사람도 많은 것 같다. 이런 사람들은 강단에 자리 잡은 사회복지학자가 사회복지 정책을 설계할 수 있고, 노동경제학자가 노동 관련 정책을 설계할 수 있다고 생각한다. 개중에는 선진국 정책 모델 가져와서 베끼기만 하면 된다고 생각하는 사람도 있다. 사실 이렇게 베껴 만든 정책의 실효성만 있다면야 굳이 PM이 필요 없다. 그런데 한국은 이런 단계를 벌써 지났다고 보아야 한다. 그런 점에서 참여정부와 이명박 정부에서 일어난 민심의 격렬한 요동(스윙) 현상은 정책 플랫폼의 존재 의의를 모르고 힘차게 내지른 정책과 관련이 있다고 보아야 한다. 이는 엔진과 바퀴만 좀 아는 사람이 좋은 차를 만들겠다고 덤빈 꼴이다. 비전 2030도 뉴민주당 선언도 따지고 보면 콘셉트디자이너 훈련이 제대로 안 된 사람들의 작품이라고 할 수 있다.

좋은 PM의 지휘를 받지 않는 자동차 플랫폼 개발은 회사를 망쳐먹는 길이고, 좋은 콘셉트디자이너(정치인)가 관계하지 않는 정책 플랫폼 개발은 나라와 정치 세력을 망쳐먹는 길이라고 할 수 있다. 참여정부와 이명박 정부에서 일어났거나 일어나고 있는 일은 바로 좋은 콘셉트디자이너 없이 획기적인 개혁을 해보려는 시도의 후과라고 할 수 있다.

지금 한국에서 북유럽 모델, 독일식 사회적 시장경제 모델, 미국 모델 등 경제사회 모델(패러다임)을 얘기하는 사람들은 자신이 딛고 서 있는 경험적·지적 기반을 냉철하게 뜯어보아야 한다. 과연 복지 정책의 대전제인 조세·재정 구조와 현실에 대해서, 일자리 구조와 노동 내 엄청난 격차에 대해서, 특히 기업과 산업 현장에 대해서, 사회적 신뢰 수준 및 갈등 해결 실태에 대해서 얼마나 알고 있는지? 이 경제사회 모델들의 작동의 전제 조건에 대해서 알고 있는지? 또 새로운 정책 플랫폼(패러다임)을 내오기 위해 요구되는 다양한 분야의 지식을 습득하기 위해 얼마나 노력을 했는지? 그 방면을 꿰고 있는 전문가들과 얼마나 풍부한 대화, 토론을 나누고 있는지? 과연 타 분야에 대한 자신의 지식이 신문을 통해 얻은 지식을 얼마나 넘어서고 있는지?

확신컨대 장님 코끼리 만지기가 횡행하고, 이론과 실물의 벽이 높고, 이념·정책의 오퍼상들이 설쳐대는 한국적 현실에서 자신의 눈(편견)과 뇌(경험 및 지식)와 관계(지식인 네트워크)와 (모순과 부조리가 첨예한 현장에서 상대적으로 먼) 자신의 위치의 구조적 한계를 인정하지 않는 자는 적어도 대한민국이 가야 할 길(비전과 이념)에 대해서는 목소리를 낮추는 것이 현명하다.

정책 플랫폼의 독자 개발 단계

한국 자동차 산업은 플랫폼과 차체 설계도면을 영국, 이탈리아, 독일 등의 유명 연구소(자동차 디자인 센터)에서 사와서 이를 싸게 빨리 만드는 방식으로 성장해 왔다. 따라서 회사 덩치에 비해서 원점에서 자동차를 설계하는 능력이 대단히 떨어진다. 내가 2004년 초까지 근무하던 대우자동차(GM대우)만 하더라도, 원점에서 자동차를 디자인해서 시제품이나마 만들어 본 사람이 거의 없었다. 당시의 현대, 기아 자동차도 다르지 않았을 것이다.

그런데 유럽과 미국은 마차 제조업자들이 마차 프레임에 엔진을 붙이는 방식으로 초기 수제 자동차를 만들어 본 역사가 있고, 지금도 자기 집 창고에서 자동차를 손수 설계해서 수제 차를 만드는 사람이 많아서인지 자동차에 대한 이해 하나는 확실히 뛰어나다. 당연히 이들은 경주용 차 등 신개념의 차를 잘 만든다. 그렇다고 해서 잘 팔리는 차를 만드는 능력이 한국보다 뛰어난 것은 아니다. 그랬기 때문에 한국 자동차 산업이 이만큼이라도 성장할 수 있었다. 어쨌든 자동차회사야 모로 가도 잘 팔리는 차만 잘 만들면 된다.

그러나 한국 사회에 필요한 이념이나 정책 플랫폼(패러다임)은 외국에 용역을 의뢰할 수도 없고 수입할 수도 없다. 물론 과거에는 기술뿐만 아니라 법, 제도, 정책을 선진국으로부터 많이 수입했다. 법, 제도, 정책의 작동 환경이나 역사적, 사회적 맥락을 알지 못했다 하더라도 그리 큰 문제가 아니었다. 당시에는 없는 법, 제도, 정책이 워낙 많았다. 따라서 외국의 선진 흐름만 잘 알고 있으면 한국의 토양과 체질을 잘 몰라도 그리 문제되지 않았다. 그러나 한국 사회가 일정 수준 이상으로 성장하면서 기존 법, 제도, 정책 간의 충돌이 격렬하게 일어나고 있다. 급변한 환경과의 충돌도 격렬하다. 비정규직 문제나 최저임금 수준을 둘러싼 갈등이 대표적이다. 미국식 해법도 채택하기 곤란하고, 유럽식(덴마크식) 해법도 채택하기 곤란하다. 공공부문으로의 인재 쏠림 문제는 그 어떤 선진국도 경험하지 못하는 문제다. 이렇듯 한국 특유의 문제가 정말 많다.

한국의 경제사회 주체들은 위기와 기회에 예민하여 법과 정책의 허점을 예리하게 찔러 들어와 패악을 극대화시킨다. 물론 이익을 침해당하는 것도 결코 좌시하지 않는다. 이제 이런 충돌이나 갈등을 정부의 힘으로 누를 수도 없다. 재정을 왕창 풀어서 해결할 수도 없다. 대립과 갈등이 치열한 사안인 경우 이해관계자들끼리 대화와 타협을 통해서 윈-윈 하는 해법을 찾는 경우도 드물다. 아니 사안 자체가 당근과 채찍을 든 정부의 주도적 결단과 조정 없이는 해결되기 힘든 것이 많다. 그래서 작동 잘 되는 정책 플랫폼 설계가 절실하다.

분명한 것은 자동차 플랫폼 개발보다 정책 플랫폼 개발이 더 어렵다는 것이다. 종합해야 할 전문 지식과 소통해야 할 분야가 훨씬 많다. 게다가 모순이 생기면 외환위기, 부동산 대란, 신용카드 대란에서 보듯이 사회적 비용도 여간 큰 게 아니다. 이유가 합당하든 합당하지 않든 기득권을 침해당하는 이해관계자들의 저항은 극렬하다. 수백 톤의 인화성 물질이 있는 페인트 공장을 점거하여, 쌍용자동차 생산 판매 네트워크에 붙어서 먹고사는 수만 명의 밥줄을 인질로 삼아 정리해고 철회를 요구하고, 민주노총이 이를 지지하고 동조하는 일은 한국 아니면 찾아보기 힘들다. 그만큼 구조조정, 구조개혁이 어렵다는 것이다.

한국 정도의 발전 단계에서는 사회를 총체적, 획기적으로 바꾸겠다고 하는 정치 세력이라면 독자적인 정책 플랫폼(패키지), 즉 이념 개발 능력이 있어야 한다. 보수 정치 세력은 대체로 기존의 틀을 바꾸지 않으려 하기 때문에 진보만큼 이념이 절실하지는 않다(그래도 영국의 대처나 미국의 레이건은 획기적인 개혁을 했는데 당연히 확고한 이념이 있었다. 그랬기에 보수주의 혁명을 했다고 평가받는 것이다). 하지만 진보는 다르다. 새로운 대한민국을 건설하기 위해 사심 없이 혼신의 힘을 다한 노무현 전 대통령이 비극적 죽음을 당한 것도, 이명박 정부에 대한 원성이 하늘을 찌르는 것도 따지고 보면 유효기간이 다한 박정희, 김대중(노무현) 발전 패러다임을 대체할 새로운 발전 패러다임 없이 국가와 사회를 획기적으로 개조하려는 과욕과 밀접한 관련이 있다고 생각한다. 그럼에도 불구하고 정책 플랫폼 개발의 방법론은 말할 것도 없고 그 필요성조차 널리 공유되어 있지 않은 것처럼 보인다. 이것만큼 심각한 대한민국의 위기가 있을까?

사회민주주의는 대안이 아니다

노무현을 적대한 두 가지 플랫폼

참여정부 초기부터 노무현 서거 직전까지, 범진보 세력 내에서 노무현에 대한 적의를 가장 강하게 표출해 온 세력은 대체로 두 가지 정도의 정치적 · 정책적 플랫폼을 타고 있었다. 그 중 하나가 사회민주주의 플랫폼이다. 이는 신자유주의 반대를 시대정신으로 여기고 대체로 북유럽 모델이나 독일식 사회적 시장경제 모델을 대안으로 삼는다. 간혹 베네수엘라, 쿠바 등에서 성과를 올린 방식, 예컨대 빈민촌의 자치, 도시농업 등을 주목하기도 했다.

다른 하나는 호남＋알파를 부동의 집권 전략으로 삼는 사고 패러다임이었다. 여기서 말하는 알파는 충청일 수도 있고, 민주파일 수도 있다. 이는 1997년 김대중의 집권 전략이며, 2002년 노무현의 집권에도 상당한 영향을 미쳤다. 그러나 2012년 이후에 재연이 가능할지는 의문이다. 어쨌든 이 정치 전략 패러다임을 가진 사람들은 최소한의 정치적 생존을 위해 몸부림치는 영남 민주 세력과 수도권 등의 '진보적 자유주의' 세력을 분열주의 세력으로 탐탁지 않게 본다. 그리고 그들을 진보의 가면을 쓴 보수주의 세력으로, 영남패권주의 내지 영남 지역당 추구 세력으로 폄하하고 싶어 한다. 당연히 박연차 발 검풍이 노무현을 할퀴는 현상을 보고 '자업자득' 이라거나 '영남 개혁 세력의 정치적 사망 선고' 로 폄하하고 싶어 했다. 이렇듯 노무현과 참여정부에 대한 적개심이 가장 강한 사람들은 대체로 경제사회 모델로서는 사회민주주의를, 집권 전략으로서는 호남＋알파 모델을 채택했던 사람들이다.

이들이 적대했던 참여정부의 정책적 패러다임은 어떻게 정의해야 할까? 유시민은 『후불제 민주주의』에서 참여정부의 정책적 패러다임을 '사회적 자유주의' 로 명명하면서 이렇게 설명했다.

> 사회적 자유주의는 우리 헌법이 규정한 정치와 경제의 다원주의적·자유주의적 기본 질서를 전적으로 승인하는 가운데 사회적 형평과 통합, 기회 균등과 경쟁의 공정성, 사회적 안전과 평화, 환경 보호 등의 가치를 실현하기 위해 적극적인 국가의 개입과 사회적 타협을 추구하는 사상적·이론적·정치적 흐름을 가리킨다. 이것은 전통적인 보수와 진보를 인정하면서 그 장점을 취하는 중도 통합 또는 중도 진보적 이념 성향이라고 할 수 있다. (339쪽)

이 패러다임은 현재의 한국 경제사회 모델을 근본적으로 뒤흔드는 것은 아니다. 자유롭고, 공정하고, 역동적인 시장경제에다가 진보적 성격을 가미한 것이다.

민주노동당, 진보신당, 『한겨레』·『경향신문』·『오마이뉴스』 등 주류 진보 언론, 상당수 시민사회 단체, 그리고 열린우리당과 민주당에서 좌파 연하던 정치인들은 대체로 사회민주주의 경제사회 모델을 플랫폼으로 채택해야 진보적 가치가 실현된다고 생각하고 있다. 이들은 거의 예외 없이 한미 FTA를 결사반대했다. 하지만 노무현과 참여정부의 주류는 사회적 자유주의 플랫폼을 채택해야 진보적 가치가 실현된다고 생각했을 것이다. 하지만 어느 쪽도 자신의 플랫폼이 독특한 한국 사회에서 작동 가능한지는 엄밀하게 따져보지 않았다.

어쨌든 참여정부 시기에 벌어진 범진보의 극심한 대립·갈등도, 노무현 서거 이전까지 진보 언론이 노무현을 정치적으로 매장시키려 한 이유도 그 뿌리에는 진보적 가치를 효과적으로 구현하는 정책 플랫폼(패러다임)이 서로 달랐기 때문이다. 바로 그 때문에 진보 언론은 노무현과 참여정부에게서 치 떨리는 배신감을 느끼고 있었던 것이다. 지금이야 노무현 서거와 엄청난 추모 열기로 인해, 또 이명박 정부의 총체적인 역주행으로 인해 '대동단결론'(민주대연합론)이 강조되어 과거의 배신감과 적대감은 수면 아래로 가라앉았지만, 진보가 가야 할 길에 대한 이성적 판단이 눈 녹듯 사라질 수는 없는 법이다. 사실 반이명박 전선을 제외한 정책 각론으로 들어가면 그 정책적 간극은 결코 실개천 수준이 아니다. 게다가 지지층의 물질적 이해관계의 차이도 이 간극을 넓히고 있다. 그러므로 범진보를 2~3개로 쪼개버린 정책 패러다임의 대충돌은 금방 해소될 수 있는 성질이 아니다. 이는 범진보가 반드시 거쳐야 할 이념적 진화 과정이다.

군사독재가 맹위를 떨칠 때는 민주노동당에서부터 참여정부 좌·우파는 물론이고 한나라당 일부까지 동지였다. 하지만 군사독재가 퇴조하고 나서는 이념, 정책, 지역, 개인적인 이해관계 등을 좇아서 다양한 분화가 일어났다. 마찬가지로 복지 수준이 형편없을 때는 사회민주주의와 자유주의가 한 목소리로 복지 재정 증대, 사회안전망 강화(국민건강보험 사각지대 해소, 공적 보장률 향상, 고용보험 강화 등), 공적 복지 전달 체계 강화 등을 주장한다. 그러나 복지 수준이 올라가면 전략적 방향성에서 차이가 나면서, 두 플랫폼이 충돌한다. 참여정부 시기가 바로 이런 시기였다. 지금도 이 충돌은 계속되고 있다.

문제는 과거 한 식구끼리의 대립, 갈등이 치열한 것이 아니라, 스스로 별 의심도 없이 채택하고 있는 진보적 정책 패러다임의 적실성 내지 (자신이 자부하는) 진보의 정체성에 대한 의심이 덜 치열한 것이다. 구체적인 복지 정책 하나를 놓고 무엇이 진보인지 생각해보자. 그리고 이 차이가 어디서 오는지 살펴보자.

사회민주주의 패러다임의 물질적 이해관계

예컨대 복지 예산이 1조 원 있다고 치자. 1조 원은 연봉 4000만 원짜리 공무원 2만 5000명을 고용할 수 있는 돈이다. 북유럽 등 원산지에서는 어떻게 하는지 몰라도, 한국에서 얘기되는 사회민주주의 정책은 거칠게 말하면 대략 8000억 원을 들여 2만 명의 복지 전달 공무원을 채용하고, 나머지 2000억 원으로 건물 짓고, 공간·차량 임대하는 등 사업비로 쓴다. 그리고는 복지 수혜자가 복지 담당 공무원을 찾아오게 하거나 공무원이 찾아가는 서비스를 하겠다는 것이다. 물론 이 과정에서 신규 채용되는 사람은 팔자 고치는 것이다. 이들은 당연히 공공부문 노조의 새로운 조직 기반이 될 것이다. 물론 조직과 예산은 한 번 늘려놓으면 그대로 유지해야 한다.

자유주의적 정책은 이를 복지 소비자(수혜자)들에게 바우처(이용권)로 나눠주는 것이다. 거칠게 계산하면 연 수입 1000만 원짜리 10만 명분의 일자리를 만드는 것이다. 복지 서비스 제공자들에게 일정한 교육훈련을 받게 하여 요양보호사 같은 자격증을 부여하고, 복지 서비스를 시장에 공급하게 한다. 당연히 건물 짓고, 공간 임대하는 데 비용은 거의 안 쓰게 되어 있다. 반면에 알선 중개하는, 수수료 따먹으려고 하는 사업체가 곳곳에 생겨난다. 개중에 악덕 업자나 사기꾼이 없을 리 없다. 하지만 소비자 선택권이 있기에 경쟁이 있고, 따라서 복지 서비스를 잘하는 사람은 연간 수입이 3, 4000만 원이 될 수도 있다. 못하는 사람은 몇 백만 원, 아니 자격증만 따놓고 그냥 파리만 날릴 수도 있다. 소비자 선택권이 있는 한 서비스 질은 점점 개선될 수밖에 없고, 복지 공급자는 대체로 피곤하다. 철밥통 공무원에게는 일거리가 없으면 신나는 일이지만, 요양 보호사에게는 일거리가 없으면 죽음이다. 이 서비스가 공짜가 되면 요양 보호사와 복지 수혜자의 담합이 일어날 것이기에 그렇게 할 수가 없다. 그럼에도 불구하고 변칙, 편법이 없을 리 없다. 소비자 선택권을 크게 존중하는 이런 복지 공급 방식은 좀 여유 있게, 국가 배급 방식으로 복지 서비스를 공급해 온 공무원들을 정말 불편하게 한다.

당연히 복지 서비스가 웬 돈벌이 대상이냐는 둥, 악덕 업자의 중간착취(중계 수수료 착취)가 심하다는 둥, 아르바이트보다 못한 일자리라는 둥, 복지 공급자끼리 경쟁이 심해서 폐해가 심하다는 둥 온갖 비난이 진보 언론과 공공부문 노동조합으로부터 쏟아질 것이다. 그러나 상식이 있는 국민들은 이들의 분노와 비난이 먹고 살 만한 강단 학자들의 현실에 대한 무지나 기득권 보호주의=경쟁 회피주의에서 나온다는 것을 단박에 알 것이다.

일자리와 소득 구조가 문제다

솔직히 한국에서 일자리를 절실히 원하는 사람이 실업률 공식 통계에 나와 있는 80~100만 명 수준이라면, 서비스가 좀 나쁘고, 예산과 조직이 좀 경직된다 하더라도 사회민주주의 해법을 채택 못할 일이 없을 것이다. 그러나 슬프게도 한국은 일자리 사정이 너무나 열악하다. 연봉 4000만 원 아니 3000만 원짜리 일자리라도 철밥통이기만 하면 갖고 싶어 하는 사람이 천만 명은 될 것이다. 비경제활동인구에서, 비임금근로자(영세 자영업)에서, 비정규직에서, 중소기업에서 그 일자리를 가지겠다고 쏟아져 나올 것이다. 최저임금 수준이나 비정규직 규제 문제도 마찬가지다. 실업률이 공식 통계 수준이라면 최저임금 수준을 대폭 끌어올려 한계 기업 노동자 수십만 명이 추가로 실업자 대열에 합류한다 하더라도 못할 것이 없다. 이들을 실업 안전망과 교육 안전망으로 떠받치고 있으면 오래지 않아 보다 생산성이 높은 부문으로 흡수될 테니까. 그러나 이런 '멋진 이전'은 잘 일어나지 않는다. 실업 안전망과 교육 안전망도 튼실할 수가 없다. 정규직, 조직노동, 공공부문, 전문직 등의 처우가 선진국처럼 생산력(1인당 소득) 수준에 비추어 적정하기만 하다면, 또 동일 노동·동일 임금이 대체로 적용된다면, 그도 저도 아니라도 대부분의 기업들이 떼돈을 벌기만 한다면 비정규직 사용을 엄격하게 규제해도 상관없을 것이다. 그러나 현실은 그게 아니다.

그럼에도 불구하고 진보를 고창하는 학자들 상당수와 공공성을 고창하는 조직노동은 수백만 실업자, 반실업자, 청년 세대의 고통과 기회 부족에 눈을 감고 있다. 짐짓 이들의 아픔을 이해하는 척하면서 일자리를 만들려면 최소한 자신들이 누리는 수준은 되어야 한다고 말한다. 이들이 생각하는 제대로 된 일자리의 처우는 북유럽과 달리 1인당 국민소득의 최소 2배 정도(연봉 3500~4000만 원)는 되어야 한다. 고용 안정 수준은 공무원, 국공립교사, 현대자동차 노동조합원 수준은 되어야 한다. 그런데 한국의 전반적인 기업 능력과 학부모들의 교육비 부담 능력과 국가의 재정 능력은 이런 좋은 일자리 수백만 개를 추가로 만들지 못한다. 문제는 이것이다. 당연히 제대로 된 일자리 하나(이는 우리 생산력에 비추어 보면 거의 귀족 수준이다)가 나오면 경쟁률이 수백 대 일이 된다.

한국에서 진보와 공공성을 고창하는 사람들은 엄청난 적자 재정을 편성해서 좋은 일자리(철밥통 공무원)를 많이 만들라고 말한다. 생사를 다투는 기업에게는 고용이 불안한 비정규직 말고, 정규직 일자리를 많이 만들라고 말한다. 대폭적인 증세를 하자고 말한다. 그런데 이 모든 해법은 현실과 충돌하여 나자빠진다. 현실을 아는 국민들은 외국물은 좀 먹었지만 한국 현실을 모르는 학자들의 장밋빛 비전이나 정치인의 사기 공약을 외면한다.

한국 진보가 대중적 지지와 신뢰를 잃은 결정적인 이유 가운데, 진보가 어느덧 상당한 기득권자가 되어 버린 노동조합원과 공공부문의 이데올로기적 영향력으로부터 벗어나지 못한 것을 빼놓을 수 없다. 단적으로 울산 북구에서 민주노동당, 진보신당 후보 단일화 방안으로 민주노동당은 민주노총 조합원이 참가하는 일명 민중경선제를 주장했다. 그런데 20여 년 전까지만 하더라도 민중은 가난하고 힘없는 노동자, 농민, 도시빈민을 총칭했다. 그러나 지금 민주노동당이 말하는 민중은 노동계급의 상층 중의 상층이다. 당연히 이들의 물질적 이해관계와 3비층의 이해관계는 다르다. 전자에게는 고용 안정 등 한마디로 기득권 유지가 핵심 가치라고 할 수 있다. 하지만 3비층과 청년 세대는 제대로 된 경쟁(도전) 기회 보장에 훨씬 깊게 공감한다. 그렇다고 해서 공유하는 이해관계가 없는 것은 아니다. 재정 할당 구조를 바꾸어 복지 재정을 늘리는 것, 국가와 사회가 개인의 생애 위험에 대해서 보다 많은 책임을 지는 것, 부동산 불로소득을 척결하는 것, 독과점을 반대하는 것, 힘센 자(주로 보수 세력이지만)들의 각종 반칙, 특권을 반대하는 것 등 여전히 많다.

 한국에서 사회민주주의 패러다임이 진화·발전하려면 그 패러다임과 차별화되고 경쟁하는 대안 패러다임이 있어야 한다. 그러나 유감스럽게도 이것이 뚜렷하지 않다. 비전 2030으로 집약된 패러다임은 대안으로서는 미흡하다. 그렇다고 보수의 정책적 패러다임이 유력한 경쟁 상대가 될 것 같지가 않다. '줄·푸·세' 등으로 정식화된 보수의 정책 패러다임은 대체로 비전 2030에서 복지 부분을 위축시켜, 보다 박정희 패러다임 아니면 신자유주의 패러다임에 근접하려는 것이 아닌가 한다. 지금은 벤처·중소기업가, 지식근로자, 청년 세대, 3비층에게 꿈과 희망을 주고, 사회에 활력을 불어 넣어주는 제대로 된 정책 패러다임이 나와서 퇴물 패러다임끼리 서로 조소하고 무시하는 양상을 일변시켜야 한다.

자원 배분의 기제

사회민주주의 플랫폼은 자원 배분의 기제로서 비시장적 요소를 크게 활용한다. 즉 보육, 교육, 의료, 주택, 노후 관련 재화 등을 이윤을 목적으로 하지 않는 정부(공공기관 포함)가 '재화를 필요로 하는 사람에게 배급하는 방식'인 것이다(바우처 방식과 소비자 선택권을 결합시켜 공급하는 방식도 있으나 한국에서 사회민주주의를 대안 모델로 생각하는 사람들은 그것을 거부한다).

물론 사회민주주의 국가의 정부는 다양한 층위의 이해관계자 집단들의 합의를 존중하고, 그들과의 협치를 통해서 많은 자원을 배분하고 갈등을 조정한다. 그 결과 개인과 가족의 생애 위험의 많은 부분을 국가와 사회가 책임지기에 매우 평등하고 안정적인 삶을 누릴 수 있다. 정말 진보가 꿈꾸어 온 이상향에 가장 근접한 경제사회 모델이 사회민주주의 복지국가인지도 모른다.

그런데 이런 시스템이 유지되기 위해서는 국민들이 세금을 많이 내야 하고, 정부와 사회 지도층에 대한 신뢰가 높아야 한다. 갈등 사안을 처리하는 기구, 예컨대 국회, 노사정위원회, 지방의회, 노사공동결정제도 등이 잘 작동해야 한다. 대의기구가 잘 작동하려면 각각의 이해관계자 집단을 끌어가는 지도부가 구성원들로부터 높은 대중적 신뢰를 받아야 한다. 그러면서도 이익집단의 포로가 되어서는 안 된다. 또한 개인이나 이익집단의 기회주의 행태(특히 복지 수급자와 공급자의 도덕적 해이)를 사회의 말단에서 감시하고, 고발하고, 비난하는 문화적 풍토가 있어야 이 시스템은 작동한다. 가치, 자원 배분권을 시장으로부터 정부나 이해관계자들의 협상 테이블로 가져오기 위해서는 이런 조건이 필요하다는 것은 상식이다.

높은 노동조합 조직률, 노동조합의 높은 사회적 지위, 잘 작동하는 노사정위원회, 높은 평등도, 큰 공공부문 등은 근원적으로 높은 사회적 신뢰에 기반을 둔 이해관계자 및 그 대표자들의 갈등 조정 능력의 산물이라고 할 수 있다. 다시 말해 노동조합의 높은 조직률 및 사회적 지위, 그리고 큰 공공부문이 높은 사회적 신뢰와 빼어난 갈등 조정 능력을 가져온 것이 아니라 그 역이라는 것이다.

사회민주주의 복지국가는 한국 사회의 가혹한 시장, 취약한 사회안전망, 개인의 삶에 대한 국가와 사회의 무책임성, 사회적 강자의 화전민적 행태, 취약한 사회적 신뢰 등에 상처받은 사람들에게는 떨치기 힘든 매력이 있다. 그러나 한국의 역사, 문화, 현실과 인간의 보편적 속성과 문명사적 변화 등을 고려하면 이는 헛된 꿈일 뿐만 아니라 자칫 반동적일 가능성도 있다는 것을 발견하게 된다. 그것은 한국과 유럽 사회민주주의적 복지국가 사이에는 건널 수 없는 강이 있기 때문이다.

사회민주주의 플랫폼은 정당, 언론사, 노동조합, 사용자단체, 직능단체 같은 이익집단들이 국가 전체의 장기적인 이익을 고려하는 포괄적 이익집단encompassing interest group적 성격을 띠느냐 협소한 이익집단narrow interest group적 성격을 띠느냐에 따라 배가 산으로 갈 것인가, 바다로 갈 것인가가 갈린다. 한마디로 이익집단의 성격에 따라 시스템 작동 여부가 결정난다.

한국의 모든 경제사회 주체들이 철저하게 단기적이고 협소한 이익을 추구한다는 것은 엄연한 사실이다. 한국은 사회적 불신과 균열이 극심하여 이해관계자들의 대화와 타협에 의한 갈등 조정이 너무나 어려운 사회이다. 한국 이익집단들의 성격과 갈등 조정 능력을 보여주는 기념비적 사건들은 많다. 1945~1953년의 비극(분단과 전쟁), 노무현 대통령 탄핵과 사실상 고문치사, 보수 비대 언론에 대한 이유 있는 극도의 불신, 부안 방사성폐기물처리장 관련 민란 수준의 시위, 노동 내 엄청난 격차, 잦아들지 않는 국회 파행 사태, 한미 FTA 관련 갈등, 노사정위원회 운영 행태, 대우자동차 구조조정 및 해외 매각 관련 갈등, 쌍용자동차 구조조정 과정에서 불거진 도장 공장 점거 사태, 노동조합 협상 대표의 직권 조인을 두려워하여 노사 잠정 합의 사항을 조합원 총투표로 추인하는 문화 등 헤아리자면 끝도 없다.

원래 정치·경제·사회 주체들 간의 상호 불신이 높아 대화와 타협에 의한 갈등 조정이 어려운 곳에서는 전쟁이나 독재 권력, 또는 소비자의 자유로운 선택을 담보하는 시장, 유권자의 의지를 확인하는 투표가 주요한 판관이 된다. 전쟁과 독재 권력이 활용가능한 판관이 아니라면, 시장과 투표 기능을 주요하게 활용할 수밖에 없다. 부안 방사성폐기물처리장 관련 갈등을 경쟁 지역 간의 투표로 해결한 사례는 그 단적인 사례이다. 한국이 기본적으로 만인에 대한 만인의 불신의 나라인 이상 당분간은, 대체로 폭력적이고 독단적이라는 소리를 들을 수밖에 없겠지만, 어쨌든 정부의 과감한 결단initiative을 통해서 주요한 갈등 사안을 처리할 수밖에 없다. 이는 우리의 슬픈 운명이다.

획기적인 증세 가능성

역사적으로 사회민주주의 플랫폼의 대전제는 높은 세금이다. 획기적인 증세를 통해 복지 재정을 늘리고, 이를 효과적으로 전달하는 동시에 시장의 무정부성을 제어하기 위해 공공부문을 키우는 것이 기본 구상이다. 그리하여 양극화가 해소된 평등 사회, 시장 폭력이 완충된 안정된 사회를 이룩하는 것이다. 그런데 사회민주주의 패러다임을 떠받치는 주요 지주 가운데 하나인 획기적인 증세는 가능할까?

결론만 먼저 말한다면 거의 불가능하다. 사회민주주의 패러다임이 꿈꾸는 국가의 권능과 역할도 마찬가지이다. 노무현은 생전에 이런 사실을 깨달았기 때문인지, 기존의 진보가 길을 잃었다고 판단했기 때문인지, 어쨌든 '유연한 진보'를 말하고, 서거 직전까지 비공개 카페를 만들어 '진보주의 연구' 공동 작업을 하려고 했다.

김대중의 생산적 복지 모델(현재의 복지 모델)의 사각지대가 생기자, 다시 말해 사회보험이 그림의 떡인 계층이 늘어나자 진보 일각에서는 사회보험료 납부 여부와 상관없이 복지 혜택을 주자는 아이디어를 대안으로 내놓는다. 2008년에 나온 전국민고용보험제 아이디어가 대표적이다. 그런데 보험료를 못 내는 실업자, 영세 자영업자, 불완전 고용 인력을 위해 재정=조세로 기금을 조성하자고 하니 보험이라는 이름이 무색하다. 경제 위기가 심화되어서인지 진보 일각에서는 이보다 몇 술 더 뜬 아이디어를 내놓는다. 아예 소득이나 자산과 상관없이 나이별로 차등을 주어 1인당 연 400~900만 원을 지급하자는 기본소득제 아이디어가 그것이다. 민주노총 정책연구원 안대로 하면 이 사업에는 대략 연 257조 원이 소요된다고 한다. 그런데 2007년 현재 소득세 총액이 38.8조 원, 부가세 총액이 40.9조 원 이를 포함한 국세 총액이 153조 원, 임금근로자 보수 총액이 411조 원(원천공제분과 사업자 부담 보험료 포함)이니 257조 원이 얼마나 큰돈인지 짐작할 수 있다.

이렇듯 요즘 나오는 거의 모든 진보적 정책들은 높은 세금을 전제로 하고 있다. '보편적 복지국가'를 주창하는 사람들은 일찍부터, 필요하면 몇 년 간에 걸친 큰 폭의 적자 재정을 통해서라도 복지 맛을 보여주자고 한다. 그렇다면 우리나라의 세금 관련 기본 사실 몇 가지만 살펴보자.

2004년 현재 GDP 대비 총 조세 수입, 즉 세금+사회보험료를 총 GDP로 나눈 국민부담률은 미국이 25.6%, 한국이 25.3%, 스웨덴이 50.6%이다. 부담률이 한국과 비슷한 미국은 소득세가 35.3%, 법인세가 8.1%, 근로자 부담 보험료가 11.7%, 소비세가 18.2%다. 한국은 소득세가 12.7%, 법인세가 15.3%, 근로자 부담 보험료가 11.7%, 소비세(부가세 등)가 37.1%이다. 한눈에 한국은 소득세 비율이 너무 낮다는 것을 알 수 있다. 스웨덴은 소득세 비율이 31.3%, 덴마크는 53.1%, 일본은 17.5%, OECD 평균은 24.9%이다. 반면에 한국의 법인세 비율 15.3%는 OECD 평균이 9.3%임을 감안하면 꽤 높은 편이다. 이는 기업 실적의 계속된 호조로 인해 법인세가 지속적으로 많이 걷힌 데 힘입고 있는데, 어쨌든 참여정부는 기업들의 요청에 따라 2005년 1월 법인세율을 27%에서 25%로 2% 포인트 정도 낮춰주었다. 이때 소득세도 1% 포인트 인하하고, 특별소비세도 대폭 축소하여 총 4조 원 정도의 세수 결손을 초래했다고 지금도 비난이 들끓는다. 그렇다고 해도 참여정부는 세수 부족에 시달린 것이 아니다. 법인세, 부가세, 소득세 등 주요한 세금들이 예상보다 많이 걷혔기 때문이다. 법인세율은 홍콩(17.5%), 싱가포르(20%)보다는 높지만 타이완(25%), 중국(30%), 일본(30%), 미국(35%), OECD 평균 28.4%에 비하면 낮은 편이다. 2006년 법인세 내역을 보면, 총 26조 5000억 원이 걷혔는데, 전체 법인 수 23만 7122개중 상위 0.14%(324개)가 전체 법인세의 59.4%를, 상위 1.2%(2843개)가 80%를 냈다. 부담의 양극화도 이런 양극화가 없을 것이다.

그러면 소득세 상황을 살펴보자. 2004년 당시 근로자 중 과세 대상 총인원은 1162만 명인데, 실제 세금을 내는 근로자(과세표준이 있는 근로자)는 627만 명(54%)이다. 이 중에서도 상위 20%(9분위와 10분위)의 부담 비중이 75.5%에 달한다. 통계청 홈페이지를 통해 최신 통계를 보니 2007년 현재 소득세를 낸 근로자는 775만 명으로 늘었다. 이들의 급여 총계는 295조 원이었는데, 이 중 상위 20%(156만 명)의 소득은 119조 원으로 전체 소득의 40.5%였다. 그런데 이들이 낸 근로소득세(결정세액 기준)는 11.3조 원으로 전체 근로소득세의 80%였다. 요컨대 전체 근로자의 10%인 156만 명이 소득세의 80%를 낸 것이다. 그러므로 2004년에 비해 더 악화되었다고 할 수 있다.

자영업자, 고용주, 자산가 등이 내는 종합소득세는 이보다 더 심해서 2004년 현재 과세 대상 총인원은 436만 명인데, 이 중 세금 부담자 비율은 52.5%이고, 상위 20%인 46만 명(과세 대상 인원을 기준으로 하면 10% 수준)의 부담 비중이 90.1%에 달한다(분위별 최신 통계는 통계청에서 찾을 수 없었다. 단지 2007년 현재 세 부담자는 307만 명이고, 소득 금액은 77.1조 원, 총결정세액은 11.2조 원이라는 통계는 있었다).

그럼에도 불구하고 나는 한국의 소득세 비중은 더 높아져야 하고, 따라서 고소득자는 세금을 더 내야 한다고 생각한다. 하지만 그 동안 세금을 너무 적게 낸 사람들과 아예 안 낸 사람들도 이제는 세금을 더 내야 한다고 생각한다. 상위 20%, 즉 부과 대상의 상위 10%의 세 부담 비중이 80~90%가

되는 것은 결코 정의롭지도 지속가능하지도 않기 때문이다. 실제 OECD 국가 중에서 소득이 있으면서도 소득세를 안 내는 사람의 비중, 즉 면세점 이하 인구 비중이 매우 높은 나라가 한국이라고 알려져 있다. 한국처럼 소수가 대부분의 소득세, 법인세를 내는 구조에서는 언 발에 오줌 누기 식의 복지는 공급할 수 있겠지만, 주요 선진국이 제공하는 복지(공공사회 지출)의 1/2~1/3이라도 공급하려면 현재의 담세 구조를 바꿔야 한다.

따라서 이제 한국은 세율 인상과 더불어, 가능하면 '낮은(공평한) 세율 너른 조세 저변'의 원칙을 따라야 한다. 문제는 다수에게 세금을 부과하는 데 따른 후과이다. 이것이 얼마나 무서운지는 자영업자에게 세금을 원칙대로 물린, 한마디로 조세정의에 가까이 가려고 노력한 참여정부에 대한 급격한 민심 이반으로부터 짐작할 수 있다.

뿐만 아니다. 한국은 자산 및 소득 격차가 전반적으로 크고, 지역 간 기본 생활비 격차가 매우 크다. 이는 수도권과 대도시의 높은 주거비 및 (제반 물가에 영향이 큰)상가 임대료와 밀접한 관련이 있다. 지역 간 교육비, 문화비 격차도 크다. 지역 간 생활비 격차는 공무원들이 실감한다. 지방 중소 도시나 군·면·리에서 공무원 생활하면, 아니 대기업·공기업·금융기관 등 괜찮은 직장만 가지고 있으면 너무나 여유로운 나라가 한국이다. 한국은 세율을 차등적으로 책정할 수 있는 (자치권이 큰) '주'가 있는 것도 아니기에, 세율은 소득이나 자산을 기준으로 일률적으로 책정해야 한다. 그렇게 되면 지역 간 생활비 격차로 인해 '약간의 세금 인상'이 어떤 지역·계층에게는 약간의 부담으로 다가오지만, 어떤 지역·계층에게는 폭탄처럼 다가올 가능성이 크다. 그 동안 세금 인상이 매우 조심스러워서 그렇지

OECD 평균 수준으로 가겠다고 좀 급진적인 세금 인상을 하는 순간 폭탄은 수도권과 대도시에서 터질 수밖에 없다. 어차피 인간은 국가로부터 받은 서비스에 대해서는 둔감하고, 자기 호주머니에서 나가는 돈에는 예민하기에 일부 계층이 지르는 비명은 그보다 몇 배수의 계층으로 전염될 수밖에 없다. 이는 정권을 흔들기에 부족함이 없다. 참여정부는 반면교사이다. 이래저래 소득세 비중을 OECD 평균 수준으로 올리기는 구조적으로나 정치적으로 너무 어렵다.

이 때문에 조세 사각지대인 사채시장, 사교육 시장, 금 시장, 고소득 자영업자의 탈루 소득을 과장하면서, 이들로부터 세금을 확실하게 징수하면 큰 재원이 마련될 것처럼 얘기하기도 한다. 하지만 우리나라 국세청이 바보가 아닌 이상 보편적 복지국가를 담보할 드러나지 않은 거대한 세원은 없다고 보아야 한다.

한편 복지 수요 측면을 보면 북유럽처럼 실업수당이 후하면 한국에서 실업자 대열에 설 가능성이 있는 사람이 아무리 적게 잡아도 500만 명은 될 것이다. 요컨대 한국은 조세와 사회보험료 조달/부담 능력은 일천하지만 잠재적 복지 수요는 너무나 크다. 그러므로 한국에서 보편적 복지주의를 실현하는 것이 얼마 힘든 일인지 알 수 있다. 그런 점에서 진보 성향의 사람이라면 누구나 이상향으로 삼을 만한 북유럽 복지국가를 왜 그 많은 유럽 국가들과 일본과 미국이 좇아가려고 기를 쓰지 않는지 따져봐야 할 것이다.

04 새로운 정책 플랫폼의 기본 구상

박정희 플랫폼과 김대중 플랫폼을 대체하여 대한민국을 생존, 번영시킬 새로운 정책 플랫폼의 기본 틀은 어떠해야 할까? 수많은 세부 정책을 관통하는 기본 철학, 가치는 무엇일까? 어떤 것을 상수로 삼고, 어떤 것을 변수로 삼아야 할까? 이는 말 그대로 검증과 실행을 기다리는 구상일 수밖에 없다.

시대와 현실에 대한 통찰

새로운 정책 플랫폼 혹은 새로운 발전 패러다임은 이 시대와 이 사회가 어디쯤 있는지 밝히고, 어디로 갈 수 있고, 어디로 가야 하는지 제시해야 한다. 이것이 바로 비전이다. 이를 위해서는 사고의 시공간을 확장하여 역사, 현실의 큰 흐름과 세계사, 국제 정세의 큰 흐름을 살펴야 한다. 당연히 한국 사회가 당면한 심각하고 중대한 위기와 국민들 및 지지층의 절실한 요구, 기대, 고통, 불만을 꿰뚫고 종합해야 한다.

역사적으로 인류 문명과 국가의 흥망에 가장 지대한 영향을 끼친 것은 자연환경(기후변화, 전염병, 식량난, 에너지난)의 도전과 정치·군사적 도전(외적의 침략과 내전)이었다. 더불어 물질·문화적 생산력이나 인간의 사회적 요구와 능력에 지대한 영향을 미친 문명도 빼놓을 수 없다. 여기에는 불, 문자, 청동기, 철기, 증기 기관, 핵에너지, 정보통신기술 같은 문명도 있고 종교, 시장경제, 봉건제, 민주제, 공화제, 자본주의, 사회주의 같은 제도도 있다.

1990년대 중반부터 널리 회자된 새로운 발전 패러다임은 대체로 세계화, 지식정보화, 과학기술혁명으로 집약되는 문명사적 변화에 대한 이념적, 제도적, 정책적 응전이다.

영국 노동당과 독일 사민당은 1999년 6월 8일 '유럽 사회민주주의자들을 위해 전진하는 제3의 길'이라는 강령적 선언(공동선언문)을 발표했다. 이 선언문은 세계화와 과학적 진보라는 거시 흐름을 주목하고, 이것이 초래하는 다양한 기업, 노동(고용), 공공(재정) 환경의 변화에 대한 응전을 강조하고 있다.

1) 현 시대의 과제
- 급속하게 진행되는 세계화와 과학적 진보 속에서 우리는 기업들이 시대에 부응하고 발전할 수 있는 여건을 창출해야 한다. 동시에 많은 새로운 기업들이 태어나고 성장할 수 있게 도와야 한다.
- 새로운 기술은 노동의 성격을 급격히 변화시키고 생산 조직을 국제화하고 있다. 또 새로운 기술은 전통 기업을 도태시키면서 새로운 비즈니스와 고용 기회를 창출한다. 이러한 조건에서 가장 중요한 과제

는 인적 자본에 투자하는 것이고, 개인과 기업들이 미래의 지식 기반 경제에 적응하도록 하는 것이다.
- 평생 동일한 직업을 갖는다는 평생직장이란 개념은 이제 낡았다. 유연한 노동시장은 시대의 대세이며 사회민주주의자라고 이를 막을 수는 없다. (중략)
- 정부 재정을 가지고 공공 지출을 확대하는 것은 이제 한계에 달했다. 때문에 공공부문의 현대화와 근본 개혁은 이제 피할 수 없다. (중략) 우리는 과감히 효율, 경쟁, 성과라는 개념을 공공부문에 도입할 것이다.

미국 민주당은 2000년 8월 1일 발표한 '하이드파크 선언: 21세기 시대정신과 정책 의제'라는 강령적 선언에서 수십 쪽에 걸쳐 서술할 각 부문별 정책의 모태가 되는 시대와 (미국) 사회에 대한 통찰을 다음과 같이 정리했다.

우리가 직면한 새로운 현실은 다음과 같다.
- 미국인들의 노동 방식, 생활 방식, 의사소통 방식을 변화시키고 있는 정보 및 기술 주도의 신경제와 경제의 세계화
- 더 다양해지고, 더 풍요로워지고, 교육 수준이 더 높아지고, 교외 생활을 갈수록 선호하고 인터넷에 더욱 익숙해지고, 탈정치화되고 이념적으로는 더 중도주의적으로 변해가는 대중들
- 교육 수준이 높고 기술이 있는 시민은 부를 누리는 반면 교육 수준이 낮고 기술이 없는 시민은 뒤처질 위험에 처해 있는 새로운 사회구조의 등장

- 교육비, 퇴직연금, 의료보험을 둘러싸고 세대 간 갈등을 야기하고 있는 인구의 노령화

세계화, 지식정보화, 과학기술혁명이 한국, 미국, 영국, 독일을 포함한 대부분의 문명국에 커다란 위기와 기회를 준다는 것은 의심할 여지가 없을 것이다. 그런데 21세기 들어 인류는 기후환경 변화와 화석에너지 위기를 맞고 있다. 이 역시 그 응전 여부에 따라 각 나라와 기업들에게 엄청난 위기가 되기도 하고, 기회가 되기도 할 것이다. 남북한은 좁은 국토에 많은 인구가 살고 생존에 필요한 주요 자원들을 해외에 의존하기 때문에 기후환경 변화와 화석에너지 위기에 대한 대처는 다른 문명국들과는 분명히 달라야 할 것이다. 이런 새로운 문제의식들은 정책 플랫폼 설계에 반영되어야 한다는 것은 길게 설명할 필요가 없다.

'제3의 길'이나 '사회투자국가론' 등은 대체로 1990년대 중후반 확연해진 세계화, 지식정보화, 과학기술혁명이 가져온 다방면에 걸친 변화와 충격에 대한 정책적 응전이었다. 마찬가지로 지금 급부상하고 있는 기후환경 변화와 화석에너지 위기도 그만큼의 정책적 응전을 필요로 하는 사안이다. 우리의 에너지 정책, 식량 정책, 교통(운송수단과 도로, 철도, 항로 등) 정책, 산업 정책, 전기·가스 요금 정책 등 다방면에 걸친 심사숙고가 있어야 한다.

그런데 다른 문명국들은 정책 플랫폼 설계에 별로 반영하지 않지만, 한국은 특별히 고려해야 할 요소들이 있다. 그것은 첫째, 중국의 정치·경제적 비상으로 인한 여파이다. 한국은 세계 정치·경제적 지각 변동의 진앙인 중국에 인접하고 있어 이로 인한 충격, 위기, 기회가 특별히 클 수밖에

없다. 둘째, 북한 발 위기와 기회에 대처하는 것이다. 한반도 평화 정착, 한반도 비핵화, 북한 연착륙, 북한 재건과 평화적 통일이라는 과제는 압도적으로 우리의 부담이자, 위기이자, 기회이다. 셋째, 정치·경제·사회적 게임 규칙 내지 사회적 평가보상체계의 위기이다. 이는 돈, 재정, 인재, 관심 등 소중한 사회적 자원이 너무나 소모적으로 분배되면서 발생한 한국 특유의 위기이다.

핵심 가치

새로운 정책 플랫폼(발전 패러다임)은 몇 개의 핵심 가치를 가지고 있어야 한다. 그것은 시대적 과제와도 조응해야 하고, 동시에 정치 세력이 가진 영혼의 반영이어야 한다. 진정성을 갖고 추구하는 가치여야 한다는 것이다. 1990년대 중반 '제3의 길' 노선이 대두된 이후 집권을 했거나 집권에 근접한 진보 좌파 정치 세력들은 이구동성으로 기회, 책임, 공동체(연대)를 강조한다. 공동체는 거의 모든 진보 좌파 정치 세력이 전통적으로 중시해 온 가치이고, 책임은 기회나 자율이 늘 동반하는 가치이기에 특별한 의미를 가지는 가치는 기회이다.

1990년 미국 민주당 개혁 블록의 하나인 민주지도자회의(DLC, 당시 아칸소 주지사 빌 클린턴이 회의를 주재했다)는 뉴올리언즈 선언 The New Orleans Declaration을 발표했다. 그 선언은 시민과 정부 사이의 관계가 기회, 책임, 공동체라는 가치에 기초해야 한다고 강조했다. 이는 클린턴 정부의 기본 철학이 되었고, 영국 노동당을 비롯한 전 세계 '제3의 길' 노선이 공통적으로 추구하는 핵심 가치가 되었다. 이는 최근(2006년)의 미국 민주당의 이념적·정책적 기조를 집대성하여 브루킹스연구소가 발간한 소책자 『해밀턴 프로젝트』에도 그대로 계승되고 있다.

> 미국인이 지금 요구하는 것은 …… 진보할 수 있는 공정한 기회이다. …… 기회를 확장해 주는 것은 장기적인 경제성장을 위해 절대적으로 필요할 뿐 아니라 미국의 핵심 가치, 즉 사회적으로 성공하는 데 가정환경보다는 본인의 능력과 노력이 더 중요하다는 가치를 실현하는 데 필수적이다. 더욱이 이러한 경제성장은 일부 소수에게만 편중된 경제성장에 비해 훨씬 견고하고 지속적일 가능성이 높다.(한국개발연구원 번역·발간, 『해밀턴 프로젝트』, 2006)

2009년 5월 발표된 한국의 '뉴민주당 선언'도 핵심 가치를 기회, 정의, 공동체(더 많은 기회, 더 높은 정의, 함께 사는 공동체)로 집약했다. 여기서 역설하는 기회의 의미도 미국 민주당 그것과 유사하다. 뉴민주당 선언은 이렇게 기회를 설명한다.

> '더 많은 기회'는 '균등'한 기회이자 '확대'된 기회다. '더 많은 기회'는 보수주의의 '소수만을 위한 특권이 아니라, 만인을 위한 기회의 확대'를 뜻한다. '더 많은 기회'는 낡은 진보의 '결과의 평등'이 아니라, '실질적 기회의 균등'을 지향한다. 결과의 차이는 인정하지만, 누구나 꿈을 이룰 기회는 균등해야 하고 확대되어야 한다. 기회를 창출하는 핵심적 엔진은 경제성장과 교육 투자라고 우리는 믿는다.

뉴민주당 선언은 '정의'에 대해서도 기회와 거의 비슷한 의미를 부여하고 있다. "개인과 집단이 성, 장애, 연령, 인종, 지역, 종교, 신념의 차이에 따른 차별을 받지 않고 공정한 대우를 받는"것으로 규정하기 때문이다.

김형기는 『새로운 진보의 길』(김형기·김윤태 엮음, 한울, 2009)에서 한국형 '제3의 길' 노선을 정식화했는데, 핵심 가치는 자율autonomy, 연대solidarity, 생태ecology이다. 자율은 개인과 집단의 자기 결정과 사회적 책임 완수(자치와 노동자의 자율성)를 의미한다. 연대란 개인이나 집단들 사이의 삶의 질 격차가 줄어들어 더불어 살아가는 공동체가 실현되는 것을 의미하며, 생태란 인간과 자연의 공생을 통한 지속가능한 발전을 의미한다. 김형기는 혁신은 개인과 집단에게 자율성이 있어야 지속가능하다면서 자율을 혁신의 전제 조건으로 삼았다.

한편 김형기는 특이하게도 연대에 선진국형 '제3의 길' 노선의 핵심 가치인 적극적 '기회' 보장을 담았다. '제3의 길'은 원래 인적자원에 대한 투자를 통해 고용 가능성을 높임으로써 일을 통한 복지 추구를 특별히 강조한다. 달리 표현하면 "소득 재분배보다는 기회의 재분배에 주력하며, 노동자에 대한 인적자원 개발 투자와 금융자산 형성을 강조하는 자산 기반 평등주의를 지향한다."(『새로운 진보의 길』, 239쪽) 김형기는 기존의 연대는 복지국가와 연대임금정책을 핵심으로 하며 기회균등보다 결과의 평등을 지향하는 데 반해, 자신이 주장하는 연대는 노동자들 내부의 지식 격차 혹은 숙련 격차를 줄이는 연대지식정책과 자산 기반asset-based 평등주의를 핵심으로 한다고 했다. 김형기가 말하는 연대는 곧 적극적 기회 보장 정책이다.

미국 민주당은 '공정한 기회', 한국의 뉴민주당 선언은 '더 많은 기회',

제3의 길은 소득이 아닌 '기회의 재분배'로 각각 표현하고 있지만 이들에게 경쟁의 입구에서는 그 출발선을 맞춘다는 정신이 일관되게 흐르고 있다. 인적자원 개발 투자, 연대지식정책, 자산 기반 평등주의는 그 정신의 표현이다. 그런데 동서고금을 막론하고 한 사회의 성장과 통합의 요체인 게임 규칙의 핵심 지주는 경쟁 방식과 목적의 합치를 전제로(공정하다고 해서 가위바위보로 대통령을 뽑을 수 없다) 경쟁 입구=출발선에서의 평등, 경쟁 출구=결과에서 합리적 불평등을 구현하는 것이다. 이 세 가지 조건을 다 만족하지 못하면 합리적인 게임 규칙이라고 할 수가 없다.

경쟁 기회 · 조건 · 출발선의 평등을 의미하는 공정이 경쟁의 입구를 관리하는 기준이라면, 경쟁 결과의 합리적 불평등을 의미하는 공평은 경쟁의 출구를 관리하는 기준이다. 공평은 사회적 상벌체계incentive-penalty system의 핵심으로, 승자의 이익 수준과 패자에 대한 배려 수준(사회적 최소한과 패자 부활전 등)을 결정하는 어렵고 복잡한 문제를 안고 있다. 분명한 것은 공정해야 더 많은 사람이 경쟁에 참여하여 창의와 열정을 발휘하며, 공평해야, 즉 그 격차나 차별이 합리적이어야 승자는 나태하지 않고, 패자는 재도전 의지를 잃지 않는다는 것이다. 그래서 공정 문제에 답하기보다 공평 문제에 답하기가 훨씬 어렵다.

공정에 관해서는 연대지식정책과 자산 기반 평등주의 등 훌륭한 답이 많다. 하지만 공평에 대해서는 존 롤스의 '최소 극대화maxmin 원칙' 외에 잘 알려진 답이 없다. 존 롤스는 『정의론』(황경식 번역, 이학사, 2003)에서 "사회적 · 경제적 불평등은 그것이 모든 사람, 그 중에서도 특히 사회의 최소 수혜자에게 그 불평등을 보상할 만한 이득을 가져오는 경우에만 정당하다"고

했다. 내가 생각하는 공평은 사회적 기여/부담, 의무와 사회적 권리, 이익·혜택의 균형이다. 점점 더 분화되어 서로 협력하는 가치생산 사슬 간의 균형이다. 한마디로 가치생산 생태계의 건강성을 유지하는 상벌체계이다. 따지고 보면 존 롤스의 생각과 그리 다를 바가 없다.

어쨌든 한국 진보는 공평 문제에 대해서는 고민을 덜했을지라도, 공정 문제에 대해서는 꽤 치열한 고민을 했다. 그러나 한국 보수는 그마저도 하지 않았다. 이들은 단지 유능한 존재들이 창의와 열정을 발휘할 수 있는 더 많은 자유와 결과에 대한 승복만 강조해 왔을 뿐이다. 한편 한국 진보와 보수는 공히 혁신의 요체이자, 기업·정당·국가 발전의 핵심 동력인 게임 규칙 혹은 사회적 상벌체계의 중요성을 간과했다. 김형기도 혁신의 요체로서 자율을 강조할 뿐이다. 민주당도 대부분의 진보학자들도 '제3의 길' 노선을 좇아 경쟁 입구에서의 평등=공정이나, '더 많은 기회', '더 균등한 기회', '더 확대된 기회'를 강조할 뿐이다. 유럽이나 미국에서는 게임 규칙이 비교적 합리적이어서 경쟁 입구만 잘 관리하면 활력 있고 안정된 사회를 만들 수 있을지 모르지만, 한국에서 경쟁 입구 관리만으로는 너무나 부족하다.

예컨대 유럽과 미국에서는 저소득·저학력 가정에서 자란 아이들에게 균등한 기회를 주기 위해 무상교육 또는 학비 지원을 강화하고, 빈곤 아동이 성인이 되었을 때 사업자금이나 학자금 등으로 자유로이 처분할 수 있는 아동발달계좌Child Development Account를 운영하고, 대학 입시에서는 지역, 계층, 인종 등을 고려하여 선발하면 된다. 그러나 한국에서는 이것만으로는 부족하다. 근본적으로 대학, 학과, 직업, 직장, 직위 등으로 인한 정당하지 않은 프리미엄(경제적 지대)이 너무 크기 때문이다. 이 구조를 그대로 놔두고 각종 기회균등 정책이나 출발선의 평등 정책을 실시하면 아마도 고시나 공시의 저변만 넓힐 가능성이 크다. 그래서 각종 기회균등 정책을 실시하지 말자는 얘기가 아니라 고시나 공시로 청년 인재들이 쏠리는 불합리한 격차를 시정하는 개혁과 병행해야 한다는 것이다.

지금 한국의 수도권 도심 부동산 소유자와 비소유자 간의 격차도, 정규직과 비정규직 간의 격차도, 전임교수와 시간강사 간의 격차도, 원청 대기업 직원과 하청 중소기업 직원 간의 격차도, 공공부문 종사자와 민간 기업 종사자 간의 격차도, 학벌이나 자격증으로 인한 격차도 '제3의 길'이 강조하는 '지식의 격차' 문제가 아니다. 좋은 자리나 거대한 불로소득에 접근할 수 있는 기회균등의 문제도 아니다.

너무 많은 불로소득이 생겨나고 수도권 요지 부동산 소유자에게 편중되는 부동산 관련 제도, 입시제도, 교수·강사 임용제도, 자격증 제도, 고시·공시 제도, 공무원 처우, 선거제도 등 대부분의 게임 규칙은 대체로 경쟁 방식과 목적이 합치하지 않거나 승자에게 너무 큰 특혜가 주어진다. 그로 인해 정치, 경제, 사회, 문화 등 모든 부문에서 사회적 자원 및 에너지의 흐름이 왜곡된다.

한국 사회는 다양한 층위에 걸쳐 게임 규칙 또는 상벌체계가 심각하게 왜곡되어 있다. 철저히 사회적 강자 혹은 기득권자의 단기적이고 협소한 이익을 중심으로 설계되어 있다. 그런데 생각해 보면 한국 사회가 압축적으로 성장, 발전한 것도 기득권자 위주의 게임 규칙과 사회적 상벌체계 때문이며, 압축적으로 퇴보 내지 지체·서행하는 것도 그 때문이다. 과도한 특허권이 특허 등록을 폭증시키지만 오래지 않아 특허 등록을 급감시키듯이, 조숙을 가져왔던 조건(기득권자의 특권, 특혜)이 조로를 가져오고 있는 것이다.

더 이상 유효하지 않은 게임 규칙, 특권, 특혜를 현실에 맞게 조정하지 못한 것은 한국의 제반 주류 정치 사회 세력의 한계이다. 지난 20여 년 동안 치열하게 전개된 민주화운동과 민중운동은 구 보수 기득권의 불합리한 특권・특혜를 제대로 조정・퇴출시키지 못한 채 신 기득권층을 등장시켰다. 결과적으로 사회적 약자나 비기득권층 입장에서는 엎친 데 덮친 격이 되어 버렸다. 참여정부는 신・구 기득권의 패악이 폭발적으로 분출하는 시기에 집권했지만 강고한 이 두 기득권을 제대로 개혁하지 못했다.

새로운 정책 플랫폼의 핵심 가치는 선진국형 '제3의 길'의 단순 모방이어서는 안 된다. 위에서 길게 얘기한 한국 특유의 모순・부조리와 위기에 응답해야 한다. 따라서 정의라는 가치, 특히 그 핵심 지주의 하나인 공평이라는 가치가 특별히 강조되어야 한다. 이것이 빠지면 선진국 진보 좌파의 철학적・정책적 성과는 듣기 좋은 소리 이상이 안 된다. 정의를 몸통으로 하고, 왼쪽 날개와 오른쪽 날개에 다른 중요한 가치가 있어야 한다. 그것은 생태일 수도 있고, 공동체, 연대, 복지, 공화, 안보・안전일 수도 있다.

혁신 주도 동반 성장 체제, 관계 금융과 뉴 브레튼우즈 체제, 연대 지식 정책, 노동시장의 유연・안전성 실현, 이해관계자 기업 지배구조와 대・중소 기업 파트너십 구축, 지방 분권과 지역 파트너십 실현, 비전 공유와 사회적 타협 등 김형기가 제시하는 새로운 경제사회 패러다임이 앙꼬 없는 찐빵처럼 들리는 것은 게임 규칙 및 상벌체계의 합리화를 말하지 않고 자율, 혁신, 기회를 말하기 때문이다.

국가와 정치의 본령

 새로운 정책 플랫폼은 결국 수많은 가치·정책의 우선순위를 매기고, 상위에 있는 가치·정책들을 내적 모순도 없고, 현실(시대정신)과도 모순이 없게 패키지로 엮는 것이다. 그런데 시대와 국민이 요구하는 가치·정책은 무수히 많기에 우선순위를 정확하게 매기기가 여간 어려운 일이 아니다. 바로 그렇기 때문에 국가와 정치의 본령을 정확하게 아는 것이 중요하다.
 역사적으로 국가와 정치의 본령은 공동체의 안전과 사회질서를 수립하고 지키는 것이다. 이 질서는 흔히 정의라고 불리는데, 그 핵심은 유한한 자원을 둘러싼 인간들 사이의 경쟁과 협력을 합리적으로 처리하는 게임 규칙이다. 이는 개인 및 집단 상호간의 분쟁을 만인에 대한 만인의 무력투쟁이 아니라 공통의 규범에 의해 평화적으로 해결하고, 필요한 경우 상호 협력을 끌어내는 동기부여체계, 곧 상벌체계이다. 정의=질서의 존재 이유는 승자와 패자를 저비용으로 가리는 것이 아니다. 그것은 어떤 동기부여체계를 통해 사회 구성원의 창의, 열정, 박애 등 바람직한 행위를 유도하여 물질적·문화적 생산력을 높이고, 이를 토대로 패자를 포함한 모든 사회 구성원이 이전보다 더 자유롭고 행복하게 사는 것이다. 안보가 정의를 담고 있는 사회라는 그릇 자체를 지키는 가치라면, 정의는 그릇 속에 들어 있는 제반 구성원들을 움직이는 동기부여체계이자 사회의 성장과 통합의 요체라고 할 수 있다. 정의가 수단이라면 경제성장, 사회통합, 복지는 목적이자 결과라고 할 수 있다.

정의의 최소 목표가 있다면 가족 배경과 출신 지역과 유전자가 다양한 개개인이 억울함을 느끼지 않도록 하는 것이다. 나아가 승자는 나태하지 않고 패자는 그 결과를 수용하면서도 도전 의지를 꺾지 않도록 하여 안정되고 역동적인 사회를 만드는 것이다.

정의의 양대 지주는 공정(기회·조건·출발선의 평등)과 공평(경쟁 결과의 합리적 불평등)이다. 본래 모든 게임 규칙에는 열패자에 대한 일정한 배려가 포함되어 있기 때문에 사회적 최소한은 공정에도 공평에도 포함된다. 일반적으로 개별 인간과 사회가 추구하는 핵심 가치가 자유, 박애, 행복이라면 시장이 추구하는 핵심 가치는 자유(상호 선택권과 소유권), 효율, 성장이며, 국가가 추구하는 핵심 가치는 이들을 지키고 규율하는 안보와 정의이다.

그래서인지 중국공산당은 자신들의 핵심 가치를 안보, 공평, 복지로 규정하고 있다. 복지는 인민들을 먹여 살리는 것을 의미하기에 한국으로 치면 성장과 사회적 최소한을 합쳐 놓은 개념이다. "나는 자랑스런 태극기 앞에 자유롭고 정의로운 대한민국의 영광을 위하여……"로 시작되는 신 국기에 대한 맹세도 자유와 정의가 대한민국의 핵심 가치임을 천명해 놓았다. 제1조 "대한민국은 민주공화국이다"라는 국체 규정을 포함한 헌법은 이 시대, 이 사회가 생각하는 정의의 집약이라고 할 수 있다. 하지만 파행으로 점철된 헌정사가 보여주듯이 헌법 제·개정에 큰 영향력을 행사한 정치 사회적 강자들의 이해와 요구도 군데군데 반영되어 있다. 순결한 정의는 이 세상에는 없는 법이다.

[그림 3-1] 정의(게임 규칙)의 개념도

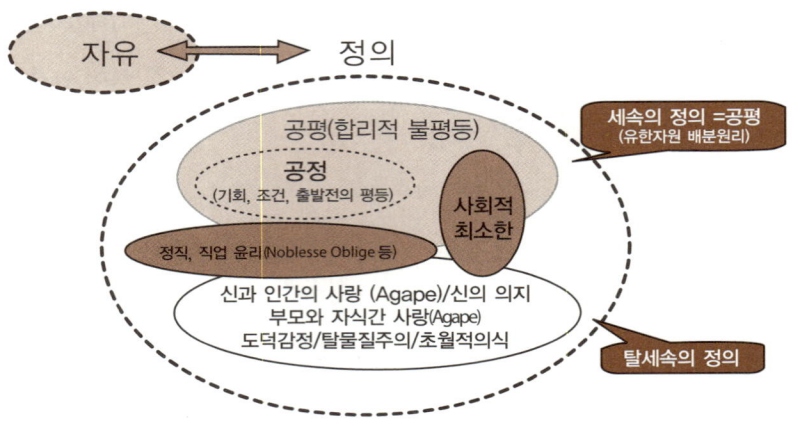

이상의 철학적 접근으로부터 우리가 내릴 수 있는 결론은 다음과 같다.

첫째, 정의의 핵심은 게임 규칙인데, 이는 곧 누릴 만한 사람이 누리도록 하고 배려할 사람을 배려하는 것이다. 같아야 할 것은 같게 하고 달라야 할 것은 다르게 하는 것이다. 그래서 패자들이 억울해 하지 않고, 도전 의지를 꺾지 않도록 하는 것이다. 그 동안 한국 민주화운동과 진보 운동은 같아야 할 것을 같게 하는 데 노력을 경주해 왔다. 하지만 달라야 할 것이 어떤 경쟁 조건에서 얼마나 달라야 하는지에 대해서는 거의 관심을 기울이지 않았다. 물론 보수는 그저 자유와 시장 타령만 했을 뿐이다. 지금의 가치생산 생태계의 위기는 이런 철학적 맹점과도 관련이 있다.

둘째, 한국에서는 정치 사회적 강자 내지 기득권 집단에 의해 게임 규칙이 많이 왜곡되어 있다. 따라서 준법, 존법을 넘어 건국자의 관점에서 이를 원

점에서 재설계하려는 지적 태도가 국가 경영을 논하는 사람들에게 있어야 한다.

그런데 새로운 발전 패러다임과 관련된 논의들은 이 점을 종종 잊고 있는 것처럼 보인다. 단적으로 '한반도경제사회연구회'의 조형제·김양희는 『노무현 시대의 좌절』(창비, 2008)에서 노무현 시대의 핵심 국가 과제이자 정치 세력이 추구해야 할 핵심 가치로 개방, 혁신(성장), 연대(복지)로 설정했다. 여기에 정의(기회, 공정, 공평)는 없다. 뉴민주당 선언은 기회와 정의를 핵심 가치의 하나로 설정했다. 하지만 정의를 '더 많은 기회'의 다른 표현처럼 쓰고 있다. 사실 정의의 큰 틀이 바로 서 있는 유럽과 미국에서라면 '제3의 길'이 제시하고 뉴민주당 선언이 받아들인 '더 많은 기회'와 '더 확대된 기회' 정도면, 사회민주주의와 신자유주의의 한계가 선명하게 드러난 이 시대 정의의 허점을 채워주기에는 충분했을지도 모른다. 하지만 한국은 유럽과 미국이 아니다.

김형기는 자율을 핵심 가치로 내세우지만, 본래 자율은 바른 율(律), 곧 정의에 의해 규율되는 자유라는 것을 깊이 의식하지 않은 듯하다. 다시 말해 바른 율, 곧 정의가 자유를 세련되게 규율하지 않으면 유능한 개인과 집단은 화전민과 도적떼가 되어 가치생산 생태계를 황폐화시킨다는 것을 의식하지 않는다는 것이다. 이것은 아프리카 후진국의 얘기가 아니라 지금 한국의 현실이다.

좌파적 개혁과 우파적 개혁의 병진

한국의 수많은 모순과 부조리는 거칠게 3가지로 도식화할 수 있다.

첫째는 사익 집단의 농간에 의해 제대로 작동하지 않는 시장이라는 부조리다. 합리적 평가보상체계가 제대로 작동하지 않는 현상을 의미한다. 과소시장 혹은 과소경쟁 현상이라고도 할 수 있다. 어쨌든 수많은 세계 일류 공산품을 보유한 1인당 소득 2만 달러 국가로서 이런 현상이 광범위하게 존재한다는 사실은 한국의 주요 특성이다.

둘째는 적절한 규제, 감독, 약자 보호 장치 없이 작동하는 폭력적이고 약탈적인 시장이라는 부조리다. 한마디로 과잉시장=과잉경쟁을 의미한다.

셋째는 사익 집단의 농간에 놀아나는 국가, 즉 이들의 부당한 이익 추구의 수단으로 된 국가라는 부조리다. 한마디로 제대로 작동하지 않는 민주주의를 의미한다. 첫째와 둘째 모순과 부조리는 궁극적으로는 셋째 문제에서 발원한다.

과소시장은 소비자 선택권 혹은 공정하고 자유로운 경쟁 원리가 제대로 작동하지 않는 독과점 시장, 지나치게 높은 자릿세(경제적 지대)가 존재하는 부문, 실력이 아니라 연고정실이 큰 위력을 발휘하는 부문 등을 가리킨다. 공공부문, 대기업 및 공기업 생산 현장, 청소년이 선망하는 직업·직장 세계, 부동산 시장, 재벌 및 대기업 중심의 먹이사슬, 재정과 자리를 둘러싼 먹이사슬(정치와 관료 세계)이 그것이다. 이는 양반 관료제, 식민 통치, 분단과 전쟁, 국가 주도의 변칙적 산업화의 유산이자, 단기적이고 협소한 이익을 추구할 수밖에 없었던 후진적 노동운동의 유산이다. 한국 현실에 대한 천착 없이 외국 이론(이념, 정책)을 수입해서 팔아온 지식 오퍼상들이 놓쳐온 대표적인 현상이다.

과잉시장은 각종 규제·감독·보호·완충 장치가 너무 없는 공급 과잉의 무한 경쟁 시장을 가리킨다. 실업자, 영세 자영업자, 비정규직, 시간강사, 하청 중소기업, 무연고자, 청년 세대, 미래 세대가 사는 세계를 가리킨다. 과잉시장은 과소시장과 동전의 양면 관계라고 할 수 있다. 세계화, 지식정보화, 자유화, 과학기술혁명, 중국의 부상으로부터 오는 변화·부침·구조조정의 압력을 과소시장 영역에 포진한 사회적 강자들이 너무 적게 분담함으로써 사회적 약자들이 너무 많이 분담하기 때문이다. 과잉시장은 과소시장을 해소하면 상당 정도 완화할 수 있다.

과잉시장은 세계화, 자유화(규제 완화) 등으로 상징되는 세계사적 시간대가 강하게 작동하는 세계적 보편성이다. 과소시장 및 이권·무능 국가는 한국의 뒤틀린 역사의 유산으로, 한국사적 시간대가 강하게 작동하는 한국적 특수성이다. 과잉시장과 과소시장이 동전의 양면처럼 존재하게 된 것은 전적으로 국가의 무능 내지 사익 집단 편향성 때문이다. 엄청난 불완전 고용 인력을 양산한 것도, 거대한 부동산 불로소득이 만들어진 것도, 재정이 토건 분야에 과잉 할당되는 것도, 정·경·관·언·법 유착이 일어나는 것도 따지고 보면 국가, 특히 정치의 무능 내지 사익 집단 편향성의 발로이다.

과잉시장 세계에는 대체로 좌파적 정책이 필요하다. 교육, 의료, 복지 등에서 사회 최소한의 상향, 사회 투자 정책, 부동산·일자리 등에서 공공부문의 적극적 역할, 공공부문의 고용·임금·가격에 대한 국가의 적극적 개입, 노동시간 단축을 통한 일자리 나누기, 경제·금융·노동 관련 세련된 규제가 그런 것이다. 과소시장 세계에는 대체로 우파적 정책이 필요하다. 독과점과 불공정거래 엄단, 정·경·관·언·법 유착 폐절, 기업 지배구조의 선진화, 직무 직능급과 고용·임금 유연성 도입, 철밥통 연성화,

사회 전 분야에 걸친 상호 선택권과 소유권 개념 도입, 각종 자릿세의 조정, 관료와 이익집단을 위해 존재하는 규제 철폐가 그런 것이다.

제대로 작동하지 않는 시장과 제대로 작동하지 않는 민주주의, 즉 이권·무능 국가는 좌·우파를 초월하여 공공의 적이다. 물론 높은 주거비, 교육비, 의료비, 생활비와 부동산 불로소득과 범죄도 마찬가지다. 그러나 이 역시 좌·우 이익집단과 정치인 및 관료의 기득권 침해 요소가 있기에 개혁이 순탄할 리가 없다. 사실 위에서 길게 예로 든 좌파적 정책을 기형적인 진보가 다 반기지 않듯이, 우파적 정책도 기형적인 보수가 다 반기지 않는다. 그런 점에서 한국 현실에서 이념 대결은 대체로 허상이고 본질은 물질적 이해관계 다툼이다. 그렇기에 진보 이념을 내세우는 세력도 표방하는 이념의 정신과 가치를 일관성 있게 견지하지 않고, 보수 이념을 내세우는 세력도 마찬가지다. 자신들의 핵심 지지 세력의 물질적 이해관계와 충돌하면 표방하는 이념의 핵심 정신과 가치를 과감하게 쓰레기통에 처넣는다. 그러므로 진정한 진보 개혁은 오랜 우군인 조직노동과 결별 없이 이룰 수 없고, 진정한 보수 개혁은 오랜 우군인 재벌·대기업 및 조중동과 결별 없이 이룰 수가 없다.

한국 사회는 한국사적 시간대와 세계사적 시간대가 동시에 작동하고 있다. 서구에서는 수십 년의 시간차를 두고 채택되거나 출현했던 정책이 한국에서는 동시에 필요하다는 얘기다. 두 시간대가 다르다는 것은 선진국에서 지금 유행하는 경제사회 정책을 시간차 없이 수용하고 순응할 것도 있지만, 우리의 내적 필요성에 따라 거부하고 역행할 것도 있다는 것이다. 다시 말해 선진국이 자유화, 규제 완화가 대세라 해서 한국이 그것을 좇는 것이 능사가 아니며, 반대로 선진국이 규제, 감독을 강화하는 것이 대세라 해서 한국이 그것을 좇는 것이 능사가 아니라는 것이다. 그들과 우리의 처지, 조건, 발전 단계가 다르기 때문이다. 그런 점에서 너무나 심각한 일자리 문제를 푸는 해법도, 기업의 고용 능력 확충(벤처·중소기업 지원과 고용·임금 유연성 제고), 대대적인 사회 서비스 일자리 창출, 노동시간 단축을 통한 일자리 나누기, 괜찮은 직업·직장의 처우 동결을 통한 고용량 증대, 주거비, 교육비, 생활비 저감, 사회안전망 및 복지 재정 확충, 기득권층 위주의 재정 할당 구조 개편, 패자부활전을 위한 승자 재신임전의 활성화2nd Chance Society, 돈과 인재의 흐름을 결정적으로 왜곡하는 각종 자릿세(경제적 지대) 합리화 등 좌파적 해법과 우파적 해법이 다 필요하다.

지금은 전 인류에게 대재앙을 예고하는 기후환경 변화의 위협이 시시각각 다가오고 있다. 동시에 한국 경제사회에 엄청난 충격을 가할 에너지·자원·식량 파동 위협도 다가오고 있다. 북핵과 북한 위기도 파국을 향해 달려가고 있다. 이대로 가면 한국의 청년 세대, 미래 세대, 비기득권층(비임금근로자, 비경제활동인구, 비정규직)과 북한 인민 전체는 너무나 고통스럽고 답답한 미래를 살 수밖에 없다. 물론 한민족 대다수가 이런 고통을 겪는 상황에서 한국의 중장년 세대와 기득권층이라고 무사할 리가 없다. 그러므로 지금 밀어닥치고 있는 미증유의 위기 상황에서는 합리적 진보와 합리적 보수의 대합작이 필요하다. 합리적 진보는 가치생산 생태계와 사회적 자본을 황폐화시키는 조직노동과 정치적·이념적으로 결별해야 한다. 합리적 보수는 역시 가치생산 생태계와 사회적 자본을 황폐화시키는 재벌·대기업, 조중동, 보수 교회 등과 결별해야 한다.

보수 우파의 주력 부대로 자처하는 재벌, 대기업, 사학, 지방 토호 등은 입으로는 자유주의, 시장주의(적어도 반공주의)를 부르짖지만 실제 자유주의, 시장주의 정신을 정면으로 거스른다. 진보 좌파의 주력 부대를 자처하는 조직노동과 공공부문은 입으로는 사회민주주의, 공공성, 연대성을 부르짖기만 실제 사회민주주의의 정신을 정면으로 거스른다. 보수가 합리적이고, 진보가 유연하다면 위기 상황에서는 서로의 입장 차이는 실개천에 불과할 것이다.

일자리 전략: 정착 농경에서 유목 패러다임으로

대한민국이 타고 갈 정책 플랫폼 설계 과정에서 반드시 짚어 보아야 할 '진보의 오래된 고정관념'들이 적지 않다. 이 중에는 진보와 보수를 떠나서 우리 사회 전체가 별 의심 없이 받아들이는, 재검토해 보아야 할 고정관념도 있다.

우리가 진지하게 재검토해 봐야 할 것은 현재의 고용·임금 구조와 세계화, 지식정보화, 중국의 비상이라는 환경에서 괜찮은 일자리(대기업·공기업 정규직원, 공무원, 전문직 등)를 얼마나 늘릴 수 있을 것인가이다. 나는 늘릴 여지가 별로 없다고 생각한다. 1인당 소득을 감안하면 세계 최고의 임금과 매우 안정된 고용을 보장하는 좋은 일자리를 만들 수 있는 기업은 결코 많을 수 없다고 생각하기 때문이다. 민간 기업이 좋은 일자리를 많이 만들 수 없는 상황에서 공공부문이 좋은 일자리를 많이 만든다는 것은 있을 수 없는 일이다.

또한 정규직은 정상, 비정규직은 비정상이라는 고정관념도 합당한지 곱

씹어 보아야 한다. 기업이 인건비 절감을 위해서 비정규직을 양산한다는 관념도, 기업을 각종 규제로 압박하고, 약간의 재정 지원을 해주어 정규직과 청년 고용을 늘린다는 가정도 현실과 부합하는지 곱씹어 보아야 한다.

현재 한국과 같은 고용·임금 구조에서, 오히려 정규직=무기 계약직=사실상 정년 보장이 비정상이고 예외이며, 비정규직=기간제 노동이 오히려 정상이고 보편이라고 할 수 있다. 따라서 비정규직 정책의 기조는 각종 규제와 약간의 촉진책으로 비정규직을 정규직으로 밀어 넣으려고 하는 것이어서는 안 된다. 정규직이 안 되면 도저히 살기 힘든 세상을 – 기업주가 비정규직을 오래 고용하면 안 되는 세상을 – 만드는 것이 아니라 아예 비정규직을 자연스럽게 여길 수 있을 정도로 비정규직으로도 살 수 있는 세상을 만드는 것으로 정책 기조를 잡아야 한다. 이 핵심은 고용 유연성을 상당 정도 인정하고, 해고에 따른 근로자의 충격(부담)을 국가와 기업이 적절하게 분담하고, 직무 직능급을 실시하고, 임금에서는 차별 시정 장치를 강화하는 것이다. 이는 제3의 길에서 이야기되는 덴마크식 유연 안정성 모델이다.

이 시대는 인간의 수명을 제외한 모든 것, 즉 산업, 기업, 기술, 직업, 작업장, 상품 서비스 등의 수명이 짧아진 시대이다. 그런 점에서 정규직을 정상으로 보는 것은 근본적으로 현실과 충돌하는 사고방식이 아닐 수 없다. 그런 것은 공무원, 공기업 직원, 교사, 포스코 같은 기업의 직원에서만 적용될 수 있는 패러다임이다.

그렇다고 모든 노동을 자본이 언제든지 자를 수 있는 비정규직으로 갈 수는 없다. 가능하면 지식노동은 기한을 정한 계약직이 기본으로 되고, 공정한 성과 평가를 통해서 이를 연장해 가는 방식으로 고용 계약을 맺는 것이 합당하다. 자칫 일회성 소모품이 될 수 있는 육체노동에 대해서는 보호 규제를 발동하고, 지금보다 더 튼실한 사회안전망으로 보호해야 한다. 하지만 이들의 처우가 과도해져서 유연성과 계약을 숙명으로 받아들이는 지식노동이 차라리 육체노동을 부러워하는 사태가 생기면 나라가 망할 수밖에 없다. 그러므로 하층(육체) 노동의 처우는 동결시키는 방식으로 점진적으로 하향시켜야 한다. 가치를 적게 생산하고 안정적이면 처우가 낮아야 하고, 그 반대이면 높아야 한다. 이는 사회민주주의국가는 말할 것도 없고 거의 모든 문명국에서 상식이다. 기여·부담과 권리·이익의 균형이 이뤄지도록 하여, 승자는 승자 나름대로 게으름을 피우지 않고, 패자는 도전의지를 꺾지 않는, 마치 프로축구 1부 리그 하위 팀과 2부 리그 상위 팀이 자리를 바꾸는 것처럼 역동적인 사회를 만들어야 한다.

그리고 한국인의 성정과 문화로 볼 때 과연 한국이 스웨덴 같은 높은 평등사회를 유지할 수 있는지도 따져봐야 한다. 고민하기에는 너무 먼 이상이지만, 정책의 전략적 방향성에는 영향을 미친다. 분명한 것은 국경 장벽이 낮아지고, 영어가 보편화되고, (이공계) 지식노동 시장이 국제적으로 형성되면 이들의 처우는 선진국이 주도하는 국제 노동시장 가격을 따라가게 되어 있다는 것이다. 실제 초일류 지식노동에 대해서는 세계 유수의 대학에서 파격적인 연봉과 연구비 지원을 약속하며 스카우트하고 있다. 지금이야 아주 소수의 사람 얘기지만, 점점 더 많은 사람이 이 영향권에 들 수밖에 없다. 그렇게 되면 스웨덴식의 고도의 평등사회는 세계화, 지식정보화 환경과 충돌할 가능성이 많다.

그리고 세계에서 가장 긴 노동시간을 단축하고, 가능하면 그 시간에 상응하는 만큼의 임금을 감하하고, 고용량을 최대한 늘리는 것이 일자리 관련 정책 플랫폼의 기본 방향이 되어야 하지 않을까? 이런 사고방식은 다 불가능하다고 하지만 한국의 일자리 문제의 심각성을 감안하면 마냥 불가능하다고만 할 수는 없을 것이다. 또한 현재의 정규직과 공공부문은 고용·임금 유연성을 높이고, 사회 서비스 일자리를 최대한 늘리고, 오랜 시간이 걸리더라도 덴마크식 유연 안정성 모델을 도입해야 할 것이다.

그리고 대학 진학률 80%에 상응하는 일자리를 만드는 것도 가능한지, 대학 진학률 80%대 유지가 국가 사회적으로 합리적인지도 물어야 한다. 요컨대 과거에는 별 것이 아니었던 소박한 꿈, 즉 대학 나와서 정년이 보장되고, 임금도 1인당 평균 GDP의 최소 2배가 넘는 괜찮은 일자리를 가지는 꿈 자체를 누릴 수 있는 사람이 얼마나 되는지 따져봐야 한다는 것이다. 대부분의 대졸자들이 구조적으로 학력에 합당하는 일자리를 가질 수 없는 상황에서 대학 진학률 80%대를 유지하는 것은 우리 사회 전체가 대학생과 학부모에게 사기를 치는 것이라고 보아야 한다.

그리고 1인당 평균 소득 대비 세계에서 가장 싼 전기·수도 요금을 누리는 것도, 지나치게 풍족한 에너지 소비 행태, 문화, 제도도(예컨대 대형 자동차와 자동차 중심 교통시스템 등) 근본적으로 재검토해야 한다고 생각한다.

또한 정권이 교체되거나 낙선하면 취업 제한조차 받는 백수인 계약직 공무원(대통령, 국회의원, 기타 정무직)의 연봉이 20~30년 장기근속하고, 그에 따른 연금도 있고, 퇴임 후 갈 자리도 많은 직업 공무원 연봉과 비슷한 것도 합리적인지 캐물어 봐야 한다. 과거에는 정치인이 각종 이권에 개입했기에 적은 연봉으로 사는 데 지장이 없었지만, 지금은 그것이 원천적으로 불가능하다. 이런 상황에서는 정무직 공무원들에게 직업 공무원과 다른 보상을 하는 것이 합당하다. 이 역시 선진국에 전례가 없겠지만, 선진국들은 정치 생태계가 잘 발달되어 있어서(로비스트 펌, 각종 연구소 등) 변칙, 편법을 쓰지 않고도 정치적 경륜을 발전시키면서 먹고살 수 있는 방법이 많다. 하지만 한국은 단지 사법고시를 통과한 사람에게만 비교적 다양한 먹고 살 수 있는 기회(생태계)가 주어져 있을 뿐이다.

어떻게 보면 지금 한국 사회의 문제는 과거 안정된 육지에서 생활하던 사람이 파도에 따라 흔들리는 선상 생활에 적응하는 것과 비슷하다. 달리 표현하면 정착 농경생활을 하던 사람이 유목생활에 적응하는 문제와 비슷하다고 보아야 한다. 이전의 익숙한 생활양식, 사고방식이 다 바뀌어야 한다는 것이다.

민주공화국의 실제 주적

보수는 민주공화국을 위협하는 주적을 김정일과 결탁한 반미 친북 좌파로 보아 왔다. 아주 소수는 실제로 그렇게 믿어 왔고, 다수는 정치적 수사로 써 왔다. 그럼에도 불구하고 보수 내에는 '좌파'가 주적이라고 생각하는 사람이 정말로 많아 보인다. 반면에 진보는 민주공화국을 위협하는 주적을 주로 시장 권력으로 생각하고 있다. 참여정부는 제왕적 권력과 비대한 보수 언론으로 생각한 징후가 뚜렷하다. 공화주의를 부르짖는 사람들은 사사(私邪)에 탐닉하는 기풍과 문화 혹은 공화국 시민정신을 가진 시민의 부재에서 찾는 것처럼 보인다. 그런데 냉철하게 보면 적어도 참여정부 시절에는 민주공화국을 위협하는 주적은 시장에서도, 민주적 절차(투표 등)에 의해서도 잘 통제되지 않고, 국회나 대통령에 의해서도 잘 통제되지 않는 작은 권력들이었다.

1987년 이후 정치에 대해서는 수많은 견제 및 감시 장치가 생겨났다. 종이 신문과 인터넷 매체, 각종 이익집단, 선거관리위원회, 법원, 헌법재판소 등이 대표적이다. 정치인의 언행은 낱낱이 까발려진다. 정치인과 정당에는 온갖 재갈이 물려졌지만 재벌, 언론 등 선출되지 않은 권력들에게는 그렇지 않았다. 이들의 힘은 과거와는 비교할 수 없을 만큼 강화되었다. 재계 600위 수준 기업체의 박연차가 얼마 안 되는 돈으로 한 정권의 핵심들을 초토화시켜버릴 정도이다. 민주화, 분권화, 자율화, 기업의 글로벌화 등으로 인해 선출되지도, 민주적으로 통제되지도 않는 소권력들이 경제적·사회적 힘을 키워 정치와 관료를 포섭해 들어오고 있다. 삼성 등 재벌, 조중동, 검찰, 헌법재판소, 모피아(재경부), 세피아(국세청), 사학재단, 종교 집단, 대기업 및 공기업 노동조합 등이 그들이다. 권력은 시장으로만 간 것이 아니라, 검찰과 법원과 헌법재판소로도 많이 갔다. 또한 비대한 보수 언론으로도 많이 갔다.

지금 한국은 정치와 행정 권력의 힘이 퇴조하면서 각종 소권력들이 이들을 포획해 들어오고 있는 상황이다. 소권력의 상당수는 실제 마피아 소리를 듣고 있다. 지목된 소권력들은 대단히 억울할지 모르지만, 시장에서도 민주적 절차를 통해서도, 단임 대통령에 의해서도 잘 통제되지 않는 한 이런 의심은 정당하다고 보아야 한다. 이들이 민주공화국을 위협하는 주적으로까지 부상한 것은 결국 정치의 혼미, 무능 때문이다. 노무현 자결 사태가 터지자 보수 언론과 김형오 국회의장 등 일부 정치인들은 그것이 대통령의 권능이 너무 커서 생긴 문제라면서 대통령의 권능을 줄이는 개헌을 하자고 말한다. 이는 문제의 본질을 호도하는 것이다. 대통령 권능이 커 보이는 것은 헌법과 법률이 대통령에게 제왕적 권능을 허용해서가 아니다. 그것은 행정, 사법을 포함한 국가의 자의적 권능(재정, 규제권, 촉진권, 처벌권 등) 자체가 너무 크고 다른 민주적 장치에 의해서 견제·감시되지 않으며, 관료의 대표자가 대통령이기 때문이다. 100미터 높이의 빌딩 옥상 위에 있는 키 1.7미터 성인의 키는 1.7미터이지 101.7미터가 아니다. 대통령의 제왕적 권능의 실체는 시민사회에 의해서도 다른 권력기관에 의해서도 잘 감시 및 견제되지 않는 자의적 관료 권력이다. 특히 이명박 정부 들어서는 마피아 소리를 듣는 소권력과의 부적절한 유착이다. 이명박 정부가 지난 수십 년간의 민주화 성과를 되돌리는 듯한 괴력을 행사하는 것은 대통령의 권능이 커서가 아니다. 김대중, 노무현 정권과 달리 이명박 정권은 사회 곳곳에 똬리를 틀고 있는 재벌, 토건업자, 검찰, 언론, 종교, 사학 같은 보수 기득권 세력과 사고방식 및 도덕적 수준이 비슷하고, 사적 연고가 층층이 잘 형성되어 있기 때문이다. 사익 추구에 능한 이들 소권력들과 이명박 정부의 관계는 과거 박정희, 전두환 때처럼 음·양으로 지시받고 일방적으로 통제받는 관계가 아니다. 오히려 적극적 협력·유착 관계이자, 나아가 포섭 관계인 측면이 강하다. 그런 점에서 이명박 권력은 박정희, 전두환, 노태우, 김영삼 권력보다 훨씬 약하다. 보수 기득권 집단에 포위된 채, 헌법과 법률이 허용하는 범위에서만 권력을 행사한 노무현 대통령의 권력은 결코 큰 것이 아니었다.

그렇다고 해서 현행 대통령제에 문제가 없다는 것은 아니다. 대통령 권능은 분명히 축소되어야 한다. 대통령제 자체도 적절한 조건만 갖춰지면 최대한 빨리 의회책임제로 바뀌어야 한다. 그 조건의 핵심은 대통령보다 훨씬 단기적이고 협소한 이익을 추구하는 관료 권력과 마피아 권력들을 쪼개서 상호 견제하게 하고, 불의하게 행동하지 않도록 하는 장치를 만드는 것이다. 축소된 대통령의 권능은 국민의 손이나 제대로 작동하는 대의기관의 손에 쥐어줘야지 민주적으로 선출되지도, 통제되지도 않는 세습 권력이나 엘리트 권력에게 쥐어줘서는 안 된다. 요컨대 지금 대한민국은 5년짜리 계약직에 불과한 대통령보다, 4년짜리 계약직에 불과한 의회보다 선출되지 않은 관료·엘리트 권력과 세습 권력이 훨씬 위협적이다. 민주공화국을 위협하는 것은 제왕적 대통령이 아니라 점점 강성해져가는 봉건 영주 내지 마피아 집단이다. 한국은 국민들의 지적 수준이 높고, 정보화 수준이 높아서 선거제도가 민의를 잘 반영할 수만 있다면 민주공화국을 위협하는 다양한 요인들은 어렵지 않게 제거될 수 있다.

강력하고 유능한 정치 vs 깨끗하고 무능한 정치

21세기 들어 한국 정치 개혁의 기본 콘셉트는 '깨끗한 정치와 저비용 정치'였다. 물론 여기서 말하는 저비용은 사실상 정치자금을 지칭한다. 정치가 좋은 법안을 만들지 않거나, 제때 법안을 처리하지 않아서 생기는 천문학적 비용은 아예 머릿속에 없다. 지금 한국 사회는 1948년 이후 형성된 제반 질서의 모순이 폭발적으로 터져 나오는 시기에 있다. 국내외적 환경 변화와 낡은 질서와 낡은 리더십과 역동적인 경제사회 주체의 4자 충돌이 격렬하게 일어나고 있다. 이 심각한 위기는 잘 작동하는 민주주의, 공화주의로 타개할 수밖에 없다. 한마디로 강력하고 유능한 정치가 필요하다.

1960년대의 빈곤과 무기력의 위기는 권위주의 정부가 타개했으나 21세기 한국의 복합적인 위기는 민주공화국 정신을 체현한 정치가 타개할 수밖에 없고, 타개해야 한다. 정치는 대통령, 국회의원, 단체장 등 선출직 공무원만 말하는 것이 아니다. 규정, 선례, 예산, 권한 범위에 매여 기존 질서를 조금 개선하는 역할 이상은 할 수 없는 관료적 한계를 뛰어넘는 (정치적) 상상력을 가지고, 시대가 요구하는 법·제도·정책·운동·리더십을 세워서 대한민국을 대대적으로 개혁하려는 모든 사람과 조직을 말한다. 선출직 공무원과 정당인은 말할 것도 없고, 정치인의 안목과 마인드를 가진 언론인, 기업인, 학자, 컨설턴트, 시민운동가, 대학생 등도 포함된다. 지금은 정치를 유능하고 강력하게 만드는 것이 시대정신이라고 해도 과언이 아니다. 21세기 한국 사회 최대의 위기는 정치가 제 역할을 하지 못하기 때문인지도 모른다. 물론 이에 대한 책임은 정치인 자신과 감시와 평가 기능을 갖고 있는 언론이 가장 많이 져야 할 것이다.

사회가 매우 선진화되면 정치가 다루는 사안은 미세한 계수조정 정도가 될지 모른다. 하지만 한국은 유효기간이 다한 낡은 질서가 겹겹이 쌓여 있기에 정치가 주도적으로 개혁해야 할 중차대한 사안이 너무나 많다. 정말 이 시대 최대의 개혁은 정치가 공공적 마인드가 강한 인재들을 많이 흡인하여, 사회 현안의 합리적 해결을 위해, 제대로 된 게임 규칙의 수립을 위해, 제대로 된 정부 감독을 위해 불철주야 노력하도록 구조를 만드는 것이다.

중간선거제도의 도입

대통령 못지않게 중요한 국회의원을 뽑는 선거가 지역주의, 소선거구제, 후진적 정당 구조 등에 좌우되다 보니 특정 지역에서 통하는 정당이 1~2개에 불과하다. 그 특정 지역에서 통하는 정당 간판만 달면 막대기라도 당선된다. 정치적 독점 환경인 것이다. 제품과 서비스의 품질이 그렇듯이, 정치 품질도 소비자(유권자)의 선택권과 심판권을 강화하고 공급자 간 경쟁을 강화함으로써 빨리 높일 수 있다. 이를 위해서는 정확하고, 풍부한 소비자 정보를 토대로 정권의 명운을 가르는 주요 선거 주기를 짧게 해야 한다. 일본 등이 이미 하고 있듯이 2년마다 국가·사회적으로 큰 현안을 정치 쟁점으로 만들어 투표로 결판내는 구조를 만드는 것이다.

너무나 변화가 빠르고 중차대한 이슈가 많은 한국 상황에서는, 적어도 의회책임제가 도입되기 전까지는, 2년마다 의원 정수의 절반을 선출하여 실질적으로 정권과 정당을 심판할 수 있는 중간선거제도의 도입이 선진화의 관건이다. 그렇게 되면 시도 때도 없이 행해지면서 정권 심판이라는 변죽을 올리는 보궐선거를 통합할 수 있다. 또한 2년마다 한 번씩 구호가 아니라 구체적인 실천으로 정권을 심판할 수 있고, 중요 국정 현안에 대해 국민적 의사를 물을 수 있다. 그럼으로써 의원과 정당으로 하여금 국가적 현안에 대한 입장에 따라 정치적 생명이 좌우되는 구조에 근접하게 한다. 이는 선거 주기 및 임기를 바꾸는 것이기에 개헌을 의미한다. 실로 한국 사회 개혁 중의 개혁은 제대로 작동하는 대통령제(연임제, 결선투표제, 정·부통령제 등)와 더불어 특정 지역에서 정치적 독과점을 보장하는 국회의원 선거제도를 개혁하는 것이다.

05 한국 정치의 5대 과제
Chapter

새로운 정책 패러다임

　거대하고 복잡한 현대 국가 경영은 오케스트라 연주와 같다. 1960년대 한국 같은 상황이라면 급속한 경제성장과 산업화가 거의 모든 문제를 해결해주기 때문에 오케스트라 연주라고 할 것까지는 없었다. 하지만 지금은 고속 성장이 불가능하고, 모든 경제사회 주체들이 위기(손실)와 기회(이익)에 예민하게 반응한다. 또한 글로벌 금융시장, 통상 환경 등 제약 조건도 많다. 그러므로 이 시대 한국의 국가 경영은 그야말로 오케스트라에 비유할 수 있다.

　정치인이나 정당이 오케스트라 지휘자라면, 이념은 오케스트라의 악보라고 할 수 있다. 이 악보는 바이올린, 첼로, 클라리넷, 피아노, 심벌즈, 큰북 등 개별 악기 연주자들이 연주하는 악보, 즉 세부 정책으로 구현되어야 한다. 지휘자는 이것을 종합하고 조율해서 관객에게 선보인다. 그런데 한국에는 개별 악기에 관한 한 명연주자가 있을지 몰라도 오케스트라 악보는 없거나 너무 엉성하다. 명지휘자도 없지만, 설사 있다 하더라도 악보가 없는 한 훌륭한 연주를 할 수가 없다. 더 심각한 것은 좋은 악보를 만드는 시스템도, 좋은 지휘자를 만드는 시스템도 없음에도 불구하고, 이것이 심각한 문제라는 인식도 취약하다는 사실이다. 한마디로 기다려도 나아질 기미가 없다는 것이다.

이념은 수많은 정책들 사이에 모순이 없고, 현실과도 모순이 없고(실현 가능하고), 그러면서도 가치의 우선순위가 시대정신 및 자파의 정치적 이해관계와 부합하는 여러 정책 플랫폼 혹은 정책 패러다임이다. 이념은 철학, 가치, 역사·현실 인식, 비전 등을 체계적으로 정리한 거시 담론과 바닥 현실 혹은 사회의 감추어진 속살을 꿰뚫어 대중으로 하여금 '문제의 핵심을 정확히 보고 있다'는 확신을 주고, '저 길이 살 길이다'는 부푼 기대를 불러일으킬 수 있는 미시 담론(개혁 각론)을 유기적으로 결합한 정책 패키지다. 이념은 특정 집단의 이해와 요구를 중심적으로 대변한다는 의미에서의 당파성, 경제적으로 성장 가능하고 사회적으로 정의롭고 생태적으로 지속 가능하다는 의미에서의 공공성, 인간·사회·환경·시장·국가 등 주요 인자들의 동력학을 천착했다는 의미에서의 과학성이 결합된 정책 플랫폼이다. 모름지기 시대정신을 제대로 구현하는 이념다운 이념이라면, 한때 공화주의, 자유주의, 사회주의, 사회민주주의, '잘살아 보세' 이념(?)이 그랬듯이 대중의 가슴에 불을 지르며, 생활 현장에서 살아 숨쉬며, 다양한 대중운동을 일으켜야 한다. 모순·부조리가 널려 있고, 더 나은 사회를 만들려는 대중의 욕망과 기대가 들끓는 한국 땅에서 대중의 가슴에 불을 지르지 못하는 이념은 이념이 아니라고 해도 과언이 아니다.

진보와 보수를 초월하여 지금 한국 사회의 정치 세력과 지식사회의 최대, 최고의 과제는 국가·사회 개조의 이념과 이를 구현할 실력을 갖추는 것이다. 한마디로 명작곡가와 명지휘자를 갖추는 것이다. 국민이라는 청중은 긴 호흡으로 명작곡가와 명지휘자와 명연주자를 양성하는 시스템을 어떻게 완비할 것인가에 대한 안목은 없어도 악단이 만들어내는 최종 산출물은 비교적 정확히 평가한다.

실력은 올바른 이념을 공유하고, 각론(미시 담론)을 전개하는 전문가 네트워크와 이를 다방면에서 실행할 인재풀이다. 지난 대선과 총선에서 참여정부와 범진보 세력이 동반 몰락한 핵심 이유는 진보의 오래된 관성(행태)과 이념이 대중의 요구, 기대, 고통, 불만에 예민하게 반응하지 못했기 때문이다.

이 모든 오류 내지 한계는 참여정부와 범진보 세력이 공유한다. 동시에 이명박 정부와 범보수 세력도 공유한다. 하지만 보수 세력은 원래 큰 틀을 획기적으로 바꾸지 않으려 하는 존재이기 때문에 이념 부재가 큰 문제가 안 될 수도 있다. 하지만 진보 개혁 세력은 큰 틀을 획기적으로 바꾸려 하기 때문에 이념 부재 내지 조야한 이념이 여간 심각한 문제가 아니다.

진보는 1990년을 전후한 시기에 마르크스레닌주의, 주체사상 등 시대착오적 이념의 허황함을 경험해서인지, 세계(역사와 현실)를 체계적, 종합적으로 설명하려는 제반 시도 자체를 터부시하는 경향이 강하다. 세계관, 가치관, 비전, 전략과 수많은 하위 정책 패키지를 일관성 있게, 또 통일적으로 구성하려는 시도 자체를 경원시하는 경향이 강하다. 단지 대중의 기대와 고통에 즉자적으로, 예민하게 반응하는 '생활 정치'가 진보의 활로인 것처럼 여겨지고 있다.

보수는 원래 기존의 성장 패러다임, 즉 박정희와 전두환이 그 틀을 잡은 관료 중심, 재벌 및 대기업 중심, 수출 중심, 경제성장 중심의 패러다임을 의심하지 않기에 이념에 관심이 없다. 이념 시비에는 관심이 많을지 모르지만, 엄청나게 바뀐 국내외 경제사회 환경에서 경제적으로 성장 가능하고, 사회적으로 정의롭고, 생태적으로 지속가능한 새로운 발전 전략=이념이 무엇인지는 관심이 없다.

그러다 보니 진보와 보수 모두 가치와 정책의 우선순위를 설정하는 일과 이들 간의 모순을 해소하는 일의 중요성과 어려움을 망각해 버렸다. 보수는 생래적인 타성으로 인해, 진보는 시대착오적 거대 담론을 휘두르던 시절의 '디테일' 및 '세부 정책 담론' 부재에 대한 반성이 초래한 역편향으로 인해 세분화, 전문화된 우물 안에 갇혀 버렸다. 정치, 즉 종합 기능이 취약해서 각 분야의 발전이 꽉 막혀 있는 상황임에도 불구하고, 각기 자신의 우물을 파면, 국가 경영 실력이 생길 것이라는 근거 없는 믿음의 위세는 별로 꺾이지 않았다. 장님 코끼리 만지기를 하면서 자신이 장님인지도 모르고, 만지는 대상이 얼마나 다양한 얼굴을 갖고 있는지도 모른다.

제도 개혁

어떤 문제든 시스템의 문제와 리더십(사람)의 문제가 결합되어 있다. 모든 일은 사람이 하기에, 모든 문제는 사람의 문제인 것처럼 보인다. 언론도 그렇게 몰아가고, 여론도 그런 인식을 따라간다. 그래서 시스템의 문제가 심각함에도 불구하고 잘 드러나지 않는 경향이 있다. 그런데 헌법과 법률이 준 권한 범위 내에서 치열하게 노력한 노무현 전 대통령으로 인해 시스템의 문제가 선명하게 드러났다. 이는 국가 사회적으로 어마어마한 성과이다.

헌법, 선거법 등 정치 관계법에는 제·개정해야 할 사항이 무수히 많다. 상충하는 요구 사항도 많아서 우선순위를 잡기가 여간 어렵지 않다. 그럴수록 개혁의 철학과 원칙이 필요하다. 이 원칙을 간단히 적시하면 다음과 같다.

첫째, 주권재민의 원칙 구현이다. 지금 한국 사회가 강력한 이익집단들에 의해 국민주권 원칙이 훼손되는 국면이기 때문이다. 특히 재벌, 거대 언론사, 사법 엘리트들이 지배하는 법원·헌법재판소·선거관리위원회에 대한 민주적 통제는 매우 취약하다. 넓게 보면 관료, 공기업, 각종 직능단체, 사학재단, 종교재단, 언론 등에 대한 민주적 통제도 마찬가지다. 정당한 민주적 통제가 권위주의의 유산으로 치부되어 깡그리 무시되는 것은 1987년 체제의 그늘이자 악성 유산의 하나이다.

둘째, 공공서비스 소비자(유권자)의 선택권과 심판권 강화이다.

셋째, 깨끗하고 무능한 정치가 아니라 강력하고 유능한 정치를 구현하는 것이다. 이는 풍성한 정치 생태계 형성이 필수적이다.

넷째, 책임정치 강화이다. 이는 성과와 실적을 평가해서 상과 벌을 엄격히 시행하는 것에 다름 아니다.

이상의 원칙으로부터 개혁의 방향을 도출하면 다음과 같다.

중간선거의 제도화가 절실하다. 4년 연임 대통령제와 정·부통령제를 기본으로 하고, 결선투표제 도입이 필요하다. 국무총리 임명 시 국회 사전 동의 제도는 철폐해야 한다. 국민 정서를 고려하면 명실상부한 대통령 책임제가 되어야 한다.

소선거구제 단순 다수 득표제에 근거한 비례대표제를 광역 단위 비례대표제로 바꾸어야 한다.

발달한 정보통신 기술에 근거하여 직접민주주의를 강화하기 위한 국민발안제가 필요하다. 스위스 연방헌법이 받아들인 '국민발안제'를 한국적 현실에 맞게 수용하는 것을 고려해 볼 필요가 있다. 이는 선거 관련 법과 제도 등 입법기관 자신의 기득권 개선이 어려운 상황에서는 매우 유용할 수 있는 제도이다.

고시 출신자의 법관 독점을 폐지하고(미국식 배심원제 도입), 법원 인사제도를 민주적 통제가 보다 강화되는 방향으로 개선해야 한다. 또한 헌법재판소를 폐지하고 민주적 통제가 작동하는 대법원에 그 기능을 넘겨야 한다.

투명화를 전제로 선거운동 규제를 대폭 완화해야 한다. 마찬가지로 정치자금 규제도 대폭 완화하고, 정치가 매력적인 직업이 될 수 있게 선출직 공무원의 처우를 대폭 상향시켜야 한다.

국민의 정치 참여를 활성화하기 위해 정당원의 요건을 완화하고, 선거운동 기간 제한을 철폐해야 한다.

국회의 입법 기능을 활성화하기 위해 입법 보조 기구를 키우고 내실화시켜야 한다. 그런데 국회의원을 포함하여 한국의 공공부문이 매사를 인력, 예산, 권한 부족 문제로 돌리는 경향이 있음을 감안하면 먼저 현재 수준의 인력, 예산, 권한으로도 할 수 있는 일을 잘하도록 동기부여체계를 잘 만드는 것이 급선무다.

정치 생태계

지혜로운 사람은 대상을 볼 때 자신의 눈을 의심해 보고 대상이 존재하기까지 인연의 연쇄 고리를 추적한다. 아름다운 꽃을 볼 때도 그것이 내 앞에 있기까지 토양, 뿌리, 줄기, 잎, 비료, 물, 정원사의 정성 등 생태계를 생각한다. 그러므로 강력하고 유능한 정치라는 꽃을 피우기 위해서는 그 뿌리가 되는 생산적인 선거제도, 정치 인재 영입·교육·훈련·배치 시스템, 정치자금 공급 시스템, 감시 감독 시스템 등 다양한 층위의 사회적 평가보상체계를 살펴야 한다. 이 관건은 국가 경영 노하우를 지속적·체계적으로 축적하고, 정치 엘리트를 훈련시키고, 순환시키는 정치 생태계를 건강하게 만드는 것이다.

지금 한국 정치는 냉정히 따지고 보면 '고위험·저수익' 직업이다. 천신만고 끝에 의원이나 단체장이 된다 할지라도 부정을 저지르지 않는다면 그 처우는 대기업의 부장급 내지 이사급에 불과하다. 수도권 대학의 웬만한 전임교수보다 훨씬 못하다. 게다가 의원이나 단체장이 되지 못하면 집안의 천덕꾸러기 백수가 되기 십상이다. 정치에 발을 들여놓으면 직업 선택의 자유도 현저히 떨어진다. 한국에는 낙선했거나 집권하지 못한 정당 주변의 고급 정치 엘리트들이 국가 경영 경륜을 발전시키면서 먹고살 수 있는 구조가 거의 없다. 결국 이런 구조에서는 상당한 특권과 특혜가 보장된 자격증(특히 변호사 자격증)을 가지고 있거나 부모에게 물려받은 재산이 많거나 든든한 배우자가 있는 사람이 아니면 감히 정치에 도전할 수 없다. 따라서 정신이 건강한 청년이 정치를 할 이유는 정말 없다. 결국 권력욕과 명예욕이 이상 비대한 사람, 투기주의와 한탕주의를 체화한 건강하지 못한 청년,

부모나 배우자 잘 만난 사람, TV에 얼굴을 비칠 행운을 잡은 방송인들의 비중이 점점 더 높아질 수밖에 없다. 공공적 마인드가 강하고, 국제 감각이 있고, 가치생산 사슬 전반의 균형의 중요성을 절감하는 기업 엘리트들에게는 너무나 진입 장벽이 높다.

노무현 정부와 이명박 정부의 혼미, 혼돈은 이른바 똑똑한 사람을 권력 핵심들이 중용하지 않아서가 아니다. 정치 조직의 취약성과 그 토양이 되는 정치 생태계의 황폐화로 인해 국가 경영 노하우 자체가 빈약하고, 다양한 층위에서 일관성과 통일성을 갖추고 개혁을 실행할 정치인재풀이 빈약하기 때문이다.

정치를 산업으로 본다면, 정치 산업은 영화 산업과 비슷한 데가 많다. 영화 산업에는 투자자, 기획사, 작가, 감독, 배우, 각종 기술자, 마케팅 인력, 영화관과 같은 수많은 요소가 결합한다. 감독은 시대의 흐름과 고객의 욕구를 읽고 자신의 철학과 콘텐츠를 담아 감동을 주고 흥행을 잘해서 돈을 번다. 그런데 영화 산업보다 수천 수만 배 더 중요한 한국의 정치 산업은 배우만 있고 작가도 기획사도 감독도 없다. 배우가 혼자서 작가, 기획사, 감독의 역할을 다 하려고 하다 보니 나라가 혼미와 갈등 속에서 헤어나지 못하고 있다. 정당은 기획사도 작가도 감독도 아니고 브랜드만 빌려주는 역할을 한다. 깡통 정당이라는 얘기다. 게다가 소선거구제 단순 다수 득표제를 취하다 보니 특정 지역에서 통하는 브랜드가 1~2개에 불과하고, 유권자는 선택권이 없다 보니 브랜드(공천)의 힘이 강할 수밖에 없다. 이런 구조에서 정치 산업이 발전하려야 할 수가 없다.

정치 생태계의 정상화를 위해서는 무엇보다도 먼저 선거제도를 개혁해서 정치적 독과점 구조를 깨고 정치 품질이 정치 생명을 좌우할 수 있도록 해야 한다. 중간 선거제도를 도입하여 2년에 한 번 정도는 선거를 통해 큰 정치·사회적 현안의 정리 방향을 정해야 한다. 정당법과 정치자금법을 개혁해서 공공적 마인드가 강한 유능한 인재들이 정치 쪽으로 올 수 있는 유인책을 만들어야 한다. 정치 산업이 배우, 배우 보조, 작가, 감독, 기획사 등이 동반해서 발전할 수 있도록 해야 한다.

좋은 이념, 좋은 정치인, 좋은 정당이라는 꽃이 아름답게 피어나도록 하기 위해서는 먼저 그 뿌리, 줄기, 이파리, 토양, 생태계에 해당되는 것을 건강하게 만들어야 한다. 정치인과 고위 관료에게 회전문 기능을 하는 좋은 연구소, 균형감과 종합 능력이 있는 정론지(활자 매체, 라디오, TV 등), 정책 생산자(전문가)와 소비자(프로슈머)가 만나 풍부한 커뮤니케이션을 나누는 온·오프라인 네트워크, 정치 생태계로 풍부한 자금이 흘러가도록 하는 제도와 문화 등이 절실하다.

정론지와 중도적 지식인 소사이어티

지금 대한민국은 길을 잃고 헤매고 있다.

진보도 보수도 길을 모른다. 정치권도 언론도 학계도 경제계도 종교계도 성장과 통합이 상생하여 이룰 수 있는 길을 모르긴 마찬가지다. 2009년 6~7월에 비정규직법 개정 문제가 큰 정치·사회적 현안이 되었다. 그러나 정부, 한나라당, 민주당, 민주노동당, 창조한국당, 시민사회단체, 학계 등 그 어떤 정치·사회 세력도 노동 내 불합리한 격차, 일자리 부족, 영세 자영업 및 중소기업 피폐 문제가 복합된 비정규직 문제에 대한 그럴듯한 해결책을 제시하지 못하고 있다. 비정규직 문제는 정치·사회적 현안이 된 지 꽤 되었다. 참여정부의 대표적인 실정으로 꼽히는 문제이다. 이정우 전 청와대 정책실장은 참여정부 시절에 이 문제에 대한 해법을 찾아 헤맸지만 결국 해법을 찾지 못했다고 했다. 이정우 전 실장은 『한겨레』 신문(2008년 1월 16일자)에서 이렇게 말했다.

민생 문제를 제대로 대처하지 못한 점에 대해서는 할 말이 없다. 일하는 사람들을 대략 3등분 하면 정규직 3분의 1, 비정규직 3분의 1, 자영업자 3분의 1이다. 이 가운데 자영업자와 비정규직 등 3분의 2가 어렵다. 이들이 불만이고, 경제 파탄이라고 한다. 그러나 묘수가 별로 없었다. 인위적 경기부양이라는 마약 요법을 쓰는 것이 제일 먼저 눈에 보이고 유혹받기 쉬운데, 참여정부는 그렇게 하지 않았다. …… 청와대에 있는 동안 제일 답답했던 게 비정규직 문제였다. 여러 번 회의도 하고 전문가도 만나고 했는데 딱 답을 제시하는 사람을 잘 못 봤다. 전부 진단하고, 비판은 하면서 대안 제시는 잘 못한다. 우리나라 지식인의 수준이 그런 단계. 내가 답을 발견했으면 적극적으로 나서서 했을 것이다. 답이 안 보이는 상황에서 노동부가 주도해 법을 만들고 있는데 내가 아니라고 하면서 이리 가자, 저리 가자 얘기하는 게 어려웠다. 답만 알았으면 나설 수 있었는데…… 최고 전문가들한테 물었는데도 만족할 만한 답을 얻지 못했다. …… 비정규직 문제에 대해서는 청와대를 나오면서도 답을 몰랐고, 지금도 답을 모르고 있다.

이정우는 한국의 미래 경제사회 모델로 북유럽 사회민주주의 모델을 공공연하게 주장하는 사람이다. 이런 사람이 신자유주의 어쩌구 하는 좌파적 해법을 모를 리 없다. 한때 국가 최고 정책 참모로서 한국 주류 지식사회의 자유주의적 해법도 모를 리 없고, 열린우리당 의장이었던 김근태의 뉴딜안도 모를 리 없다. 그럼에도 불구하고 해법을 찾지 못했다고 하는 것은 그런 해법이 현실적이지도 효과적이지도 않기 때문일 것이다.

그런데 더 심각한 것은 해법이 없는 문제가 한둘이 아니라는 것이다. 청년 실업 문제, 사교육 문제, 대학입시 문제, 중소기업 문제, 저출산 고령화 문제도 마찬가지다. 정치 개혁 문제는 헌법, 선거법, 정당법, 정치자금법, 지방행정체계 등을 어떻게 하면 많이 나아질 것이라는 장밋빛 전망이라도 있으나 이 문제들은 그런 것도 없다.

과거에는 길을 모르지 않았다. '길'이 아니라 '힘'이 문제라고 생각했다. 수출 증대, 호헌 철폐 독재 타도 투쟁, 노동조합운동과 민중운동 활성화, 정권 교체, 외환위기 조기 극복, 기업·금융·공공·노동 등 4대 개혁, 생산적 복지, 대북 화해 협력 정책 등이 대충 진보와 개혁의 길이라고 생각했다. 2002~2004년까지는 참여정부가 내세운 가치, 즉 반칙과 특권 타파, 원칙과 상식 바로 세우기, 지도자의 도덕적 신뢰 회복, 탈권위주의, 지역주의 극복, 국회 다수 의석 확보, 분권, 자율, 참여 등이 진보와 개혁의 길이라고 생각했다. 그러나 2006년 전후해서는 그 정도 갖고는 안 된다는 것을 절감했다. 참여정부가 고민 끝에 대한민국의 갈 길로 제시한 '비전 2030'도 감동과 기대를 전혀 불러일으키지 못했다. 의욕적으로 내놓은 한미 FTA는 감동과 기대는커녕 진보 세력을 극심한 대립과 갈등으로 몰아넣었다. 국민들은 길을 잘 모르는 것 같은 범진보를 심판하고 이명박과 보수 세력을 선택했다. 그러나 얼마 안 있어 이들도 길을 모른다는 것을 알게 되었다. 지금 돌아보면 참여정부와 이명박 정부는 길(바른 앎)과 힘(정권) 간의 가치의 변곡점이 아니었나 생각된다. 힘 못지않게, 아니 권력 이전에 대한민국의 길을 잘 아는 것이 중요하다는 것을 진보도 보수도 깨달았기 때문이다.

대한민국이 갈 길은 박정희·김대중 패러다임을 대체할 새로운 발전 패러다임이다. 이는 몇 명의 탁월한 정치인, 관료, 학자, 컨설턴트가 찾을 수 없다. 웹 2.0 방식으로도 찾을 수 없다. 참여민주주의가 잘 구현되는 정당을 만든다고 해도 찾을 수 없다. 대중적 실천은 가설 검증 수단이지 그럴듯한 가설을 내오는 수단이 아니다. 새로운 발전 패러다임은 다양한 분야에서 일하는 사람들, 즉 정치인, 관료, 학자, 기업인, 회사원, 전문가, 컨설턴트 등의 풍부한 소통과 대화에 기반한 치열한 공동 모색의 끝에서 찾아질 것이다. 통찰력 있는 가설, 엄밀한 검증, 새로운 종합의 나선loop을 수없이 돌다 보면 찾아질 것이다.

그런데 언제부터인가 각종 정책 토론회에 생각이 비슷비슷한 사람들끼리만 모이는 경향이 확연해졌다. 상식이 있는 보통 사람의 눈으로 보면 치명적인 결함이 선명하게 보일 것 같은 아이디어에도 '전폭 공감한다', '대부분 공감한다'는 발언이 주종을 이룬다. 그래서 토론회인지 결의대회인지 모호하다는 느낌을 받을 때가 많다. 생물학의 상식은 가까운 혈족끼리만 계속 교배하면 기형아가 많이 태어난다는 것이다. 나는 보수와 진보 동네를 떠돌아다니는 정책적 기형아들은 상당 부분 지독한 근친 교배의 산물이 아닐까 한다.

지금 한국은 보수와 진보를 초월하여 이론 전문가와 실물 전문가, 다양한 전공과 배경 가진 전문가들의 소통이 절실한 상황이다. 언론사들과 유력 정당들이 이념적·정신적·문화적 후진성을 벗어 던지지 못한 상황에서는 결국 조금이라도 일찍 깬 사람들이 먼저 만나 소통과 대화를 할 수밖에 없다. 이는 일종의 지식인들의 학습, 토론, 연구 소사이어티라고 할 수 있다. 연구소, 출판사, 매체 등은 이런 지식인 소사이어티라는 뿌리 위에서 있어야 한다. 그 모범은 영국 노동당의 이념적·정책적 지주이자 향도 역할을 했던 페이비언 소사이어티Fabian Society가 아닐까 한다.

기존의 진보와 보수를 초월한 지식인 소사이어티가 한국 사회의 향도 역할을 어느 정도 해낸다면, 이들과 철학, 가치, 정책 기조를 공유하며 동반 발전하는 매체의 등장은 필연이다. 사실 소사이어티보다 더 절실한 것이 정론지인지도 모른다. 이것이 있으면 정론지의 주도로 소사이어티가 형성될 것이다. 지금 한국에서는 정치적·정책적으로 중도 공간(합리적 보수, 합리적 진보)이 비어 있는 것처럼 언론 공간도 마찬가지다. 정론지는 이념, 논조, 관점 이전에 상식, 진실, 상도의를 지키는 언론이다. 지금 한국 언론은 진보의 편이냐 보수의 편이냐 이전에 진실의 편이냐 당파(대체로 편파, 왜곡, 거짓은 여기서 시작된다)의 편이냐가 먼저다. 그런데 기존의 진보·보수 주류 언론은 바로 이 문턱에서 걸린다. 더 나쁘게도 지금『한겨레』,『경향신문』,『오마이뉴스』,『프레시안』등 진보에서는 주류라고 할 만한 언론들은 자신이 타고 있는 정책 패러다임의 작동 가능성을 꼼꼼하게 따져보지 않아서인지, 자기도 모르게 진보 좌파의 당파성을 점점 강하게 가져가는 것처럼 보인다. 진보 좌파의 세계관의 특징은 대체로 매사를 양극화와 신자유주의 프레임으로 보고, 주로 과잉시장의 패악에만 주목한다.

지금 한국 상황에서 당파성 이전에 진실을 추구하는 정론지에게는 거대한 기회가 펼쳐져 있다. 정론지는 건전한 상식을 견지하고, 진실 보도를 중시하고, 언론으로서의 상도의를 지키는 것을 초석으로 하고, 그 위에 진보 또는 보수 성향의 논조나 관점을 세우는 언론이다. 따라서 기존의 진보 언론도 환골탈태하면 정론지가 될 수 있고, 보수 언론도 마찬가지다. 지금은 새로운 정치 세력에게도 기회지만 새로운 언론에게도 기회다.

정치적 매력

유권자들이 표심을 결정하는 주요 요인(축)은 최소 3, 4개는 된다. 이는 정치 세력이 정치적 위치positioning를 잡는 기준이기도 하다. 1번 축은 진보(좌)·보수(우)·중도로 나뉘는 이념 축이다. 서구에서 이념은 계급, 계층적 이해관계를 반영하고 있었다. 하지만 한국은 그렇게 단순하지 않다. 진보라는 개념만 하더라도 상당수 한국 사람들은 서구(진보=좌파=사회주의/사회민주주의)와는 다른 의미로 쓰고 있다. 진보는 변화에 적극적이고, 보수는 변화에 소극적이라는 식의 구분이 널리 통용된다.

2번 축은 영남, 호남, 충청, 수도권으로 구분되는 지역 축이다.

3번 축은 매력, 비매력 축이다. 유권자의 선택에 큰 영향을 미치는 요소는 이념과 지역만이 아니다. 안정감, 진정성, 일관성, 의리, 추진력, 표리부동 등으로 표현되는 행태적·문화적 매력도 큰 변수이다. 노무현이 풍겼던 매력의 중심에는 서민 친화성과 더불어 '바보'라는 별명에서 보듯이 원칙과 상식을 우직하게 견지하는 그의 정치 인생이 있었다. 2002년 노무현을 대통령 후보로 만든 민주당 국민경선과 대통령선거, 그리고 2004년 총선 결과는 정책 노선으로는 설명이 되지 않는다. 2002년 국민경선 후반부에 패색이 짙어진 이인제는 좌파 시비를 했는데, 그는 이런 태도로 엄청난 정치적 자산을 다 날려먹었다. 이것만 봐도 행태적·문화적 매력이 얼마나 중요한지 알 수 있다. 마찬가지로 정치 집단의 품격이나 됨됨이도 얼마나 중요한지 알 수 있다.

이상의 모든 과제들은 결국 제대로 된 정치인과 정당으로 귀결된다. 어찌 보면 이들을 바로 세우는 데 필요한 주변적 요소가 5대 과제라고 볼 수 있다. 그 동안 정치인과 정당을 바로 세우기 위해 무수히 많은 인재들이 정치로 갔고, 무수히 다양한 정치 실험이 행해졌다. 그러나 성과는 결코 좋다고 할 수 없다. 이제 정치인과 정당에 기울이는 관심의 절반 정도는 그 뿌리, 줄기, 토양, 유전자에 해당하는 5대 과제로 돌려야 한다.

한국 보수를 정치적으로 대표하는 한나라당은 정당의 기본을 잘 갖추고 있다. 유력한 대중 정치인은 접어두고라도 일단 인구가 많은 영남과 돈이 많은 상류층을 기반으로 하고 주류 언론, 사학, 종교, 재벌 및 대기업, 각종 직능단체 등 강력한 이익집단과 연계도 튼실하다. 10년 이상 간판이 바뀌지도 않았고, 전쟁 같은 대통령 후보 경선을 거치면서 당이 깨지지도 않았다. 당의 대의원 체계도 건재하다.

그러나 범진보의 대표 주자인 민주당의 경우 인구가 적은 호남에서 비교적 배타적인 지지를 받는다는 것을 빼놓으면 한나라당과 비교할 것이 거의 없다. 무엇보다도 당과 긴밀히 연결된 이익집단이 거의 없다. 빈곤층, 서민층, 식자층, 전문 직업인층, 화이트칼라층, 주부층, 청년층 그 어디서도 배타적인 지지를 받지 못한다. 당의 대의원 체계도 사실상 없다. 이 모든 약점을 압도하는 노무현 같은 매력 있는 정치인도 없고, 김대중 같은 카리스마 있는 정치인도 없다. 더 심각한 문제는 당의 구조상 이런 약점을 보완할 수가 없다는 사실이다.

민주당의 가장 치명적인 결점은 당 전체의 이익과 개인 이익이 일치하는 (김대중 같은) 주인적 리더십의 부재로 인하여 당이 모래알을 연상케 하는 소상인 연합회적 성격을 띤다는 것이다. 이 문제는 향후에도 해결하기가 쉽지 않다. 김대중 같은 리더십이 다시 출현하기 어렵고 그렇다고 해서 건강한 당원이 주인되는 정당으로 변모하기도 어렵다. 과거 개혁당, 열린우리당 시절에 당에 들어왔던 젊은층이나 화이트칼라층 등 건강한 당원 대중이 노쇠한 호남향우회 및 자영업자층을 대체할 수도 없다. 현재 구조에서는 이들이 들어오지 않을 테니까! 그렇다고 해서 한나라당처럼 당과 긴밀히 연계된, 돈과 조직력이 있으면서도 자리 욕심이 없어서 큰 손(균형자 내지 중심추) 역할을 할 조중동, 사학, 대형 교회 같은 이익집단도 없다.

현재 민주당 구조에서는 당 전체에는 도움이 되지만 자파 이익에는 도움이 될지 안 될지 의문스러운 사업을 추진하기가 힘들다. 지난 총선 기간에 영남 민주 세력 배려에 인색했던 것도, 새로운 전문가층 영입에 인색했던 것도, 당을 위해 희생한 사람을 배려하는 데 인색했던 것도 그 때문이다. 이는 민주당이 앞으로 정치적 매력을 확보하는 것도, 새로운 세대, 계층, 세력을 받아들이는 것도 거의 불가능함을 의미한다. 조직 기반과 지배구조 문제로 인해 민주당이 전국 정당, 국민 정당(당원이 주인인 정당), 정책 정당, 매력 정당으로 거듭나기는 불가능하다는 것이다. 지금 민주당은 김대중이 있던 시절의 민주당과 완전히 다른 정당이다. 젊은 화이트칼라층과 운동권 물을 먹었던 30대들이 호남향우회 및 당권파와 으르렁거리던 열린우리당과도 완전히 다른 정당이다.

진보가 한나라당과 경쟁이라도 할 수 있는 수준으로 가려면, 벤처·중소기업가층, 청년층, 화이트칼라층, 식자층, 전문 직업인층, 여성층 등에서 상당한 매력을 느낄 수 있는 조건, 즉 이념, 정책, 문화, 시스템, 리더십을 갖춘 새로운 정당을 만드는 것이 필수불가결하다.

04

새로운 진보의 길

01 진보 100년의 성찰

한반도의 기후와 기상은 그 지리적·지형적 특성과 주변 4대 기단의 동력학에 의해 결정된다고 한다. 한국 사회의 역사, 문화, 정치의 특성을 설명할 때도 이런 지정·지경학적 시각은 좋은 통찰력을 준다. 지정·지경학적인 시각에 의한 한반도 역사 해석은 그리 낯설지 않다. 배기찬(전 동북아비서관)은 『코리아 생존의 기로에 서다』(2005, 위즈덤하우스)에서 한반도 2200년 왕조(문명)의 흥망사를 세계 혹은 동아시아 패권국의 도전에 대한 응전, 또는 해양 세력과 대륙 세력의 각축전이라는 시각에서 풀이했다. 지정·지경학적 특성으로 인해 한반도와 대한민국은 세계적인 강국들과 선진 문명의 영향을 많이 받지 않을 수 없었다.

세계사적 시간대가 일종의 객관적인 환경이라면 한국사적 시간대는 정치 세력의 주체적인 선택 대상이다. 전자가 세계화, 지식정보화, 자유화, 냉전과 탈냉전, 제3세계 민족해방운동, 서세동점 등으로 표현되는 세계사적 흐름이라면 후자는 한국 특유의 정치, 경제, 사회, 문화의 발전 단계를 의미한다.

한국사적 시간대를 직시하지 않고 세계사적 시간대를 무리하게 좇으려는 성향은 진보와 보수에 공통된 식민지 근성의 발로라고 할 수 있다. 그 중에서도 진보 세력은 주체적인 결단으로 시대에 응전하는 것이 체질이다 보니 세계사적 시간대를 착각하거나 무리하게 좇으려 했다.

20세기 들어 한반도 좌파 세력은 운동을 세계사적인 시간대에 무리하게 맞추려고 끊임없이 시도해왔다. 1928년 코민테른이 내린 '12월 테제' 실천 시도가 대표적이다. 이 테제의 조선 공산주의운동 관련 주요 방침은 '민족혁명운동에 계급성을 부여하고, 타협적인 민족개량주의로부터 완전히 분리' 시키고 '공장노동자와 빈농을 당으로 끌어들이는 데 최선을 다하고, 민족개량주의나 여타 기회주의적 지도자들의 냉담성과 우유부단성을 폭로' 하는 것이었다. 그 방침에 따라 조선공산당이 해체되고, 공장노동자와 빈농에 기반을 둔 당을 재건하기 위한 운동 및 혁명적 노동조합·농민조합 운동 등이 활발해졌다. 반면에 만주와 일본의 조선공산당 총국들이 해체되면서 중국과 일본공산당으로 각각 흡수되고, 민족통일전선 조직이었던 신간회도 노동자, 농민을 주체로 하는 조직으로의 개편을 목표로 사실상 해체되었다. 이는 해방 공간에서 극도로 파괴적인 좌우 갈등을 낳은 먼 원인의 하나라고 할 수 있다.

남북한 현대사 주조에 가장 결정적인 규정력을 행사한 1945~1953년의 비극적 대충돌과 분단 시기에 코리아 좌파는 제2차 세계대전 승전국 소련의 욱일승천 기세, 중국혁명 성공, 문명국 전반에 걸친 진보 세력 득세 등은 보았지만, 그리스 내전과 중국혁명을 계기로 거세지는 냉전(대소 봉쇄정책)과 예방 혁명의 흐름은 보지 못했다.

전 세계적으로 좌파의 정치적 낙관과 급진적인 열정이 압력이 되어 선진 문명국에서는 예방 혁명 차원에서라도 자유주의, 민주주의, 공화주의에 대한 진보적 해석이 대세를 이루었다. 이승만과 한민당 세력도 예방 혁명 차원에서 제헌헌법에 '사기업 노동자의 이익 분배 균점권'과 '중요 산업의 국영 또는 공영화', '천연자원 국유화', '개인의 경제상 자유는 모든 국민에게 생활의 기본적 수요를 충족할 수 있게 하는 사회정의의 실현과 균형 있는 국민경제의 발전을 기하는 범위 내에서만 보장'한다는 등의 조문을 넣었다. 또한 이승만은 당시 집권당이던 한민당의 반대를 무릅쓰고 사실상 무상몰수 무상분배에 가까운 토지개혁을 실시했다. 당시 세계적으로 좌파가 맹위를 떨치던 시기였기에 미국과 유럽, 일본에서 직수입한 헌법, 노동법 등 각종 법, 제도는 대단히 진보적이었다. 게다가 북한과 남한의 체제 경쟁도 치열했다.

코리아 좌파들은, 코민테른 12월 테제를 받고 그랬듯이, 해방 공간에서 꽤 진보적 성격의 자유민주주의를 부르주아계급의 이데올로기라 폄하했다. 당연히 사회주의 공세 앞에 절대 절명의 위기에 봉착한 자유민주주의는 엄청난 유혈을 수반한 내전과 전쟁을 거치면서 반동화(파쇼화)되었다. 강정인은 이렇게 표현했다.

해방 정국에서 자유주의와 사회주의는 모두 진보적인 잠재력을 띠고 있었지만, 지배 이념으로 수용된 자유주의는 조숙하게 출현한 사회주의에 맞서 조기에 보수화하는 양상을 드러냈다. 지배 이념으로서의 자유주의는 한국의 정치 현실을 자유주의적으로 개혁할 수 있는 이념적 활력과 계급적 역량이 미비한 상태에서 자유주의보다 더 광범위한 호소력을 지닌 사회주의에 직면하게 되자, 사회주의로부터 자신을 방어하기 위해 일거에 보수화, 반동화할 수밖에 없었던 것이다.(한반도선진화재단 심포지엄 자료집 『한국의 보수를 말한다』, 2008, 32쪽)

북한이 채택한 사회주의와 남한이 채택한 자유민주주의는 공히 세계적인 냉전에 의해 뒤틀리고, 내전, 분단을 거치면서 둘 다 심한 변형을 겪었다. 특히 남한에서는 봉건과 식민의 잔재가 그득한 후진적 사회구조와 정치 문화로 인해 그렇지 않아도 수입된 자유민주주의는 변질되기 마련인데, '자유민주주의' 자체를 '부르주아민주주의'라 폄하하고 부정하는 좌파의 관념적 급진성으로 인해, 더욱 악성으로 변질되었다. 악성으로 변질된 자유민주주의는 1980~1990년대 초반 사회주의/공산주의 사상과 주체사상과 전투적 노동운동 등 시대착오적 사상과 운동의 온상이 되었다.

1980~1990년대 초반의 세계사적 시간대는 사회주의 세계 체제의 위기이자 제3세계 민족해방운동의 위기였으며 좌파적 혁명주의의 위기 상황이었다. 그러나 이를 알지 못했던 한국 진보는 1960년대 그 기본 틀이 형성된 사회주의, 민족주의, 혁명주의를 좇았다. 물론 여기까지는 다 과거사다. 문제는 한국 진보의 이념, 정책적 오퍼상 전통은 아직도 끝나지 않았다는 것이다. 또한 세계사적 시간대에 대한 착각도 마찬가지이다.

전 한국노동연구원장 최영기는 '금융위기 극복 위한 자유주의개혁과 과감한 사회투자전략'(2008년 12월 1일)에서 이렇게 말했다.

이번 금융위기를 계기로 OECD 선진국에서는 신자유주의 정책에 대한 반성과 새 정책 패러다임에 대한 논의가 확산될 것이다. 이 시점에서 한국의 보수와 진보 진영의 정책 그룹들은 각각 신자유주의와 복지국가에 대한 지나친 공포에서 벗어나기 위해 노력해야 한다. 보수 진보 양쪽 모두 1990년대 이후 한국 경제의 자유화 개혁 과정을 OECD 국가들의 신자유주의 개혁과 동일시하여 이를 찬성 또는 반대하는 것에는 약간의 무리가 있었기 때문이다. 일견 한국과 OECD 국가는 작은 정부, 큰 시장이라는 개혁의 방향이 유사했고 그 후유증으로 사회통합의 위기에 봉착해 있다는 공통점이 있다. 그러나 유사점은 거기까지다. OECD 선진국들이 주로 복지병을 치유하기 위해 '복지국가의 시장 개입'을 줄이는 것이었다면, 한국의 경우에는 '개발국가development state의 시장 개입'은 줄이지만 '복지국가의 개입'은 증대시켜야 하는 모순적 개혁이 필요하다. OECD 국가들의 사회 통합 위기는 기존의 복지제도를 줄이고 폐지하는 과정에서 비롯된 것이고, 한국의 경우에는 사회안전망의 결핍과 불충분성에 기인한다. 즉 자유주의적 개혁이 더 필요하듯이 사회투자적 사회정책의 강화도 필요한 것이다. (한반도선진화재단 홈페이지 http://hansun.org 검색)

요컨대 지금 신자유주의를 주적으로 삼는 정책 패러다임 역시 지난 100년에 걸쳐 면면히 이어져 내려온 식민지 좌파의 악습으로부터 자유롭지 않다는 것이다. 이는 보수도 크게 다르지 않다. 다만 보수는 재벌·대기업, 주류 언론 매체, 사립학교, 종교 등을 운영하기에 물질적 기반이 튼튼하고, 다양한 계층을 상대로 사업을 해왔기에 현실과 크게 괴리된 급진적인 이념·정책을 잘 수용하지 않는 경향이 있다. 다만 모순·부조리의 수혜자다 보니 개혁의 열정이 없을 뿐이다.

이제 진보는 지향해야 할 국가 모델 자리에서 소련을 지웠듯이 유럽과 북유럽과 미국을 지워야 한다. '밖을 보라!'가 아닌 '안을 보라!'를 외쳐야 한다. '서양을 보라!'도 아니고 '동양을 보라!'도 아닌, '한국을 보라!'를 외쳐야 한다. 내가 발 디디고 있는, 대부분이 잘 안다고 착각하는 한국 사회를 자세히 뜯어보아야 한다.

새로운 진보의 문제의식 – 복지가 아니라 정의가 먼저다

요즘 역사적 맥락을 살피지 않고 직수입한 선진국의 문제의식 및 정책 기조로 인해 엄청나게 소모적인 갈등이 일어나고 있다. 대표적인 것이 공공부문(정부) 규모 시비이다. 그런데 이런 유의 시비는 몇 개가 더 있다. 증세 · 감세 시비도, 규제 완화 · 강화를 둘러싼 시비도, 민영화 시비도 그런 것이다. 결론만 먼저 말하면 증세 · 감세 시비는 세금 및 재정의 구조에 숨어 있는 심각한 불의로 집중되어야 할 사회적 관심을 엉뚱한 데로 돌린다. '(큰 폭의 적자 재정을 감수하고서라도) 복지 재정을 대폭 늘리자'는 이른바 '전투적 복지주의'로 불리는 주장도 공공부문이 안고 있는 명백한 불의에 대한 개혁에는 대체로 전투적이지 않기에 설득력이 떨어질 수밖에 없다. 규제나 민영화를 둘러싼 시비도 마찬가지다. 진보는 봉건, 식민, 전쟁, 냉전, '주식회사 한국'의 악성 유산이자 관료의 힘의 원천인 수많은 규제와 큰 공공부문에 대한 합리적 조정 작업을 대체로 백안시해 왔다. 또한 진보든 보수든 공히 세계화, 자유화, 민주화, 지식정보화 등에 대응하기 위해 필요한 '정의로운 규제'에 관심이 없고, 자신의 이익에 복무하는지 여부를 따질 뿐이다. 규모와 양에 대한 관심과 시비도 불필요한 것은 아니지만, 지금은 구조와 질에 숨어 있는 심각한 불의를 먼저, 전투적으로 해결해야 할 때다. 규모와 양이 아니라 구조와 질을 먼저, 치열하게 따져야 한다는 것이다. 밑 빠진 독을 일단 막아 놓고 물을 부어야 한다는 것이다.

조세 구조와 재정 구조의 불의

먼저 조세 구조에 숨어 있는 불의를 살펴보자. 한국의 조세부담률(경상 GDP에서 조세가 차지하는 비중)은 2007년 기준 22.7%이고, 국민부담률(경상 GDP에서 조세와 사회보장기여금이 차지하는 비중)은 28.7%이다. OECD 30개 회원국 평균을 보면 조세부담률은 26.8%이고, 국민부담률은 35.9%이다. 따라서 한국은 OECD 평균에 비해 조세부담률은 4.1%포인트 낮고, 국민부담률은 7.2%포인트 낮다. 순위로 보면 한국은 조세부담률은 25위, 국민부담률은 28위이다.

〈표 4-1〉 조세부담률 및 국민부담률 국제 비교(2006년 기준)

구분	한국 2006	한국 2007	미국	일본	프랑스	독일	이탈리아	영국	OECD 평균
조세부담률(%)	21.1	22.7	21.3	17.7	27.8	21.9	29.6	30.3	26.8
국민부담률(%)	26.8	28.7	28	27.9	44.2	35.6	42.1	37.1	35.9

출처: e-나라지표(http://www.index.go.kr/egams/default.jsp) 〉 경제 〉 재정 〉 국세.

당연히 이를 근거로 관료들과 공기업 직원은 말할 것도 없고, 이들의 영향으로부터 결코 자유롭지 않은 재정학자, 사회복지학자들도 조세부담률과 국민부담률의 지속적인 상향을 주장한다.

그러나 여행, 유학, 출장, 장기 체류 경험으로부터 정부의 공공서비스 질을 조금은 아는 사람들의 눈으로 보면 한국의 부담률 22.7%와 28.7%는 그 공공서비스 양 및 질, 그리고 젊은 사람이 상대적으로 많은 인구구조를 고려했을 때 결코 낮은 수준이 아니다. 미국은 조세부담률 21.3%, 국민부담률 28%이고, 노인 대국 일본은 조세부담률 17.7%, 국민부담률 27.9%로 한국보다 약간 낮다. 그런데 2002년 기준 OECD 국가의 총지출 대비 부문별 지출 구성비를 보면 미국의 사회보장비 지출은 20.1%, 일본은 37.8%인 데 반해 한국은 9.7% 수준이다. GDP 대비 공공사회지출의 비중도 2003년 현재 미국은 16.2%, 일본은 17.7%인 데 반해 한국은 5.7%이다. OECD 평균은 20.7%이다.

더욱이 한국의 조세부담률과 국민부담률은 소리 소문 없이 급속도로 상승하는 추세이다. 1999년 이후 2007년까지 조세부담률은 17.8%에서 22.7%로 1.28배 늘었고, 국민부담률은 21.5%에서 28.7%로 1.33배가 늘었다. 한국의 GDP 성장률이 OECD 최고 수준인데 조세부담률과 국민부담률이 이보다 지속적으로 높았기에 1.28배가 되고, 1.33배가 된 것이다. 이 관성이 금방 사라질 리 있을까?

세금 종류별 세수 비중을 보면, 한국은 소득세 비중이 GDP의 3.4%로 미국의 9.6%, 일본의 5%, OECD 평균인 9.2%에 비해 매우 낮다. 사회보장비도 마찬가지다. 그런데 한국의 소득세와 사회보장비의 비중은 워낙 낮아서 시간이 흐르면 스멀스멀 늘어날 가능성이 높다. 그렇게 되면 한국은 미국, 일본보다 조세부담률과 국민부담률이 훨씬 높아져서, 어쩌면 10~20년 내에 독일이나 영국 수준에 근접할지 모른다. 단적으로 중앙정부 외에 지방재정 및 지방교육재정까지 포함한 정부 부문 전체의 통합 재정 규모는 2006년 결산 기준으로 260.8조인데, 이는 GDP의 30.7%이다. 그럼에도 불구하고 현재와 같은 재정 구조가 유지된다면 국가적 재앙이 아닐 수 없다.

〈표 4-2〉 OECD 주요국의 GDP 대비 세금 종류별 세수 비중(2005년 기준)

(단위: %)

국가	한국	미국	일본	독일	프랑스	영국	스웨덴	OECD 평균
소득세	3.4	9.6	5	8.1	7.6	10.6	16	9.2
법인세	4.1	3.1	4.3	1.7	2.8	3.4	3.8	3.7
소비세	8.8	4.8	5.3	10.1	11.2	11.1	13.2	11.4
재산세	3	3.1	2.6	0.9	3.5	4.4	1.5	1.9
사회보장비	5.4	6.7	10.1	13.9	16.3	6.9	13.5	9.2
합계	24.7	27.3	27.3	34.7	41.4	36.4	48	35.4

출처: OECD, Revenue Statistics(조세연구원 조세통계 자료시스템에서 발췌), 한국미래발전연구원 브리핑 [주간 동향분석] No. 9 – 이명박 정부의 재정계획의 문제점과 과제(2008. 12. 21)에서 재인용.

높은 조세부담률과 국민부담률이 개인과 가족에 대한 국가와 사회의 높은 책임성을 의미하지는 않는다. 이익집단과 정치인 및 관료들이 결탁, 방조하여 연출한, '약탈' 냄새가 진동하는 한국의 재정 구조를 뜯어보면 이는 결코 기우가 아니라는 것을 알 수 있다.

전체 재정 지출 중 경제 관련 지출 비중은 2000~2004년에 22.8% 수준인데, 이는 OECD 평균(2000년 기준) 9.5%에 비해 2배 이상 높다. 한국이 정부 주도로 경제개발을 성공적으로 이룬 나라임을 감안하면 OECD 평균에 비해 경제 분야 지출이 높다는 것은 그리 놀라운 것은 아니다. 문제는 이 비중이 경제 구조가 민간 주도로 넘어온 지 한참 되었는데 크게 변하지 않았다는 사실이다. 1980년대 평균이 20.7%, 1990년대 평균이 23.2%였음을 감안하면, 2000~2004년간의 평균 22.8%는 매우 높은 수준이라 하지 않을 수 없다.

결국 이는 자원 배분에서 관료의 재량이 별로 줄지 않았음을 의미한다. 최신 통계(2005년)에서도 한국의 경제 관련 지출은 21%로 집계되는데, 이는 미국의 6.5%(2004년)보다 3배가량 높고, 선진국 중에서는 정치에 대한 대중적 불신이 강한 이탈리아의 3.9%(2003년)보다 5.4배가 높은 수치이다.

〈표 4-3〉 OECD 주요 국가의 중앙정부 재원 배분 현황

국가	국방	경제	사회	교육	일반행정/기타	총계
미국(2004)	20.2	6.5	57.3	2.8	13.3	100
호주(2004)	5.9	6.4	52	9.3	26.4	100
캐나다(2004)	5.9	5.9	58	2.1	28.1	100
이탈리아(2003)	3.4	3.9	49.4	10.2	33.1	100
벨기에(2003)	2.7	5.2	59.7	2.7	29.7	100
한국(2005)	10.3	21	26.7	14.1	27.9	100

※ 기획예산처 2007~2011년 국가재정운용계획. 국회예산정책처 2007~2011 국가재정운용계획 분석. 한국미래발전연구원 브리핑 [주간 동향분석] No. 9 - 이명박 정부의 재정계획의 문제점과 과제 (2008. 12. 21)에서 재인용.

한국 재정 구조는 효율성, 효과성, 공평성을 따질 부분이 많다. GDP 대비 높은 건설 투자 비중도 그 중의 하나이다. 1995~2006년까지 12년 동안 한국의 건설 투자 비중은 19.22%로, OECD 평균 11.67%에 비해 훨씬 높다. 건설 수요가 많을 수밖에 없는 후발 개방도상국인 터키(11.02%), 폴란

드(11.4%), 멕시코(9.94%)보다 높고, 악명 높은 토건 국가인 일본(13.19%)보다도 높다.

〈표 4-4〉 1995~2006년 건설 투자의 GDP 대비 비중 (단위: %)

한국	일본*	스웨덴	덴마크	핀란드	프랑스	독일	네덜란드	이탈리아
19.22	13.19	6.47	9.15	10.73	8.97	11.28	11.37	8.97
스페인	그리스	포르투갈	멕시코**	폴란드*	터키	호주*	영국	미국	OECD 평균
14.05	13.11	12.77	9.94	11.4	11.02	14.21	7.85	9.67	11.67

*는 2006년 자료가 없는 국가, **는 2005, 2006년 자료가 없는 나라.
출처: 한국미래발전연구원 브리핑 [주간 동향분석] No.9 – 이명박 정부의 재정계획의 문제점과 과제 (2008. 12. 21).

    연구개발 분야나 벤처 · 중소기업 분야에 대한 재정 투자는 비교적 큰 폭으로 늘어났다. 그러나 이 역시 토건족 등에 의한 재정 약탈로부터 결코 자유롭지 않다. 예컨대 중소기업청 예산은 2006년 현재 총 2조 344억 원인데, 이 예산의 60%(1조 2033억 원)는 금융 지원 예산으로 대부분은 신용보증기관 출연(9000억 원) 또는 신용보증 재원 상환(2540억 원)에 소요된다. 나머지 주요 예산 항목을 보면 중소기업 기술 경쟁력 강화에 2514억 원, 재래시장과 소상공인 및 여성 기업인 지원에 1701억 원이 배정되어 있다. 그런데 재래시장과 소상공인 및 여성 기업인에 대한 지원액도 자세히 살펴보면 시설 현대화에 1228억 원, 시장 경영 혁신 지원에 250억 원, 소상공인 지원센터 운영에 140억 원이 배정되었다. 이 예산의 상당 부분이 건물을 짓고 개선하는 데 사용되리라는 것을 충분히 예상할 수 있다.
    창업 · 벤처 지원 관련 예산은 2006년 현재 339억 원인데, 이 내용도 자세히 살펴보면 창업보육센터 건립 지원에 168억 원, 벤처 촉진 지구 육성에 45억 원이 소요된다. 이 둘은 전체 예산의 거의 2/3를 차지하는데 이 역시 토목·건축 관련 예산이나 다름없다. 벤처기업에 대한 금융 지원 예산은 창업투자회사 투명성 제고 관련 예산으로 6억 원이 잡혀 있을 뿐이다. 중소기업 기술 경쟁력 강화 관련 예산 2514억 원의 내용도 자세히 살펴보면 대부분이 창업 단계가 아니라 일정한 궤도에 올라와 있는 견실한 중소기업 지원용 예산이다.

〈표 4-5〉 중소기업청 항목별 예산액 및 재래시장, 소상공인 및 여성 기업 지원 예산

(단위: 백만원)

구분	2005예산	2006예산	증감	증감률
	1,578,022	2,034,391	456,369	29%
① 기술경쟁력 강화	223,832	251,400	27,568	12%
② 정보화 지원	35,025	31,944	-3,081	-9%
③ 수출 및 판로 촉진	68,353	64,004	-4,349	-6%
④ 인력난 완화	57,950	48,397	-9,553	-16%
⑤ 창업·벤처 지원	36,802	33,900	-2,902	-8%
⑥ 금융 지원	889,070	1,203,312	314,242	35%
⑦ 재래시장, 소상공인 및 여성 기업 지원	145,506	170,074	24,568	17%
(재래시장 활성화)	(126,849)	(147,834)	-20,985	17%
⑧ 기타	37,038	38,588	1,550	4%
⑨ 중산기금 전출금	84,446	192,772	108,326	128%

출처: 2006년 중소기업청 항목별 예산액.

정의 없이 복지 국가는 없다

주요 선진국들이 1인당 국민소득 1만 달러를 달성한 시점(대략 1990년)의

OECD 23개국 공공사회 지출 규모는 GDP의 17.9%였다. 그런데 2만 달러를 돌파한 한국의 복지 재정 규모는 아직도 GDP의 7.8%(2008년 예산 기준) 수준에 머무르고 있다. 이는 결코 신자유주의자의 농간이 아니다. 그것은 토건족, 지방의회를 장악한 토호들, 각종 이익집단, 관료, 정치인의 오랜 유착 구조와 이를 가능하게 하는 정치 제도(특히 선거제도)의 문제이다. 이 구조는 경제가 성장하고, 복지 재정을 늘린다고 해서 해결되는 문제가 아니다.

정말 한국 재정 할당 양상이나 재정 구조를 보면, 로비력이 강한 집단이나 정보가 빠른 집단의 '먹튀' 징후가 뚜렷하다. 특히 이명박 정부의 핵심들은 정권을 수익 모델로 간주하는지, 큰 폭의 적자 재정이 예상되는데도 자기 패거리와 친화적인 상층이 대부분의 혜택을 보는 감세를 거세게 밀어붙이고 있다. 동시에 토건족 또는 재벌 및 대기업이 대부분의 혜택을 보는 재정 배분 계획(산업 분야와 SOC 분야 집중 지원)을 거세게 밀어붙이고 있다. 자질도 능력도 없는 자들을 자기 패거리라는 이유로 온갖 변칙, 편법을 써 가며 공기업, 공공기관에 밀어 넣고 있다. 그런 점에서 재정 할당이나 자리 배분에서 점점 더 '먹튀'들의 노략질 징후가 뚜렷해지고 있다. 아프리카 여러 나라에서 흔히 목격할 수 있는 '도적 정치'를 닮아가고 있다.

정의가 무참하게 짓밟히고, 재정이 엉뚱한 곳으로 콸콸 새는 마당에 큰 폭의 적자 재정을 감수하고서라도 복지 재정을 대폭 늘리고, 공공부문을 유지·확대하자는 것은 그 속마음은 어떤지 몰라도 객관적으로는 반동이 아닐 수 없다. 발전 국가, 개발 독재의 유산과 사회민주주의가 이종 교배하면 재정을 엄청나게 먹어치우는, 불가사리 같은 괴물을 낳을 뿐이다. 현재 한국에서 복지 가치는 (투자/고용 의욕과 근로/피고용 의욕 자체를 꺾어버림으로써) 일자리 자체를 죽여 거대한 복지 수요층을 양산하는, 불공정하고 불공평한 정치·경제·사회 구조를 뜯어고치지 못한다. 조세 저변을 늘리지도 못하고, 조세 부담 의지도 늘리지 못한다. 백년 갈 가치생산 생태계를 불태워 찰나의 이익을 취하는 화전민 마인드도 퇴치하지 못한다. 그러나 정의는 이 모든 것을 정조준한다. 그러므로 더 따뜻한 나라를 만들려면 더 차가운 정의를 세워야 한다. 더 큰 복지, 더 많은 재정을 확보하기 위해서는 더 확고한 정의를 세워야 한다. 복지가 아니라 정의가 먼저다.

03 Chapter 새로운 진보의 눈 – 양극화, 신자유주의, 평등을 바로 보라

개념이 사고와 사물을 창조한다

깨달음의 경지로 나아가기 위한 불교의 실천 수행 방법론이 팔정도(八正道)다. 그 출발은 정견(正見)이다. 올바로 보는 것이다. 그러나 쉬운 일이 아니다. 그래서 토니 블레어가 영국 노동당을 혁신하면서 수없이 강조했는지도 모른다. 앞에서 밝혔듯이 한국은 특히 올바로 보기가 대단히 어려운 사회이다.

진보와 보수를 초월하여 한국 정치의 치명적인 문제는 자신이 발을 디디고 살고 있고, 의욕적으로 개조하려는 사회를 제대로 이해하지 못하는 것이라고 해도 과언이 아니다. 진보든 보수든 한국 사회를 바로 보지 못하니 획기적으로 개혁하려는 세력일수록 욕은 욕대로 먹고, 성과는 별무신통일 가능성이 많다. 작년 촛불시위 때, "이명박, 넌 제발 아무것도 하지 마!"라는 구호가 꽤 넓은 공감대를 형성한 것은 눈멀고, 힘 있고, 부지런하고, 과단성까지 갖춘 사람에 대한 우려이다.

정치적 입장은 수많은 추상(抽象)적 개념으로 서술된다. 추상적 개념은 특정 측면 또는 주요 측면은 뽑아내고 나머지는 버리는 편광안경이다. 따라서 엉뚱한 것을 취하여 실체를 포착하지 못할 가능성이 상존한다. 취하거나 버리는 내용은 다 특정 경험이나 연상과 밀접하게 관련되어 있다. 따라서 개념에 의해 마음이나 사고가 결정되는 측면이 크다. 한마디로 개념(언어)에 의해 사물, 특히 정치 사회적 현상은 재창조된다고 할 수 있다. 그러므로 정치 사회 현상을 파악하는 개념들은 특정 이데올로기나 특정 정치 사회 세력의 이해관계와 밀접한 관련이 있다.

이러한 개념(언어)의 성질을 주목한 사람이 인지언어학(무의식적인 마음의 작용을 통해 언어의 성질을 이해하려는 학문)의 창시자 '조지 레이코프' 박사다. 그는 2000년, 2004년 연이어 미국 대선에서 민주당이 패배한 이유를 분석한 책, 『코끼리는 생각하지 마』(유나영 옮김, 삼인, 2006)를 썼는데, 그가 내린 결론은 민주당의 사용 언어=프레임frame이 미국 공화당에 유리할 수밖에 없다는 것이다(이 책의 부제는 '미국의 진보 세력은 왜 선거에서 패배하는가' 이다).

조지 레이코프는 프레임이란 "세상을 바라보는 방식을 형성하는 정신적 구조물"로서, 이를 재구성한다는 건 "대중이 세상을 보는 방식을 바꾸는 것"이라고 한다. 요컨대 대중이 다르게 생각하게 하려면 다르게 말해야 한다는 것이다.

양극화와 신자유주의 프레임의 마술

상당수 진보 세력이 한국 사회의 다양한 현상 또는 핵심적인 모순·부조리를 설명할 때 즐겨 사용하는 개념이 양극화와 신자유주의이다.

양극화는 계층, 기업, 산업, 부문, 지역 등 경제사회 주체들의 격차가 커지고, 또 상하 간 유동성이 떨어지는 현상을 지칭하는 개념이다. 이는 1990

년대 들어 세계화(개방화), 지식정보화, 자유화의 파도가 밀려들면서 두드러진 현상이다. 양극화의 심각성을 보여주는 통계는 무수히 많다. 지니 계수, 소득 5분위 배율, 빈곤율, 정규직·비정규직의 소득 격차, 수출 기업·내수 기업과 대기업·중소기업의 수익성 격차의 확대를 알리는 통계가 대표적이다. 여기에 입각하여 상당수 진보 세력은 양극화 해소를 자명한 시대정신으로 간주한다. 비전 2030도 그랬고, 뉴민주당 선언도 그랬고, 이들을 우경화되었다고 비난하는 사람들도 마찬가지다.

분명한 것은 보수든 진보든 양극화의 심각성 및 각종 격차 적정화의 중요성을 부인하는 사람은 아무도 없다는 것이다. 문제는 그 원인에 대한 진단과 해결 방안이다. 그리고 또 하나의 문제는 양극화라는 개념이 어차피 '사물의 어떤 측면은 버리고 어떤 측면은 취하는' 편광안경인 이상 그것이 버리는 것과 취하는 것이 무엇이냐는 것이다. 만약 이 편광안경이 국가·사회적으로 매우 중요한 가치를 놓쳐버린다면, 또 이 프레임이 대중들의 심리와 사고에 엉뚱한 영향을 끼친다면 양극화라는 개념은 꼭 필요한 곳 아니면 쓰지 말아야 한다.

그렇다면 먼저 양극화의 원인에 대한 진단과 해결 방안을 살펴보자.

진보 좌파는 양극화의 원인을 압도적으로 워싱턴 컨센서스로 대표되는 신자유주의 경제 정책 패키지 내지 신자유주의 경제 시스템 때문이라고 생각한다. 다시 말해 신자유주의적 세계화=개방화, 경쟁 강화=소비자 선택권 강화, (금융)자유화=규제 완화, 시장화, 민영화, 유연화(노동 유연성 강화), 유동화(금융 유동성 강화), 감세, 복지 축소 때문이라는 것이다. 당연히 그 해법은 신자유주의 경제 정책 패키지를 거부하고, 신자유주의 경제

시스템을 해체하는 것이다.

진보 좌파의 눈으로 보면 생산적 복지의 김대중, 동반 성장-균형 발전-복지 강화의 노무현 정부는 말할 것도 없고, 이들을 좌파 정부로 몰아세웠던 이명박 정부조차도 초록이 동색이다. 이건 누가 봐도 이상하다. 그래서 신자유주의적 가치들이 특정한 시공간(역사적 상황)에서, 또 다양한 영역에서 어떻게 작동했는지 따져볼 필요가 있다.

신자유주의적 가치를 많이 구현했다는 영국 마가렛 대처 정부와 토니 블레어 정부, 미국 클린턴 정부, 아르헨티나 메넴 정부, 브라질의 카르도수와 룰라 정부, 호주와 뉴질랜드의 노동당 정부, 마오쩌둥 사후(1978년 이후)의 중국 공산당 정권의 경제적·사회적·정치적 성과를 긍정적으로 평가하지 않는 사람은 별로 없다. 비록 이전에 비해 소득 격차가 커졌고, 따라서 양극화가 심화되었을지라도······. 만약 이 정부들의 경제 정책 패키지가 신자유주의가 아니라면 김대중, 노무현 정부의 경제 정책 패키지도 신자유주의가 아니다. 단적으로 한나라당과 보수 세력은 김대중, 노무현 정부가 좌파 정부임을 믿어 의심치 않는다. 이것만 봐도 양극화라는 프레임이 한 정부의 성과를 평가하고, 사회적 현안의 우선순위를 내오기에는 너무나 편협한 틀이라는 것을 짐작하게 해 준다. 신자유주의라는 프레임도 마찬가지다.

이제 돌아와서 한국이 처한 역사적 상황을 살펴보자. 한국은 소비자 선택권이나 (공정하고 자유로운) 시장 원리가 제대로 작동하지 않는 과소시장 영역이 광범위하게 존재한다. 이는 기본적으로 독과점, 각종 경쟁 제한 장벽과 진입장벽, 실력보다 연고정실을 중시하는 문화가 주요하게 작용하기 때문이다. 독과점 시장, 공공부문, 대기업 및 공기업 생산 현장, 청소년이 선망하는 직업 세계, 전임교수 세계, 부동산 시장, 재벌 및 대기업 중심의 먹이사슬, 재정과 자리를 둘러싼 먹이사슬(정치와 관료 세계)이 그런 영역이다. 이는 양반 관료제, 식민 통치, 분단과 전쟁, 국가 주도의 변칙적 산업화의 유산이자, 단기적이고 협소한 이익을 추구할 수밖에 없었던 후진적 노동운동의 유산이다. 이 영역에는 신자유주의적 가치가 절실하다. 지나치지만 않는다면 신자유주의적 가치가 진보이고, 개혁이고, 공공성을 담보한다. 적어도 이 영역에서는 신자유주의적 가치의 적정성을 시비하는 것이 아니라 그 가치 전반을 공공의 적으로 여긴다면 그것은 보수이고, 반개혁이고, 집단이기주의이다.

물론 한국에는 적절한 규제, 감독, 보호 장치도 없이 가혹한 시장 원리가 작동하는 과잉시장 영역도 광범위하게 존재한다. 실업자, 영세 자영업자, 비정규직, 장애인, 시간강사, 하청 중소기업인, 무연고자, 청년 세대, 미래 세대의 세계가 그런 영역이다. 이 영역에는 지나치지만 않는다면 사회민주주의 내지 공동체적 가치가 진보이고, 개혁이고, 공공성을 담보한다.

이 영역에 대한 적절한 규제, 감독, 보호(배려) 조치는 상식이다. 현대적 자유주의와 사회민주주의가 공유하는 가치라고도 볼 수 있다. 애초에 경쟁 기회, 조건, 출발선의 불평등이 현격한 데에서 자유롭고 공정한 경쟁을 부르짖는 것은 약탈주의와 다름없다. 어쨌든 신자유주의, 시장만능주의, 양극화 극복을 시대정신으로 여기는 사람들이 주로 보는 세계는 바로 과잉시장, 과잉경쟁 세계이다.

양극화 프레임이 쫓아버리는 것

이제 양극화 프레임이 사고를 어떻게 조직하는지, 사물의 어떤 측면을 취하고 어떤 측면을 버리는지 살펴보자. 양극화 프레임은 격차의 크기에 주목한다. 격차의 성격을 묻지 않는다. 그것이 자유롭고 공정한 경쟁의 결과인지 아닌지 묻지 않는다.

한국에는 먹자골목에 고객이 줄을 길게 서는 식당과 파리 날리는 식당이 있는 것처럼, 자유롭고 공정한 경쟁에 의해 만들어진 격차도 있다. 세계화, 지식정보화, 교통수단의 발달, 소비자 선택권의 강화로 인해 이런 격차가 다양한 분야로 확산되고 있다. 이는 경제 발전의 필연적인 결과인데, 웬만큼 격차가 크지 않고서는 국가의 규제가 개입할 여지가 없다. 세금 정책과 복지 정책으로 그 격차를 완충하고, 패자부활전을 도울 수 있을 뿐이다. 양극화 프레임은 이 문제를 선명하게 인식하고 해결을 추동하는 측면은 있다. 그래서 나름대로 유용성이 있는 프레임인 것이다.

한국 사회가 갖고 있는 또 하나의 격차는 정규직과 비정규직, 전임교수와 시간강사, 대기업과 중소 협력업체 관계처럼 전자가 자유롭고 공정한 시장 원리를 너무 배제하고, 기여·부담에 비해 너무 많은 권리와 이익을 누리기 때문에 생긴 격차도 있다. 한국에서 양극화의 상당 부분은 이런 성격의 양극화다. 그런데 주로 신자유주의를 원흉으로 지목하는 기존의 양극화 담론은 이런 성격의 양극화를 거의 인식하지 못한다.

한국에서 삼성전자 등기이사 이건희가 받는 고액 연봉과 주주로서 가져가는 거액의 배당금을 문제 삼는 사람은 거의 없다. 그의 고급 취미 생활과 고급 주택 등에 대해서도 문제 삼는 사람은 별로 없다. 하지만 그의 불법적

비자금과 경영권 승계, 공정거래법을 어겨가면서 일삼는 가혹한 협력업체 약탈에 대해서는 분노하는 사람이 많다. 양극화 프레임은 이런 것들도 차별적으로 인식하지 못한다.

　자유롭고 공정한 경쟁의 결과라도 국가는 사회적 약자·패자에 대해서는 사회안전망으로 포용해야 한다. 동시에 승자 독식이 생기지 않도록 해야 한다. 만약 경쟁이 공정하지 않다면 무엇보다도 먼저 게임 규칙을 바르게 세워야 한다. 반칙, 변칙을 징벌해야 한다. 그런데 양극화 담론은 대체로 게임 규칙을 바로 잡는 일은 등한시하고, 사회적 안전망으로 약자·패자를 포용하고 세금을 통해 부의 이전을 추구하는 데 역점을 두고 있다. 한마디로 양극화 문제가 발생한 상류에서 할 일을 등한시하고 하류에서만 변죽을 울린다고 할 수 있다. 실제 뉴민주당 선언의 실질적인 양극화 대책은 '시대의 요구에 부응하지 못한 복지제도' 개혁과 '중산층과 서민에 대한 즉각적인, 그리고 포괄적인 구제'이다. 성장을 강조했지만, 그 내용은 부실하고, 국민들이 깊이 공감할 만한 내용이 없기에 사실상 양극화 문제의 하류 대책, 즉 복지만 강조했다고 할 수 있다. 하류에서나마 해결하려면 높은 세금과 풍부한 복지 재정이 뒷받침되어야 한다. 그런데 문제는 이것이 쉽지 않다는 데 있다. 따라서 진보는 시장, 경쟁, 양극화를 매우 격렬한 어조로 성토는 하지만, 실제 문제를 해결할 능력이 없다고 할 수 있다. 이것이 진보가 양극화 해소를 시대정신이라고 부르짖음에도 불구하고 가난한 사람들로부터도 별로 지지를 받지 못하는 이유이다.

양극화 해소에서 빈곤 해소로

사실 지금 한국에서 양극화 해소를 시대정신으로 여기는 정치 세력은 항상 별무신통인 성적표를 받을 수밖에 없다. 세계화, 지식정보화, 중국 경제의 급부상으로 인한 구조조정, 한나절 생활권인 국토(수도권 집중), 국민들의 자유로운 선택 의지와 경제적 기회에 역동적으로 반응하는 성질, 경제사회 주체들의 뿌리 깊은 화전민적 경향, 조세부담률을 쉽게 올릴 수 없는 조세 구조 등을 종합해 보면 그럴 수밖에 없기 때문이다. 그러므로 양극화 해소를 시대정신인 양 떠들어대는 진보는 성적이 나쁠 수밖에 없는 과목 한두 개로 자신의 학업 성적 전체를 평가받으려는 학생이나 마찬가지다. 설상가상으로 선생님과 학부모(유권자)는 양극화=격차 축소라는 과목의 성적에 별로 관심이 없다. 양극화 과목보다는 부의 절대량(성장률, 일자리), 경제적·사회적·정치적 정의(더 많이 주어야 할 곳에 더 주고, 더 적게 주어야 할 곳에 적게 주는 정의), 경제사회적 활력(희망), 사회적 최소한의 상향(빈곤 개선) 과목에 훨씬 관심이 많다. 그래서인지 몰라도 양극화가 한국보다 훨씬 심한 중국은 양극화 담론을 최상위에 놓지 않는다. 아마도 대부분의 문명국들은 그럴 것이다.

민주노동당, 진보신당, 그리고 철학·가치·정서가 이들과 비슷한 주류 진보 언론, 개념 없는 시민단체 등이 양극화 해소와 비정규직 축소를 시대정신처럼 여기는 것은 그런대로 봐 줄 수 있다. 그래야 참여정부나 민주당 같은 '(진보적)자유주의' 세력을 정치적으로 도태시킬 수 있기 때문이다. 하지만 민주당이 양극화를 시대정신으로 받드는 것은 너무나 어리석은 짓이다.

양극화 해소라는 말이 들어갈 자리에는 대체로 '빈곤 해소(개선)'라는 말이 들어가면 된다. 이는 격차 자체를 줄이겠다는 것이 아니라 일자리, 세금, 복지, 교육·훈련 정책 등을 통하여 최하층의 소득을 끌어올리겠다는 것이다. 양극화 해소는 그 과정에서 자연스럽게 얻어진다. 양극화 해소를 빈곤 해소라는 말로 바꾼다고 해서, 이를 시대정신으로까지 상향시키는 것은 적절치 않다. 이는 여전히 방어적이고 분배 지향적인 이미지를 주기 때문이다. 어쨌든 영국 노동당, 독일 사민당, 미국 민주당이 1990년대 중 후반에 발표한 주요 강령적 선언에는 거의 예외 없이 빈곤(해소, 개선)이라는 말이 들어가 있지, 양극화 해소라는 말은 없다. 당연하다. 빈곤 해소 과목(?)은 학부모(유권자)가 관심도 상대적으로 많고, 학생(진보 정당)도 비교적 좋은 성적을 받을 수 있기 때문이다.

신자유주의 반대론의 한계

양극화 해소와 더불어 신자유주의 반대도 자명한 시대정신으로 여겨진다. 민주당은 신자유주의 대신에 시장만능주의를 쓰지만 진보 좌파는 신자유주의라는 표현을 더 선호한다. 민주노동당 전 대표 권영길은 민주노총 기관지 『노동과 세계』(2002년 1월 14일자, 178호)에서 이렇게 말했다.

현 시기 진보정치의 핵심적 요구는 反신자유주의(反약탈주의)여야 한다. IMF가 요구하고 있는 일방적 금융 개방, 대기업의 해외 매각, 공기업 사유화, 대량 해고 등을 반대하는지가 이 시대 진보의 기준이다.

이 주장은 지금 상당수 진보 좌파에게 상식이 되어, 세상을 바라보는 유력한 창이자 안경으로 되었다. 유럽, 미국, 일본에서 신자유주의가 어떻게 쓰이는지 몰라도, 한국에서는 거의 공공의 적으로 간주된다. 그래서 신자유주의자임을 자처하는 사람은 없다. 그 많은 보수 인사 중에 신자유주의자임을 공공연하게 밝히는 사람은 아무도 없다. 하나 같이 개별 정책으로 말한다. 하지만 진보 진영에서 신자유주의는 의심할 여지가 없는, 공공의 적이자 만악의 근원이다. 신자유주의 개념 규정도 제각각이다.

노무현은 신자유주의를 '작은 정부 사상'을 핵심으로 한 부자를 위한 정책, 시장의 강자를 위한 정책으로 규정했다. 심상정, 정태인은 신자유주의가 부자와 시장의 강자를 위한 정책이라는 데 동의하지만 작은 정부 사상은 '1970년대의 시카고학파 그러니까 신자유주의 초기에 나온 학설'이라고 일축하고, 신자유주의의 주 내용은 개방과 규제 완화, 민영화를 핵심으로 하는 '워싱턴 컨센서스'라고 한다. 그러면서 한미 FTA는 워싱턴 컨센서스를 실현하는 경제체제를 지향한다는 점에서 신자유주의의 전형이라고 했다. 이정우 전 청와대 정책실장과 김기원 방송대 교수는 신자유주의라는 표현을 거의 쓰지 않고, 신자유주의로 통칭되는 정책 중에서 아주 극단적인 정책에 한해서만 시장만능주의, 시장근본주의라는 표현을 쓴다. 최용식(21세기경제학연구소장)은 드물게도 '진보가 신자유주의를 배척만 할 것이 아니라 주체적으로 해석, 도입' 할 것을 강조한다.

그동안 국내 진보 진영에서는 신자유주의를 만악의 근원으로 낙인찍어 왔다. 그러나 신자유주의, 즉 개방화, 민영화, 규제완화 등을 추구하지 않고 경제가 번영하는 나라는 이 세상에 하나도 없다. 재미있는 사실은, 보수가 신자유주의를 추구하면 사회적 혼란이나 국제적 분쟁을 초래하거나 오늘날과 같은 금융위기를 부르곤 하지만, 진보가 신자유주의를 추구하면 사회 안정과 국제 평화 속에 경제번영을 누린다는 것이다. (미래창조포럼 국민 대토론회 토론문, 2008년 11월 19일)

최용식에게 신자유주의는 '부자와 시장의 강자를 위한 정책'이 아니다. 작은 정부와 개방화, 규제 완화, 민영화를 강조하기는 하지만 시장만능주의도 아니다. 한국 진보가 현 시점에 주체적으로 해석, 도입해야 할 경제정책 패키지다. 최용식은 미국의 서브프라임모기지 사태에서 비롯된 금융위기 역시 '신자유주의의 산물도, 파생금융상품이 빚은 산물도 아니다'라고 말한다.

내 생각도 최용식과 대동소이하지만 나는 아예 신자유주의라는 단어 자체의 폐기를 주장한다. 그것은 사회주의나 사회민주주의적 가치의 필요성을 주장하는 사람들을 모조리 빨갱이로 몰아 이성적 토론이 불가능한 상황에서는 빨갱이라는 개념을 세분화하여 엄밀히 규정하려는 시도를 하지 않고 그 개념 자체를 폐기하는 것과 같다.

실체도 모호한 신자유주의를 둘러싼 시비가 유독 한국 진보 진영에서만 넘쳐나는 이유는 한국 진보의 지적 나태 내지 지적 오퍼상 전통과 관련이 있다. 공동체자유주의를 주창하는 박세일 교수는 『한겨레21』 인터뷰에서 다음과 같이 말했다.

우리나라에는 신자유주의가 옳으냐 아니냐 하는 논쟁은 있는 것 같은데, 내가 보기에는, 우리에게는 별 의미가 없는 논쟁이다. 미국의 이야기이고 유럽의 이야기이다. 우리나라는 신자유주의도 제대로 해본 적이 없다. 그 반대도 마찬가지이다. 따라서 자기 할 일은 잃어버리고 남의 집 싸움에 나서는 셈이다. 그 동안 한국의 전통적 담론구조가 잘못된 것이다. 허구와 허구의 싸움이었다. 신자유주의도 올바로 잘하면 성공하고 못하면 실패한다. 사회민주주의도 마찬가지이다. 잘하면 성공하고 못하면 실패한다. 지금 우리나라의 진정한 문제는 무엇을 해도 제대로 성공시키기 어렵다는 데 있다. 그렇게 되는 원인을 찾고 고칠 생각은 하지 않고 외국 학자들이 자기들 상황에서 이야기하는 것 가지고 떠들 것은 없다. 한마디로 우리는 신자유주의도 하고 사회민주주의도 해야 한다. 신자유주의로 풀어야 할 문제가 있고 사회민주주의로 풀어야 할 문제가 있다. 문제를 풀 '능력과 구조와 주체'가 없는 것이 우리의 진정한 문제이다. 그래서 중진국이 된 이후 지금까지 계속 흔들리고 주춤거리고 있는 것이다.(『한겨레21』, 2008년 11월 21일자, 제736호)

내가 신자유주의라는 개념을 버려야 한다고 생각하는 것은 위에서 든 이유 때문만이 아니다. 내가 가장 심각하고 중요하게 생각하는 것은 이 편광안경이 국정과제 내지 진보 개혁 과제의 우선순위를 완전히 뒤바꿔 놓기 때문이다.

일반적으로 유럽, 미국, 일본에서 신자유주의는 1970년대 저성장, 고인플레이션에 봉착한 케인즈주의/복지주의에 대한 반동 Anti these 으로, 이론적으로는 시카고학파, 정치적으로는 대처와 레이건에 의해 구현된 경제사회 정책 패키지로 간주된다. 신자유주의의 핵심 콘셉트는 대처리즘으로 정식화되었는데 요약하면 '개인을 국가로부터 자유롭게 하고, 기업을 정부와 노동조합의 간섭으로부터 자유롭게 하고, 정부를 복지 부담의 굴레로부터 자유롭게 하는 것'이다. 정책의 주요 지렛대는 엄격한 통화 관리(통화주의), (공급 중시 경제학에 기초한) 소득세와 법인세 등 직접세 감면, 공기업 민영화, 규제 완화, 과도한 노동조합의 권능 약화, 복지 지출 억제 등이다. 하지만 이 정책들이 교조는 아니다. 당장 대처와 레이건 시기부터 달랐다. 대처는 실업 증가의 후과로 GDP 대비 복지 지출을 많이 늘렸고, 레이건은 현상 유지했다. 주의 깊게 보아야 할 것은 신자유주의 핵심 콘셉트에 흐르는 정신이다. 이는 첫째, 인간의 이기심을 긍정하면서 전향적으로 활용하려 한다는 것이다. 둘째, 일찍이 아담 스미스가 역설한 시장과 경쟁에 대한 믿음과 유사시 국가의 조정 통제 능력에 대한 자신감이다. 여기에는 자유와 풍요의 대가로서 시장과 경쟁이 초래할 충격과 불안을 어느 정도는 감내하겠다는 의지가 포함되어 있다. 셋째, 개인(민간)의 자율 책임성과 창의성에 대한 믿음과 자본 운동의 장벽을 최대한 낮추고, 자본 운동에 물려진 재갈(규제)을 가능하면 느슨하게 해야 경제와 사회의 활력을 도모할 수 있다는 믿음 등이다.

이제 한국에서 개인과 기업의 창의와 열정을 옥죄는 존재, 자본 운동을 옥죄는 재갈이 무엇인가 따져보자. 복지병? 절대 아니다. 노동조합? 대기업 및 공기업에서는 그런 측면이 있다. 하지만 더 심각한 재갈은 따로 있다. 대부분의 벤처·중소기업에게 물어보면 재벌 및 대기업의 불공정거래, 내부자거래를 지목할 것이다. 똑똑한 소비자에게 물어보면 무수한 독과점과 너무 허술한 소비자 보호 조치, 너무 취약한 소비자 정보를 지목할 것이다. 똑똑한 납세자에게 물어보면 재정이 도로, 공항, 건물 건설에 너무 많이 들어가고, 재정, 특히 지방 재정 관련 감시·통제가 너무 느슨하다고 얘기할 것이다. 사회에 활력을 가져오는 도전자, 비기득권자들에게 물어보면 기득권자들이 쳐놓은 진입장벽, 경쟁 제한 장벽이 너무 높고 강고하다고 얘기할 것이다. 정부의 규제가 많을 수밖에 없는 교육, 보건, 의료 분야 종사자들에게 물어보면 지키기 힘든 법규·시행령이 너무 많고, 공무원들의 자의적 권능이 너무 크다고 할 것이다. 원래 교통 법규나 정치자금 법규처럼 대부분의 사람들이 지키기 힘든 법규가 많은 곳에서는 처벌권의 위력이 더 커지는 측면이 있다. 자본 운동의 활성화 측면에서 창의와 열정이 뛰어난 청년 인재의 배분 상황을 보면, 한국 공공부문의 처우는 너무 높고 안정적이어서, 자격증으로 보호되는 전문직·민간 재벌 및 대기업과 더불어 청년 인재의 진공청소기로 되어 있는 현실이 드러날 것이다. 자산, 소득의 흐름으로 보면 부동산 소유자에게 너무 많은 가치(불로소득)가 쏠리는 현실이 드러날 것이다. 국제적 비용 경쟁력 측면에서 보면, 땅값이 너무 높고, 주거비, 교육비, 식비가 너무 높은 현실이 드러날 것이다. 이 역시 독과점, 진입장벽, 땅값과 밀접한 관련이 있다. 한편 시장경제와 반드시 동반해야 할 민주주의 관점에서 보면 헌법재판소, 법원, 검찰 등 사법기관은 민주적 통제력이 제대로 미치지 않는 가운데, 사법고시를 통과할 엘리트들에 의해 독점되어 있는 현실이 드러날 것이다.

그런데 규제 완화, 민영화, 유연화, 작은 정부의 관점에서 보면 민주주의와 시장경제의 활력(개인과 기업의 창의와 열정)을 옥죄는 너무 많은 강고한 재갈들이 거의 눈에 들어오지 않는다. 특히 작은 정부론은 한국에서 GDP 대비 조세부담률 및 재정 규모 시비를 일으켰고, 인구 1000명당 공무원 숫자 시비를 불러일으켰다. 그런데 한국은 조세부담률이 대체로 낮았고, 공무원 숫자는 적었지만 정부는 결코 작지 않았다. 규제, 처벌권이 너무나 강력했기 때문이다. 요컨대 양이 문제가 아니라 질(성격)이 문제였지만 신자유주의라는 편광안경은 이 문제를 제대로 보지 못했다. 그런 점에서 참여정부는 작은 정부 사상을 가지지 않았으니 신자유주의와 상관없다고 한 노무현의 생각은 절반만 맞는 말이다. 후진국에는 정부 규모는 작아도 민주적 통제력은 약한 가운데 자의적 권능이 크고, 서비스맨십이 취약한 정부가 너무나 많기 때문이다.

 대부분의 선진국은 노동의 양·질이 비슷하면 처우가 비슷하지만, 한국에서는 노동의 양·질이 비슷해도 소속에 따라 처우가 하늘과 땅 차이가 된다. 그리고 실력에 따라 소폭이라도 오르락내리락 하는 맛도 없다. 그런 의미에서 한국은 승자 독식 사회보다 더 나쁘다. 승자도 아닌 줄 잘 선 놈이 독식하고, 승자를 가리는 방식도 공정하지 못하고, 패자나 줄 잘 못 선 사람들에게 재도전의 기회가 잘 주어지지 않기 때문이다. 그런데 반신자유주의 이데올로기는 승자 독식 현상을 거의 시장과 경쟁의 과잉 탓으로 돌린다. 제대로 작동하지 않는 시장이나 불공정 경쟁의 문제를 보지 못하게 한다. 그래서 독과점 철폐, 소비자 보호, 세련된 규제·감독, 패자부활전 활성화를 도모하는 쪽으로 갈 소중한 정치·사회적 에너지를 돈키호테가 풍차를 공격하듯이 시장과 경쟁 자체를 적대시하도록 유도한다. 그런 점에서 반신자유주의라는 편광안경은 기본적으로 규제 완화, 민영화, 유연화, 작은 정부론이 공공부문과 대기업 쪽으로 밀고 들어오는지 여부를 예민하게 감지하는 기능을 한다. 그런 점에서 철저히 공공부문과 대기업 종사자들의 이해와 요구를 반영한 이데올로기라고 할 수 있다. 신자유주의를 '작은 정부' 사상이라고 하고, 부자와 시장의 강자를 위한 정책이라고 한 노무현의 생각은 이들의 공작이 반쯤은 먹혔다고 해도 과언이 아니다.

진보는 우반신 마비 중풍환자

공동체와 소비자에 대한 약탈은 신자유주의가 데려온 '규제 완화', '민영화'라는 놈만 저지르는 것이 아니다. 공공성(국가 안보, 유치산업 보호, 수출 장려, 경기부양, 균형 발전 등)의 미명하에 만들어진 국가의 규제, 촉진권도 못지않게 심각한 약탈꾼이다. 이명박 정권은 이 두 부류의 약탈꾼을 다 풀어놓았다. 한국 사회의 속살은 신자유주의라는 안경보다는 도적 정치라는 안경으로 보면 훨씬 잘 보인다. 한국은 공정한 경쟁과 공평한 상벌을 시행해야 할 공공적 존재(정치, 관료, 언론 등)들이 약하다 보니, 아니 그 자체가 사익 집단화되다 보니, 보수와 진보 가릴 것 없이 힘 있는 존재들이 자신의 기여·부담·의무에 비해 훨씬 많은 권리·이익·혜택을 누리려는 사실상 도적이나 다름없게 되었다. 한국 노블레스를 포함한 사회적 강자들의 도적질이 현 세대 내에서는 사회적 약자(하청 중소기업, 비정규직, 실업자 등)를 향한다. 하지만 도적질은 세대 간에도 벌어져 현 세대 전체가 미래 세대를 약탈한다. 이것이 바로 지독한 청년 실업으로, 대기업 및 공기업 노동조합원의 급속한 고령화로, 사회 전반적인 저출산 고령화로 나타난다. 다음 세대

몫조차 앞 다투어 약탈하는 상황에서 말없는 자연환경을 그냥 둘 리 있겠는가?

나는 상당수 진보 좌파 인사들이 신자유주의라는 사상·이념적 광우병에 걸려 뇌에 숭숭 구멍이 뚫리면서 반신불수가 되었다고 생각한다. 사회 안전망, 고용 안정, 시장 폭력 완충 등 진보 개혁의 왼쪽 팔다리에서 나오는 힘만 쓸 뿐 시장주의, 자유주의라는 오른쪽 팔다리에서 나오는 힘을 거의 쓰지 못하기 때문이다. 왼쪽 반신만 쓰는 중풍환자의 힘은 온전한 사람의 절반이 아니라 그 1/10, 1/100도 안 되듯이 왼쪽 가치만 부르짖는 진보 개혁 세력의 힘은 왼쪽, 오른쪽을 자유자재로 쓰는 온전한 진보 개혁 세력의 힘의 1/10, 1/100도 안 된다. 그래서 신자유주의라는 개념 자체를 리모델링할 것이 아니라 아예 폐기해야 한다고 주장하는 것이다. 진보와 보수의 이념적 주도권 경쟁의 승패는 '신자유주의' 와 '친북 좌빨' 이라는 각자의 오래된 흉기 내지 불량 안경을 누가 먼저 쓰레기통에 버리느냐에 달려 있다고 해도 과언이 아닐 것이다.

평등 프레임의 한계

아리스토텔레스는 정의를 "시민에게 전리품과 명예를 분배할 때 어떤 종류의 평등"을 의미한다고 했다. 그는 평등을 '수학적 평등'과 '비례적 평등'으로 나누었다. 수학적 평등은 기계적 평등을 의미한다. 비례적 평등은 그 인물이 소유하고 있는 덕과 자손, 재산을 고려하여 분배하는 원칙이다. 바로 여기서 평등 개념의 원형인 '같은 것은 같게, 다른 것은 다르게' 가 도출되었다. 따라서 이 평등 개념에는 기계적 평등과 공평이 다 포함되어 있음을 알 수 있다. '같은 것은 같게' 라는 원칙은 대단히 간명하고 강력하다. 가난한 사람도, 노예도, 여성도, 백정도, 돈 없는 사람도 같은 인간이라는 선언은 간명하고, 힘도 있고, 역사적 진보에 기여하는 바도 컸다. 일자무식꾼도, 교도소 수감자도, 장애인도, 재외 국민도 모두 대한민국 국민이라는 선언도 마찬가지다. 그 선언이 받아들여지면, 헌법상 국민 기본권이 자동으로 보장된다. 그래서 평등은 신분제 철폐, 민주주의 발전(보통선거권), 국민 기본권 확충(사회적 최소한 상향 등) 등 다방면에서 역사 발전에 엄청난 기여를 하였다.

'다른 것은 다르게' 라는 원칙은 어떤 조건에서 얼마나 달라야 하느냐 하는 문제에 답해야 한다. '같은 것은 같게' 라는 원칙이 격차가 0인 상태를 지향한다면, '다른 것은 다르게' 라는 원칙은 다양한 격차 상태를 지향한다. 여간 어려운 문제가 아닌 것이다. 더욱이 전근대적 특권을 철폐하는 대중 운동이 크게 벌어진 시기에는 자원 배분 혹은 합리적 불평등 문제는 자유 시장에 맡기면 된다는 생각이 만연했다. 따라서 이 시기에는 자유와 평등을 우파와 좌파가 공유하는 가운데, 우파는 자유를, 좌파는 평등을 중시하는 구도가 성립한 것이다.

선진국의 좌파 혹은 진보 정당들이 여전히 평등주의를 주요한 상품으로 파는 것은, 사회투자국가론을 떠받치는 새로운 '사회정의' 철학도 있지만, 역사적으로 '평등' 을 내세워 전근대적 특권 철폐, 보통선거권 쟁취, 국민 기본권(사회복지 제도) 확장에 앞장서 왔기 때문이다. 그러나 한국 진보 세력은 민주화에 관한 한 신화가 있지만, '평등' 을 내세워 창조한 신화는 별로 없다. 그러므로 평등은 산업화, 민주화와 달리 한국민의 가슴을 뛰게 하는 가치가 결코 아니다. 여성참정권과 보통선거권 등 유럽, 미국, 일본에서 치열한 민권 투쟁을 통해 쟁취한 성과를 그대로 수입하여 제헌헌법에서부터 반영해 놓았기 때문이다. 그래서 한국의 민주화 투쟁은 이미 헌법에 명시된 가치를 확인하고 지키는 투쟁이었지, 새로운 기본권(예컨대 보통선거권)을 집어넣자는 투쟁이 아니었다.

평등이라는 단어가 대중적 울림이 없다고 해서 쓰지 말아야 한다는 것은 아니다. 평등 프레임이 이 시대 한국 사회의 성장과 통합을 가로막는 결정적인 질곡을 정확히 인식하고, 제대로 된 해법을 낼 수만 있다면 얼마든지 써야 한다. 그러나 유감스럽게도 그렇지 않다는 게 내 생각이다. 단적으로 이수호 전 민주노총위원장이 "세상에 이럴 수가 있느냐?"고 성토한 현상, 즉 '왼쪽 바퀴를 끼우는 작업을 하는 연봉 5000만 원짜리 정규직과 오른쪽 바퀴를 끼우는 연봉 2000만 원짜리 비정규직 문제'를 어떻게 보고 어떻게 풀어야 하는가? 평등의 관점에서 보면 당연히 자본이 자신의 이익을 떼어내어 2000만 원짜리 비정규직을 5000만 원짜리 정규직으로 만들어야 한다.

물론 자동차회사가 이익을 많이 내면 이는 불가능한 해법은 아니다. 문제는 한국 자동차회사의 정규직 연봉과 고용 안정성은, 소득 수준을 감안했을 때, 타의 추종을 불허하는 세계 최고라는 데 있다. 평균 연령도 마찬가지다. 문제는 이뿐이 아니다. 자동차회사의 전후방 협력업체 노동자들의 정규직 연봉은 2000~3000만 원이며, 이곳의 비정규직은 1500만 원 내외이다. 물론 노동의 양과 질은 협력업체 노동자들이 원청회사에 비해 결코 떨어지지 않는다. 동일 노동·동일 임금은 본래 기업 내에서만 통하는 논리가 아니다. 게다가 힘 관계상 이들 협력업체의 이익은 납품 단가 인하를 통해서 원청 대기업이 얼마든지 빨아갈 수 있다. 원청회사에서 비정규직을 정규직화하면 이익 손실분의 상당 부분은 협력업체에 전가할 수 있는 것이다. 문제는 또 있다. 현대자동차, 현대중공업, 삼성전자, 은행 등 굴지 기업들의 경영 사정은 좋은 편이지만 평균적으로 한국 기업들의 전반적인 사정은 선진국에 비해 결코 좋지 않다. 이윤율도 낮고 무엇보다도 들쭉날쭉하다. 그럼에도 불구하고 그 곳에 근무하는 정규직의 평균적 처우 역시, 소득 수준을 감안하면, 선진국보다 확실히 높고, 고용도 안정적이다. 평등 프레임으로는 이수호 위원장이 성토한 문제의 본질을 제대로 인식할 수도 없고, 해결할 수가 없는 것이다.

자유 vs 정의(공평)으로

한국의 가치생산 사슬은 부동산 불로소득에 의해, 독과점에 의해, 우월적 지위에 있는 존재의 약탈적 거래 행태에 의해, 토건족·토호 등의 재정 약탈에 의해, 단결 투쟁력에 의해, 기타 기득권 편향의 법과 제도에 의해 매우 왜곡되어 있다. 이것이 이 시대 한국 사회의 성장과 통합을 가로막는 가장 결정적인 질곡이다. 이 중 일부는 '공정'(기회, 조건, 출발선의 평등) 개념으로 해법을 낼 수 있으나 대부분은 그렇지 않다. 불합리한 격차의 문제를 제대로 인식할 수도 없고, 해결할 수도 없기 때문이다.

개념 범주로 따지면 정의가 가장 크고, 그 다음이 공평, 즉 합리적 불평등이다. 평등은 공평의 특수한 형태로 봐야 한다. 달라야 할 이유가 없으면 같아야 하기 때문이다. 평등을 기회·조건·출발선의 평등으로 확장해도 경쟁의 입구 관리 원칙에 불과하다. 공평은 대체로 출구 관리 원칙이지만 입구 관리 원칙으로도 쓸 수 있다. 본래 품질 관리는 입구 관리보다는 출구 관리가 효율적이고 정확하다. 입구에서 출발선을 맞춘다 하더라도 출구에서 엄청난 차이가 날 수 있기 때문이다. 이는 실제 현실이다. 미국 CEO와 펀드매니저들의 엄청난 고액 연봉이 그 예다. 그것은 평등 프레임으로는 공격하기 곤란하다. 다르긴 달라야 하니까. 그러므로 한국 상황을 감안하면 공평이 훨씬 개혁적이고 급진적인 가치이다. 한국 진보는 맞추려고 해도 맞출 수 없는 출발선의 평등에 매달리면서, 출구에서 승자가 엄청나게 가져가는 것에 대해서는 고민이 없다. 단지 패자를 사회안전망으로 떠받치는 것 정도를 생각하고 있다. 물론 이 사회안전망조차도 조세부담률의 한계, 토건 재정, 국방 재정, 3농 재정, 기타 공공부문의 방만한 행태 등으로 인해 튼실할 수가 없다.

그러므로 공평을 내세워 불로소득과 정치적·경제적 지대를 공격해야 한다. 가치생산 사슬의 균형, 평가보상체계의 정상화, 합리적 불평등을 주장해야 한다. 모든 격차를 지속가능한 경제사회 발전이 가능하도록 조정해야 한다고 목소리를 높여야 한다. 가치생산 사슬 전반이 건강하게 맞물려 돌아가도록 전후방 협력업체를 둘러싼 공정거래 문제, 기업가 정신 및 창업률 문제, 벤처·중소기업 지원 문제, 지식노동과 육체노동의 파이 배분 문제, 더 나아가 선거제도, 정치자금제도, 세금제도, 보건의료 복지제도, 거대한 3비층, 청년 세대 문제를 사회적 화두로 올려놓고 대안을 내야 한다. 그러므로 공평은 한국사적 시간대가 요구하는 시대정신이다. 한국 진보는 개정판 '국기에 대한 맹세'가 정식화한 대로, 국가의 핵심 가치를 자유와 평등이 아니라 자유와 정의라는 것을 주장해야 한다. 당연히 진보는 정의를 중심 가치로 내세워야 한다. 보수가 자유를 대표 상품으로 내세우면 진보는 정의를 대표 상품으로 내세워야 한다. 그것이 너무 둔탁하면, 좀 생경하지만 날카로운 공평이나 형평을 휘둘러야 한다.

| 글 마무리에 |

이탈리아, 스페인, 북아프리카 등 지중해 연안에 남아 있는 로마 유적지 사진을 보면 진보, 개혁, 민주를 부르짖어 온 사람들의 사상, 정서와 영혼의 상태를 보는 듯하다. 지붕과 벽은 온데간데없다. 기둥 몇 개가 이곳저곳 허물어진 기초 위에 휑뎅그렁 서 있다. 주춧돌도 세월에 풍화된 채 어지러이 뒹굴면서 옛 로마의 영화를 짐작하게 한다.

진보를 열망하는 사람들 상당수에게는 한때 인류의 지혜와 양심의 총화로 여겨지던 사상이 있었다. 이는 청년 시절 조직적·체계적 학습과 실천을 통해서 정립한 것이다. 이 장엄한(?) 사상체계가 맞닥뜨린 20세기 후반의 세계사적 격변과 한국의 경제사회적 위기와 20년의 일상은 수차례의 강진과 이천 년의 세월을 겪은 로마 유적의 그것과 같은 것이었다. 한때 거대한 신전처럼 여겨지던 사상체계는 부서지고, 무너지고, 날아가고, 풍화되어 로마 유적 같은 모습으로 변했다. 당연히 새로운 경험, 지식, 지혜를 받아들여 사상·정서 체계를 보수하고 재건축하려는 시도가 있었다. 하지만 거대담론 자체에 대한 회의가 만연하고, 같이 토론하던 조직도, 학습하던 문화도 사라져서 제대로 되지 않았다. 생활인들은 개별적으로 벌인 생존투쟁의 중압 때문에, 학자들은 세분화·전문화 중압 때문에, 정치인과 시민운동가들은 정치공학으로 승승장구한 역사와 정치적(물질적) 이해관계 때문에 과거의 거대담론 체계를 기초부터 지붕까지 전면적으로 재건축하려는 엄두를 내지 못했다. 그러다 보니 자본주의, 시장경제, 개방, 미국, 대한민국 등 우리가 디디고 서 있는 기본 질서와 역사를 과거처럼 전면 부정하지는 못하지만, 그래도 매우 불편한 마음으로 바라보게 되었다. 이것이 로마 유적으로 치면 남아 있는 몇 개의 기둥이자 초석이라고 할 수 있다. 가지고 있는 정서와 집착의 기둥에는 사회주의나 북한식 자주자립 경제라는 지붕과 벽체가 붙어야 모양이 나오는데, 이는 어불성설! 그래서 소련, 중국, 북한이라는 대안이 있을 때는 만악의 근원으로 자본주의와 대외 의존적 개방경제를 지목하다가 이제는 신자유주의와 과도한 개방을 지목하게 되었다.

이런 주장은 당연히 대안 모델을 필요로 한다. 그 결과 한국 현실에서 작동 가능성을 따져보지 않고 과거 사회주의의 이상을 가장 많이 간직한 북유럽 모델이나 독일식 사회적 시장경제 모델을 대안으로 믿고 싶어 한다. 미국과의 교역 확대로 인한 대미 종속 위험에 대해서는 엄청나게 예민하지만, 중국·유럽과 교역 확대로 인한 위험에 대해서는 너무 대범하고 둔감하다. 20~30년 전에는 자본주의 자체의 종말이라고 했을 법한 경제·금융 위기에 대해서 이제는 30년 신자유주의 체제의 종말이라고 소리친다. 마르크스, 케인즈, 하이에크와 대립각을 세운 사상가들에게 혹시나 해서 귀를 기울인다. 초기의 건강성을 잃은 지 오래인 북한과 노동조합운동에 대한 호감과 기대도 버리지 못한다. 이런 사상, 정서의 부조화가 낳은 진보의 기형아들이 바로 신자유주의 타령, 종북주의 논란, 노무현으로 상징되는 '가짜 진보를 망가뜨리면 진짜 진보가 뜬다'는 황당한 신념이다. 물론 보수 기형아들의 모습은 지난 2년간의 문명 역주행과 노무현 고문치사 사건에서 극명하게 드러났다. 이들의 정서는 해방 공간의 서북청년단의 피해의식과 증오에서 그리 멀리 있는 것 같지 않다.

내가 사십이 넘도록 꿈조차 꾸어본 적이 없는 사회디자이너의 길을 뒤늦게 가는 것은 사상·정서 체계의 부조화와 폐허가 낳은 소모적 갈등을 2000년 전후한 시기의 대우자동차에서 보았기 때문이다(이는 2009년 쌍용자동차에서도 보고 있다). 더 결정적으로는 2007년을 전후하여 참여정부와 범진보의 동반 몰락 과정에서 그 지독한 패악을 보았기 때문이다.

노무현 전 대통령은 생전에 진보의 사상 및 정서 체계와 그에 입각한 진보의 정치적·정책적 행보의 문제점을 누구보다도 선명하게 인식한 듯하다. 대통령이 된 직후까지는 많은 386들처럼 자본주의, 시장경제, 개방, 미국, 대한민국을 불편한 마음으로 바라본 징후가 뚜렷했다. 북유럽 사회민주주의와 노동조합운동과 대화와 타협으로 굴러가는 사회적 조합주의 등에 대한 호감과 집착도 강했던 것 같다. 그러나 1980년대에 형성된 사상·정서 체계가 현실과 심각하게 부딪히는 것을 보고 빠른 속도로 과거와 결별했다. 하지만 새로운 체계를 세우지는 못했다. 그 위치상 그렇게 할 수 없어서 퇴임 이후에 본격적으로 시작하려고 했다. 그런 점에서 노무현은 386과 진보, 개혁, 민주를 부르짖어 온 사람들의 사상·정서적 진화의 선봉 내지 정화(精華)인지도 모른다. 나는 그를 변절자 내지 얼치기로 비판해 온 진보 좌파들은 물론, 그를 떠받드는 사람들조차 사상·정서적으로는 아직 노무현의 발치에도 못 갔다는 느낌을 지울 수가 없다. 그의 지적인 고뇌와 갈증과 한계를 전혀 이해하지 못하는 것 같다는 느낌을 지울 수가 없다. 분명한 것은 진보가(!) 역사적 주도권을 쥐려면 노무현을 넘어서야 한다는 것이다. 노무현의 발치에도 못 미치는 자들과 노무현 안에 머무는 자들이 진보의 주도권을 놓고 다툰다면 진보의 미래는 없다고 보아야 한다.

나는 노무현이 학습 능력이 탁월했고, 아는 것은 대통령직을 걸고, 심지어 목숨까지 걸고 실천하는 사람이었기에 누군가 바른 길을 제시했다면 그 길을 갔으리라 생각한다. 그러나 불행하게도, 내가 과문해서인지도 모르지만, 정치 원로나 차세대 정치인이나 정치적 반대자 중에도, 참모나 지인 중에도, 석학과 고명한 종교인 중에도 그 길을 제시한 사람은 없었던 것 같다. 이러저러한 소소한(?) 결점을 지적한 사람은 무수히 많았겠지만, 참여정부의 운명을 반전시킬 만한 지식과 지혜를 가르쳐 준 사람은 없어 보인다. 그런 점에서 나는 바보 노무현과 바보 전태일의 이미지가 자꾸 겹쳐 보인다. 대단한 진정성과 실천력을 가진 전태일에게 노동법과 노동자가 사람답게 사는 길을 가르쳐 줄 대학생 친구가 없었듯이, 탁월한 진정성과 실천력을 가진 노무현에게도 국가 경영 안목을 확 깨쳐줄 사람이 없었기 때문이다. 그런 점에서 한국 지식사회와 범진보는 전태일과 노무현에게 큰 빚을 지고 있다고 생각한다.

자신이 중시하는 가치를 충실히 수행한 정치 세력이 국민의 외면을 받는다면, 그 한계와 오류는 그 중심에 있는 사람들보다는 그 주변에서 애정과 관심을 갖고 지켜본 사람들에게 더 잘 보이는 경우가 많다. 국민들이 몽땅 치매에 걸렸나 의심할 정도면 확실히 그렇다고 보아야 한다. 그런 점에서 내 이력과 현재의 위치는 대체로 한국 산업, 사회, 정치의 '약한 고리'였던 만큼, 둔한 사람이라 할지라도 핵심적인 모순·부조리를 볼 수 있는 운 좋은 위치였다. 이 책은 뒤늦게라도 노무현에게 진 빚을 일부라도 갚는다는 심정으로 썼다. 그가 가졌을 법한 의문과 본의 아니게 남긴 많은 숙제에 대해 내 나름대로, 아는 대로 답을 썼다.

지중해 연안의 로마 유적 사진에서 내 눈에 보이는 것은 진보의 사상·정서 체계의 부조화와 폐허만이 아니다. 나를 정말로 비감하게 하는 것은 폭압과 몰상식에 맞서 분연히 떨쳐 일어난 자랑스러운 '데모 세력'의 초심과 영혼의 폐허이다. 대다수 386들과 진보, 개혁, 민주를 부르짖던 사람들이 정신적으로 행복한 중년을 보내고 있지 않은 것 같아서다. '사랑도 명예도 이름도 남김없이 한평생 나가자던 뜨거운 맹세'가 어디로 갔는지 알 수가 없어서다. 특히 여의도(현실 정치권)에는 원래 권력 의지가 강하고, 정치공학과 한탕주의에 익숙한 사람들의 농도가 높아서 그런지, 사막과 같은 한국 특유의 정치 생태계가 그 속에 오래 산 영혼을 피폐하게 만들어 버려서인지는 모르지만 어쨌든 그 정신과 행태에서 매력이 넘치는 사람을 찾기가 힘들다. 오히려 한국 정치 특유의 '고위험 저수익'이라는 장벽 아닌 장벽에 기대어, 허접한 사람들의 정치 독점을 즐기는 듯한 분위기가 느껴진다.

386과 진보, 개혁, 민주를 부르짖던 사람들이 젊은 혈기에 '욱' 하는 심정으로 '데모'를 잠깐 한 것이 아니라 역사의 수레바퀴를 바른 방향으로 굴리기 위해 온갖 유혹을 떨쳐내고 시대의 어둠과 조직적으로 장기간 싸웠던 사람들임을 감안하면 중년이 되어 별로 행복해 뵈지 않는 인생을 산다는 것은 여간 심각한 문제가 아니다. 가방끈이 짧고, 물질적으로 곤궁하고, 세속적 성취가 적은 것이야 우리의 숙명으로 여길 수도 있다. 하지만 지적으로 게으르고, 이념적으로 경직되고, 정신적으로 의연하지 못하고, 생활조차 건전치 못하다는 세평을 듣는 것은 받아들이기 힘들다. 세평이 오해에서 나오는 것이라면 얼마든지 한 귀로 듣고 한 귀로 흘려버릴 수 있지만 그렇지 않다는 데 문제의 심각성이 있다. 이대로 가면 진보, 개혁, 민주를 부르짖던 사람들은 모순이나 부조리에만 유달리 예민한, 분노와 고집이 센 사람들로 대중적으로 각인될 수밖에 없다. 그렇게 되면 역사의 주도권은 반역의 시대에도 제도권의 가르침을 충실히 따라, 일찍 출세하여 편안하게 살아온 사람들이 쥐는 것이 낫다고 생각할 수밖에 없다. 그렇다면 이는 개인의 위기를 넘어, 정치의 위기이자, 민족사적인 위기이다. 한국은 오랜 고정 관념과 제도를 뒤집어엎는 대담한 정치적 상상력과 혁명적 열정과 희생정신이 앞으로 수십 년 동안에는 더 필요한 나라이기 때문이다. 보수에게는 그런 상상력과 열정과 희생정신이 없기 때문이다.

돌아보면 1980년대 우리의 가슴과 머리를 휘저은 진보적 사상·이론 체계는 과학적으로도 엉성했을 뿐 아니라, 무엇보다도 인문학적 깊이랄까, 영적인 깊이가 없었다. 성경, 불경, 중국 고전 등 동서양 고전의 지혜와 담을 쌓아도 너무 쌓았다. 지난 몇 년 동안 형편없는 보수에게 당하고,

아직도 그 원인조차도 모르고, 중년이 되어서 행복하지도 않고, 앞 세대에게서도 뒤 세대에게도 별로 인정받지 못하는 것은 근원적으로는 한국 진보와 386의 사상적·이론적·영적 내공과 깊은 관련이 있어 보인다.

보수의 자기 정당성의 근거가 진보의 지독한 시대 착오성이라면, 진보의 자기 정당성의 근거가 노무현을 고문치사로 몰고 간 보수의 지독한 몰상식이라면 대한민국에는 미래가 없다. 보수든 진보든 반사이익이 아닌 자기 고유의 정치적 매력으로 역사의 주도권을 쥐려면 자신의 성공신화 이면에 있는 크고 짙은 그늘을 직시하고 이를 상대방보다 먼저 시정해야 한다고 나는 생각한다. 상대 눈에 있는 티를 지적하기 전에 자기 눈에 있는 굵은 나무 들보를 제거해야 한다고 생각한다. 그런 점에서 한국 사회의 독특한 이중구조를 감안하면 진보는 '좌파 신자유주의' 2.0 버전을 실천하고(노무현의 그것이 1.0이라면) 보수는 '우파 사회민주주의' 1.0 버전을 실천하는 데서 희망이 시작되지 않을까 한다. 물론 이념 이전에 튼실한 인문학적 내공 내지 영적 내공을 갖춰야 할 것이다. 이념 이전에 매력을 갖춰야 할 것이다. 노무현이 우리를 매료시켰던 그런 매력 말이다.